中公新書 2620

竹中治堅著

コロナ危機の政治

安倍政権 vs. 知事

中央公論新社刊

はじめに

「内閣総理大臣として国民の命と暮らしを守る。その大きな責任を果たすため、これからも先頭に立って、為《な》すべきことは決断していく。その決意であります(1)」

二〇二〇年二月二十九日十八時から首相官邸の記者会見室で行われた会見で、安倍晋三《あべしんぞう》首相は新型コロナウイルス感染症が起こした危機に臨む姿勢と覚悟を国民に示した。

この会見で首相は、大規模イベントについて中止や規模縮小を求めたことや、全国の小中学校や高校などに一斉休校を要請したことについて説明した。

安倍晋三首相は二〇一二年十二月二十六日に復帰してから七年間以上にわたり政権を維持、憲政史上最長の通算在任記録や連続在任記録を更新した。この間、強力な人事権を持ち、枢要な閣僚ポストを自身に近い政治家で固めてきた。また、強い指導力を発揮し、安全保障法制、TPP11(包括的および先進的な環太平洋パートナーシップ)交渉合意、働き方改革など多くの政策を実現する。

また、安倍首相は、安保法制や森友《もりとも》学園および加計《かけ》学園問題のために低下することはあったものの、基本的に高い内閣支持率を維持する。そして、この間、衆議院と参議院あわせて五回の国政選挙全てで与党を勝利に導いてきた。

こうした政治状況は「安倍一強」とも評されることになった。では安倍首相は、新型コロナウイルス感染症に対処する過程でどれだけ指導力を発揮し、どの程度、自身が思うような形で政策を立案することができたのだろうか。

新型コロナウイルス感染症に対処する初動期には、首相は強い指導力を振るった。首相は中国湖北《こほく》省武漢《ぶかん》市およびその周辺地域から日本人とその家族を帰国させる「武漢オペレーション」を指揮した。また、二月中旬以降、感染が拡大したことを踏まえて、首相が大規模イベントの自粛を呼びかけると多くの催し物は中止され、在宅勤務が広がる。さらに、首相が一斉休校を要請すると、ほとんどの小中学校、高校がこれに従った。

しかしながら、安倍首相の意向が実現しない場合も多かった。首相は二月二十九日の会見で「すべての患者の皆さんがＰＣＲ検査を受けることができる十分な検査能力を確保いたします」と言明した。しかしながら、ＰＣＲ検査のキャパシティーはなかなか伸びず、医師が検査を必要と判断した場合でも患者が検査を受けられないことが頻発する。

また四月七日に首相が緊急事態宣言を発令した後の政策過程は自身の意に沿わないものであった。首相は宣言発出後、国民に外出の自粛を求めることを考えており、直ちに広範囲の休業要請を実施することを想定していなかった。これに対し、東京都の小池百合子《こいけゆりこ》知事は大規模な休業要請を行うことを考えていた。最終的にほぼ小池知事が企図したとおりの形で、東京都は休業要請を実施する。緊急事態宣言の対象地域となった他の道府県も東京都の施策に倣う形で営業の自粛を求めることになる。

また、安倍首相が七月下旬からGo Toトラベルキャンペーンを全国規模で開始しようとすると、小池都知事をはじめとする多くの都道府県知事の消極姿勢のために東京都を除外することを余儀なくされる。

この一方で、都道府県知事の新型コロナウイルス感染症への対応が注目を集めることが多かった。二月下旬には北海道の鈴木直道知事が法的根拠はなかったものの一斉休校を要請し、独自に緊急事態宣言を発表する。三月下旬には小池都知事が週末の外出の自粛を要請する。また、五月には、大阪府の吉村洋文知事が休業要請を解除する基準を策定し、安倍首相は緊急事態宣言を解除する条件の提示を迫られることになる。医療体制の整備においても、吉村知事は患者の重症度に応じて対応する医療機関を分けるという政策を提示し、安倍政権はこの考えを取り入れる。

コロナ危機に際して、安倍首相の指導力が制約されることもある一方で、分野によっては都道府県知事のほうが政策立案を主導する。このような現象が起きるのはなぜであろうか。わが国の政治の仕組み──政治制度が原因の一つなのではないか。本書はこの疑問を解いてみたい。

目次

図版作製／ケー・アイ・プランニング

コロナ危機の政治

安倍政権vs.知事

序章　コロナ危機

緊急事態宣言の発出

二〇二〇年四月七日十九時すぎから、安倍晋三首相は首相官邸二階大ホールで記者会見を行う。会見はソーシャルディスタンスに配慮して、通常の記者会見室とは異なり広い部屋で行われた。記者は、お互いの間隔を保てるよう配慮して配置された椅子《いす》に座って会見を聞いていた。

首相は緊急事態宣言を発令したことを説明した後、次のように説明する。

「国民の皆様の行動変容、つまり、行動を変えることが大切です。特別措置法上の権限はあくまで都道府県の知事が行使するものでありますが、政府として、関東の1都3県、大阪府と兵庫県、そして福岡県の皆様には、特別措置法45条第1項に基づき、生活の維持に必要な場合を除き、みだりに外出しないよう要請すべきと考えます(1)」

緊急事態宣言を発令した場合、発出後は、都道府県知事が基本的に新型コロナウイルス感染症への対策を立案し、実施する権限を持つ。

都道府県知事が取りうる政策としては外出自粛要請のほか、休業要請があった。安倍政権は当面は外出の自粛を求めるべきで、直ちに休業要請を行う必要はないと考えていた。対策本部はこの日、基本的対処方針を改定し、こうした見解を盛り込んでいた。そのような姿勢が会見での首相の発言に表れていた。

小池都知事が求めた休業要請

一方、東京都の小池百合子知事は緊急事態宣言が発令された場合、時間をおかずに広範な形で休業要請を行うことを考えていた。

安倍政権の考えを踏まえて、西村康稔《にしむらやすとし》新型コロナウイルス感染症対策担当大臣は東京都に休業要請の実施を二週間延期することを求めた。しかし、小池都知事は休業を要請することを譲らなかった。安倍政権はこの方針を最終的に受け入れ、東京都が休業要請の対象を縮小させることで妥協した。

「もともと代表取締役社長だと思っていたら、天の声がいろいろ聞こえてきて中間管理職になったような感じだった[2]」

休業要請について説明した四月十日の会見で、小池都知事は安倍政権に対して強烈なコメントを発した。

実際の経緯を細かく見ると、小池都知事が自身を「中間管理職」になぞらえたことが適切な喩《たと》えかどうかは疑問である。都道府県知事の権限ははるかに大きいからである。都道府県知事は、都道府県が担当する政策分野についてはほぼ自律的に決定することができる。こうした政策分野の判断について、首相といえども知事を指揮することは難しい。首相や内閣と知事の関係は、社長や役員会と中間管理職のそれとは大きく異なるのである。

新型コロナウイルス感染症

二〇一九年十二月末に中国の湖北省武漢市政府は、二七人が原因不明のウイルス性肺炎に罹《り》患《かん》したことを発表する。(3) 一月上旬にはこの肺炎が新型コロナウイルスによるものであることが判明する。

現在では広く知られるように、新型コロナウイルス感染症は発熱や空咳《からせき》、倦怠《けんたい》感などの症状を伴い、初期症状は普通の風邪《かぜ》と似ている。症状が現れない場合や、軽症で終わることも多い。しかしながら、感染した人が急速に肺炎になり、重症化する場合も多く、罹患者はこの感染症が原因で死亡することもある。これまでの症例からは、既往症がある人や高齢者が感染した場合、重症化する恐れが高いと考えられている。無症状者も感染を広めることがあり、感染拡散を防止することが難しくなる要因の一つとなっている。

その後、二〇二〇年一月中旬には日本でも初の感染者が報告され、一月下旬以降、感染が徐々に広がる。感染症の拡大に対し、安倍政権や地方公共団体はさまざまな対策を立案する。

本書の目的

本書の目的は、安倍政権と地方公共団体が新型コロナウイルス感染症の拡大によって起きた危機に対応する政治過程を分析することである。地方公共団体の対策を分析する際には、特に東京都知事および大阪府知事の役割に焦点を当てる。分析の対象とする時期は武漢市政府がウイルス性肺炎の患者が発生したことを発表した二〇一九年十二月三十一日から、菅義偉《すがよしひで》内閣が成立する二〇二〇年九月十六日にいたるまでの期間である。

本書は、分析を通じて、危機対応の政治過程に、三つの特徴があることを示す。

第一の特徴は、感染症の拡大に対応する政治過程では首相の指導力が制約された上、安倍政権と知事の間で対応をめぐりしばしば齟齬《そご》が生まれたことである。これには二つの理由がある。一つは首相、閣僚、知事、保健所、専門家など多くの政治アクターが危機に対応する政治過程に関わったためである。一連のアクターのほとんどが、法律上の感染症対策に関わる権限を保持している。二つは首相と知事、保健所を設置する市および特別区の保健所は相互に独立した関係にあり、首相と知事、首相と保健所の間に指揮命令関係は存在しないからである。政府内では「安倍一強」と言われるほどの指導力を誇った安倍首相も、感染症対策を立案するためにはそれほど多くの権限を保持していなかった。そして、法律の仕組みの上で、首相が知事や保健所が担当する分野に直接関与することは難しかった。

二つ目の特徴は、感染症に対応する上で、安倍政権や都道府県知事は検査キャパシティー、病院のキャパシティー、保健所のキャパシティー、検疫所のキャパシティーのあり方に影響を受けたということである。特に危機が発生してからしばらくの期間は一連のキャパシティーが著しく限られるなかで、安倍政権や都道府県知事は対策を講じなくてはならなかった。

三番目の特徴は、新型コロナウイルス感染症の拡大という、これまで日本が経験したことのない事態が展開するなかで、一部の地方公共団体による感染症対策は「先例」や「モデル」となって安倍政権や他の地方公共団体の政策にしばしば大きな影響を及ぼしたということである。

分析を踏まえた上で、コロナ危機をめぐる政治過程が日本の権力構造に示す意義について検討する。現在の日本の権力構造においては、首相、さらに首相周辺の政治家および首相の補佐機構が政策決定過程において大きな役割を果たす。こうした状態を筆者は以前より「首相支配」と呼んでいる。この「首相支配」の状況に、新型コロナウイルス感染症に安倍政権や地方公共団体が対処する政治過程がどのような意味を持っているのかを議論する。本書の議論は、首相が政策を立案しようとする分野の一部について地方公共団体が権限を持っている場合、首相の指導力は制約されることを示している。

ここまで本書の目的を述べてきた。以下の部分では、次章以降の分析の前提として、感染症が拡大する状況や安倍政権の対応の概要、およびそれに対する世論の評価を確認しておこう。

感染症拡大

日本では二〇二〇年一月十五日に新型コロナウイルス感染者が確認される。なお、本書はコロナウイルス感染症が広まる第一波は、この日から始まり、緊急事態宣言後、七日間移動平均値で見た一日の感染者の減少する五月下旬に終わるとみなす（図0-1、図0-2）。

一月二十八日には、中国・武漢市に渡航歴のない日本人の感染が報告される。二月十三日には、新型コロナウイルスに感染して死亡した初の事例が判明する。二月下旬に累計の感染者の数が一〇〇人を超え、一日に二桁以上の感染者が報告される日が増えていく（図0-3）。三月中旬にいったん感染者が増える勢いは衰えるものの、三月下旬から再び増加を始める。三月末に、一日に報告される陽性者数が二〇〇人を上回り、感染者の総数が二〇〇〇人以上となる。四月七日に緊急事態宣言が発令された後、四月十日に一日に判明する感染者数は第一波の間ではピークとなる七〇八人を記録する。以後、陽性者の数は減少する傾向に転じ、緊急事態宣言が解除される五月二十五日には、三月下旬以降、最小の値となる。第一波が終息するときに、累計感染者数は一万六〇〇〇人以上を記録していた。

その後、六月上旬から感染が再び広まりはじめる。本書はこれを感染拡大の第二波と捉《とら》える。六月二十八日には、一日に確認される感染者の数が再び一〇〇人を超える。罹患者の数は増えつづけ、七月二十九日には報告される数が一〇〇〇人以上となり、八月七日には本書の分析対

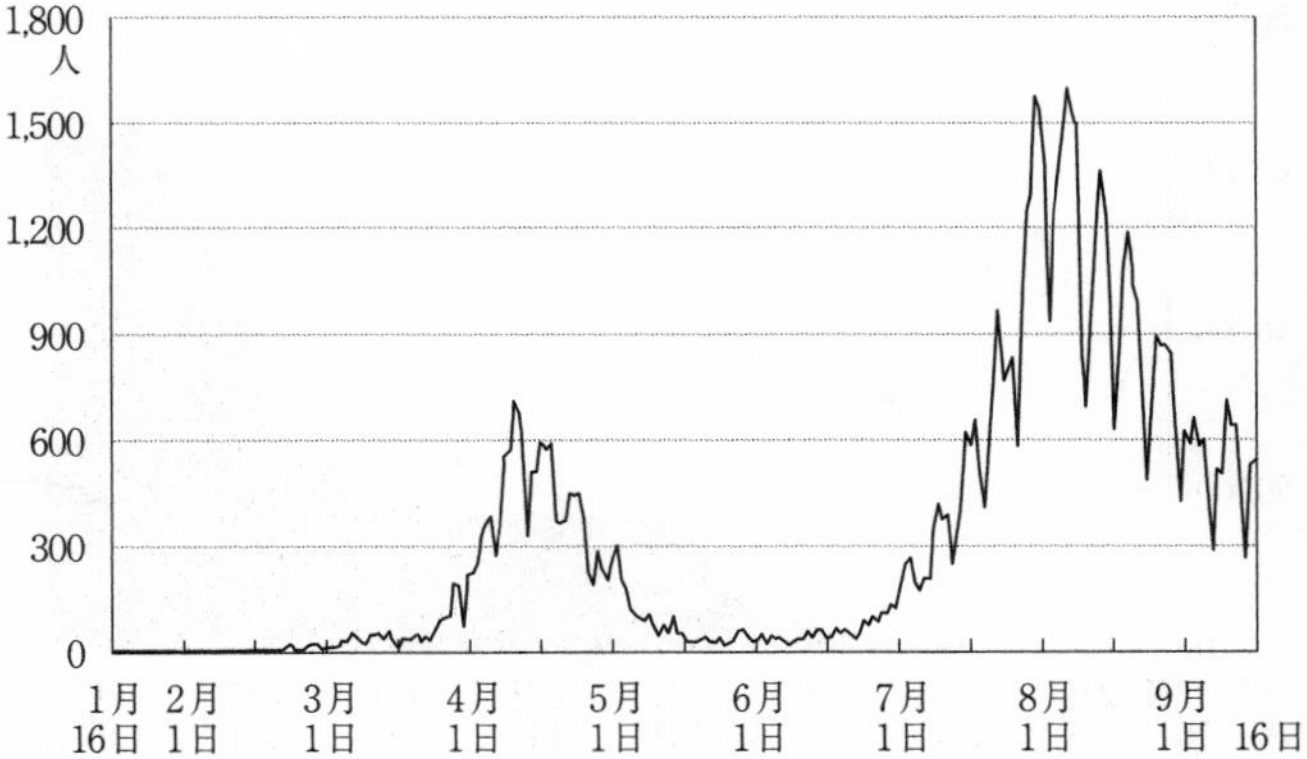

図０－１　全国の１日の感染者数①
出所：厚生労働省の「オープンデータ」から筆者作成.

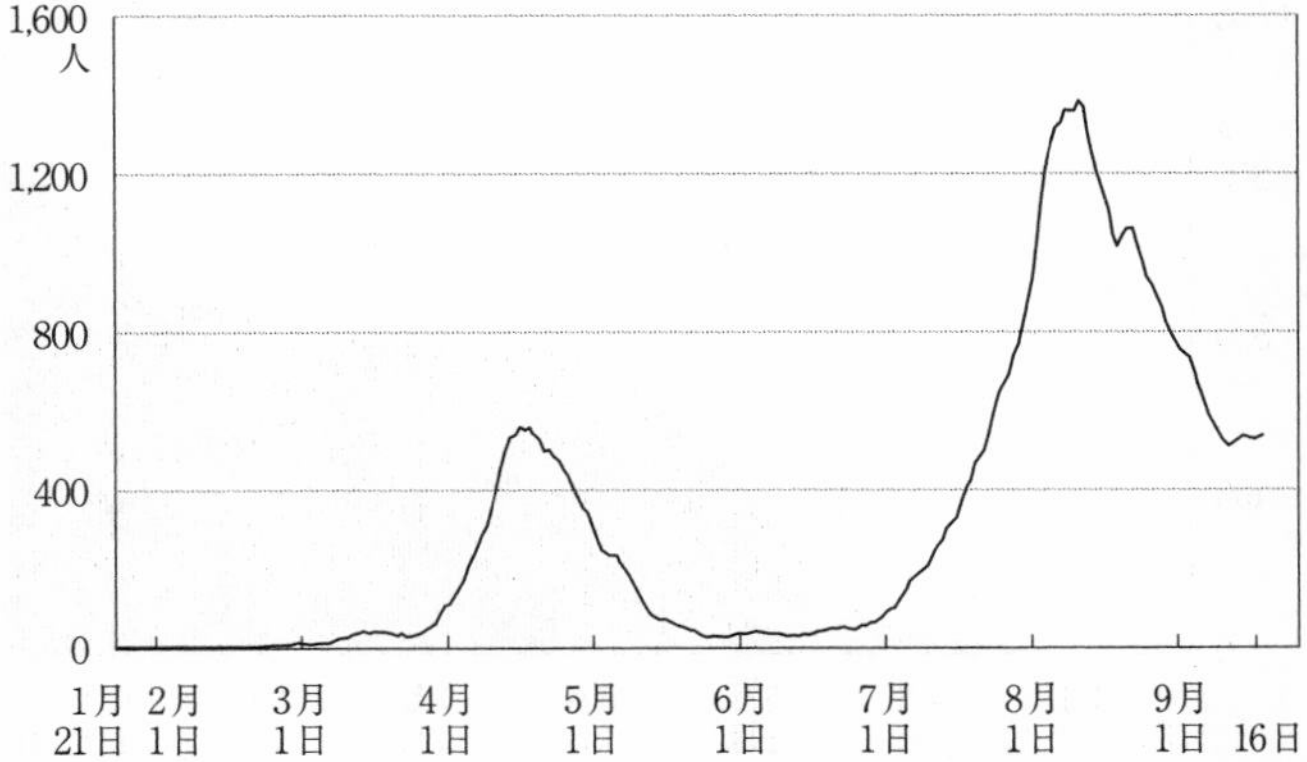

図０－２　全国の１日の感染者数（７日間移動平均値）①
出所：厚生労働省の「オープンデータ」から筆者が計算し，作成.

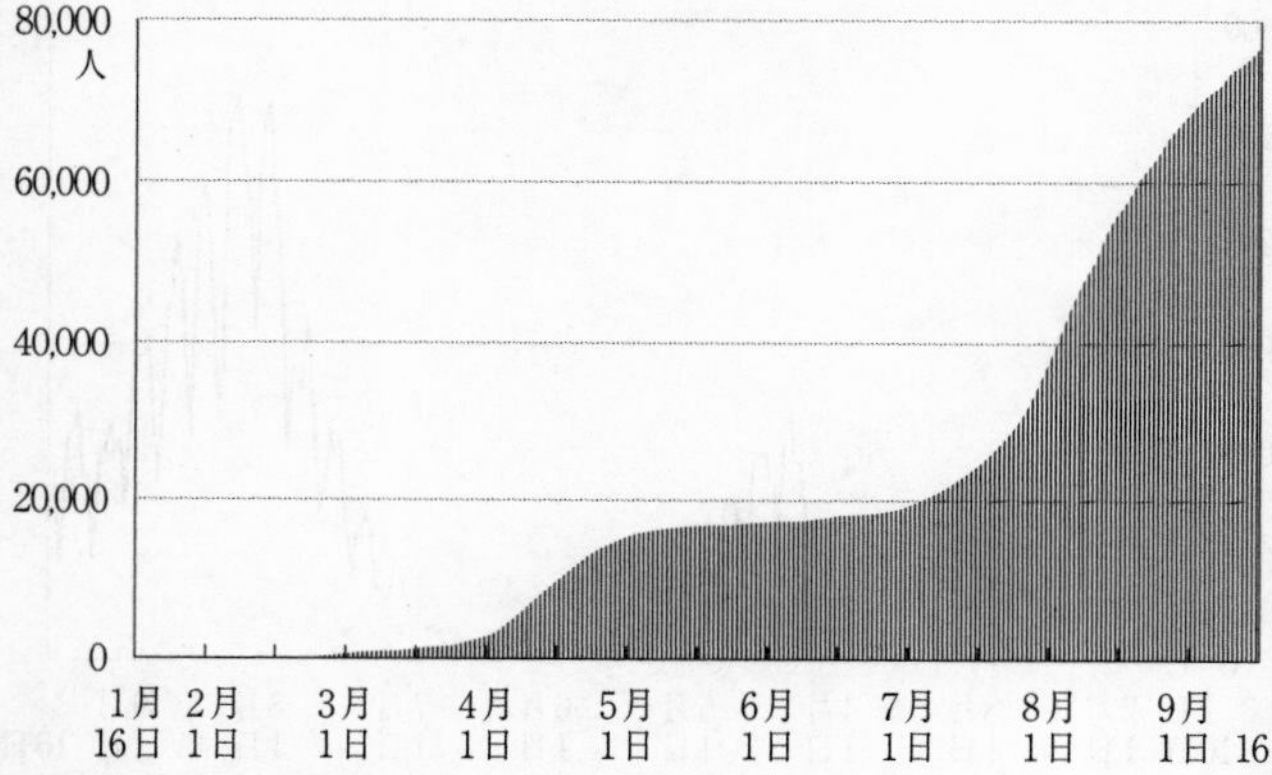

図０－３　全国の累計感染者数①
出所：同前

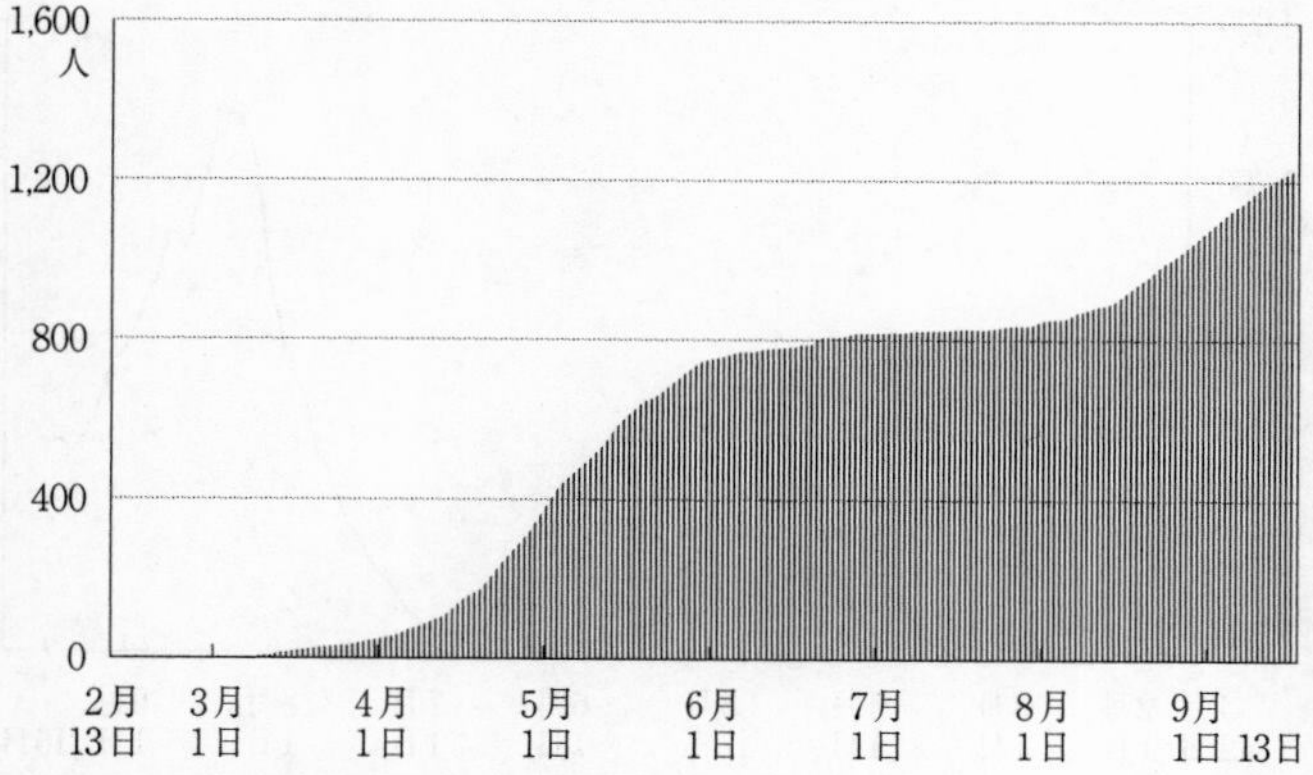

図０－４　全国の累計死者数①
出所：日本経済新聞社の報道資料を基本に，NHK，共同通信社，時事通信社の報道資料を加えて筆者作成.

象期間では最高となる一五九五人を記録する。その後、感染は徐々に収まっていく。九月中旬には、一日の感染者数の七日間移動平均値が五〇〇人程度まで低下する。この頃までにのべ七万六〇〇〇人以上が感染した。

感染の拡大に伴って、感染症による死亡者も増える(図0-4)。四月八日に累計の死者数は一〇〇人を超える。その数は、五月三日には五〇〇人以上となり、第一波が終わる頃には八〇〇人台に到達していた。その後、第二波が始まると、七月末に死者の総数は一〇〇〇人を上回り、九月十六日時点では一四六七人となっている。

言うまでもなく、各国の感染状況の違いの実態やその要因の分析は本書の目的ではない。ただ、参考までに国際的に比較して捉えるため、日本の人口一〇〇万人あたりの死者数を他の国々と並べて示す(表0-1)。感染が大きく拡大したブラジル、イギリス、アメリカなどに比べれば日本の死者数は少ない。一方、台湾、中国、韓国などに比べれば多い。

国　名	死者数
ブラジル	626.27
イギリス	613.73
アメリカ	591.95
イタリア	589.35
フランス	474.91
ロシア	128.72
ドイツ	111.81
インド	59.47
インドネシア	32.78
日　本	11.55
韓　国	7.16
シンガポール	4.62
中　国	3.29
ベトナム	0.36
台　湾	0.29

表0-1　各国の100万人あたり累計死者数(2020年9月16日時点)
出所：Our World in Dataから筆者作成.

安倍政権の危機対応

危機に対し、安倍政権はさまざまな形で対処することを迫られた。安倍首相は、一月から二月にかけて、武漢市や周辺地

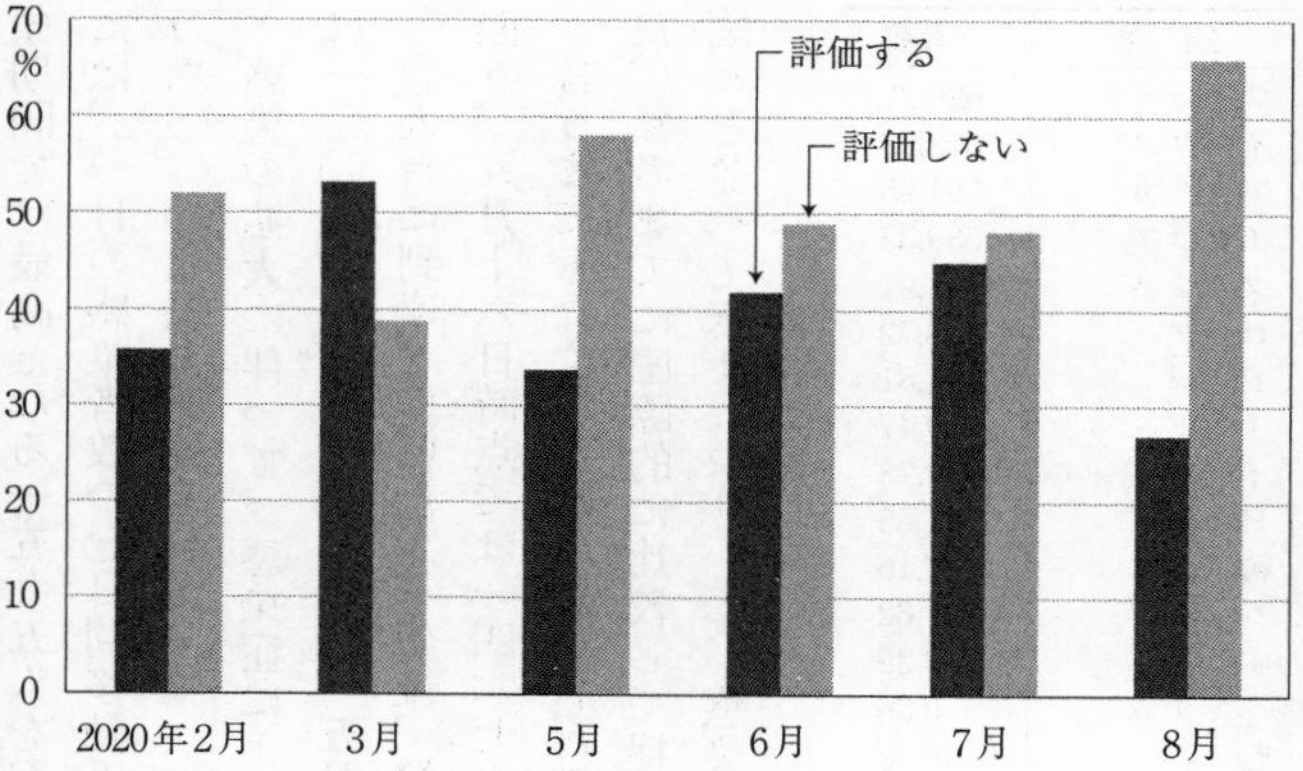

図０－５　安倍政権のコロナ対策への評価
出所：読売新聞社の世論調査.

域の日本人と家族を帰国させる「武漢オペレーション」を実施し、その後、クルーズ船「ダイヤモンド・プリンセス号」内の集団感染に対応、さらに一斉休校の要請などを行った。安倍政権は、三月には新型インフルエンザ等対策特別措置法を改正し、東京オリンピックの開催延期を国際オリンピック委員会と合意する。四月に入り、安倍首相は緊急事態宣言を発令する。第四次安倍第二次改造内閣は宣言の発出と同時に緊急経済対策を発表、その後、補正予算を成立させる。緊急事態宣言より少し前に安倍首相は布マスクを全世帯に配布する方針を明らかにし、注目を集める。

その後、安倍首相は五月に宣言の期間を延長した後、段階的に対象地域の解除を進め、五月下旬に終了にこぎつける。翌六月にはさまざまな自粛要請をほぼ全面的に取り消し、経済対策の追加策を盛り込んだ第二次補正予算を成立させる。七月

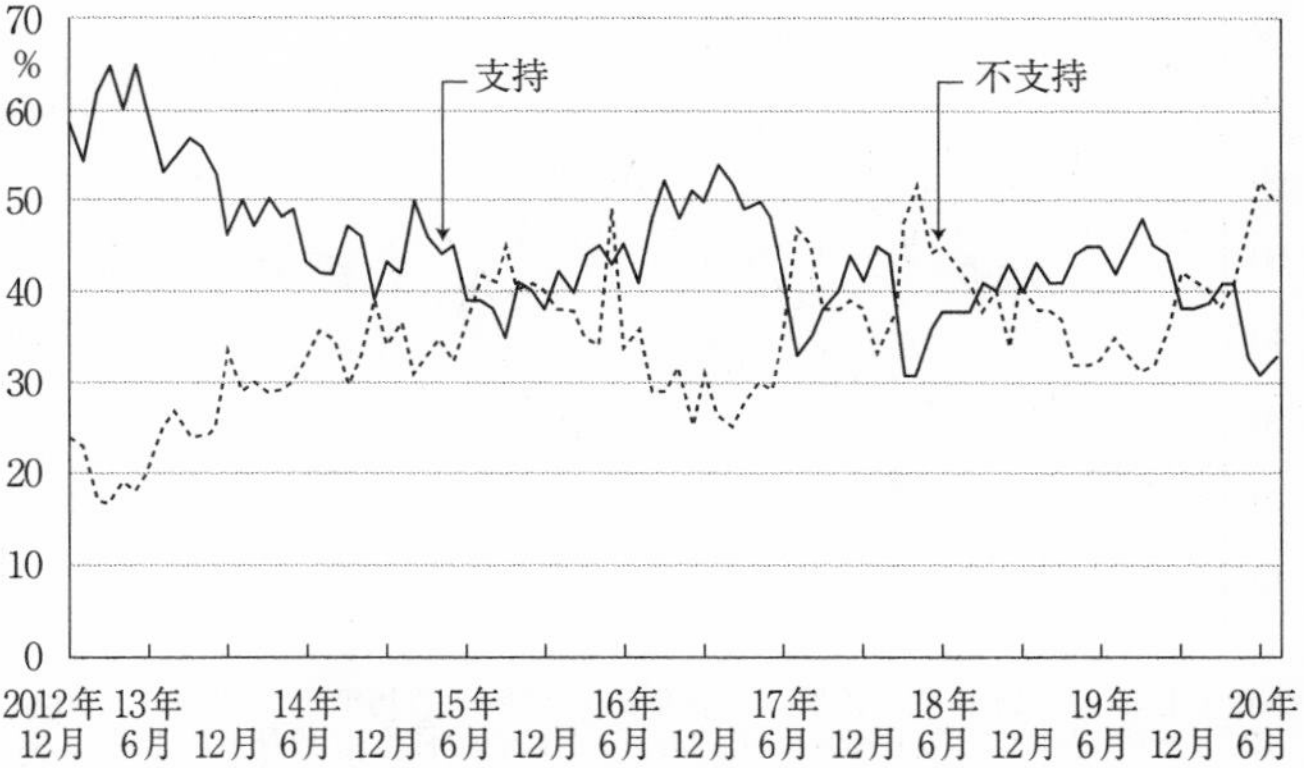

図０‐６　安倍内閣の支持率（朝日新聞社）
出所：朝日新聞社の世論調査.

には経済活性化策としてＧｏＴｏトラベルキャンペーンを始めている。その後、安倍首相は八月二十八日に以降の対策を発表した後に、持病の再発を明らかにし、突如《とつじょ》辞任を表明する。

安倍政権への評価

こうした一連の対策に対する国民の評価は必ずしも高いものではなかった。読売新聞社が二〇二〇年二月から八月にかけて実施した世論調査によれば、三月を除き安倍政権の対応を「評価しない」という回答のほうが「評価する」という回答を上回っている。八月の調査では、調査に応じた人の六六％が「評価しない」という判断を示している（図０‐５）。

また、こうした国民の不満は第四次安倍第二次改造内閣の支持率にも響いている。朝日新聞社と読売新聞社の調査も示すように、第二次安倍内閣

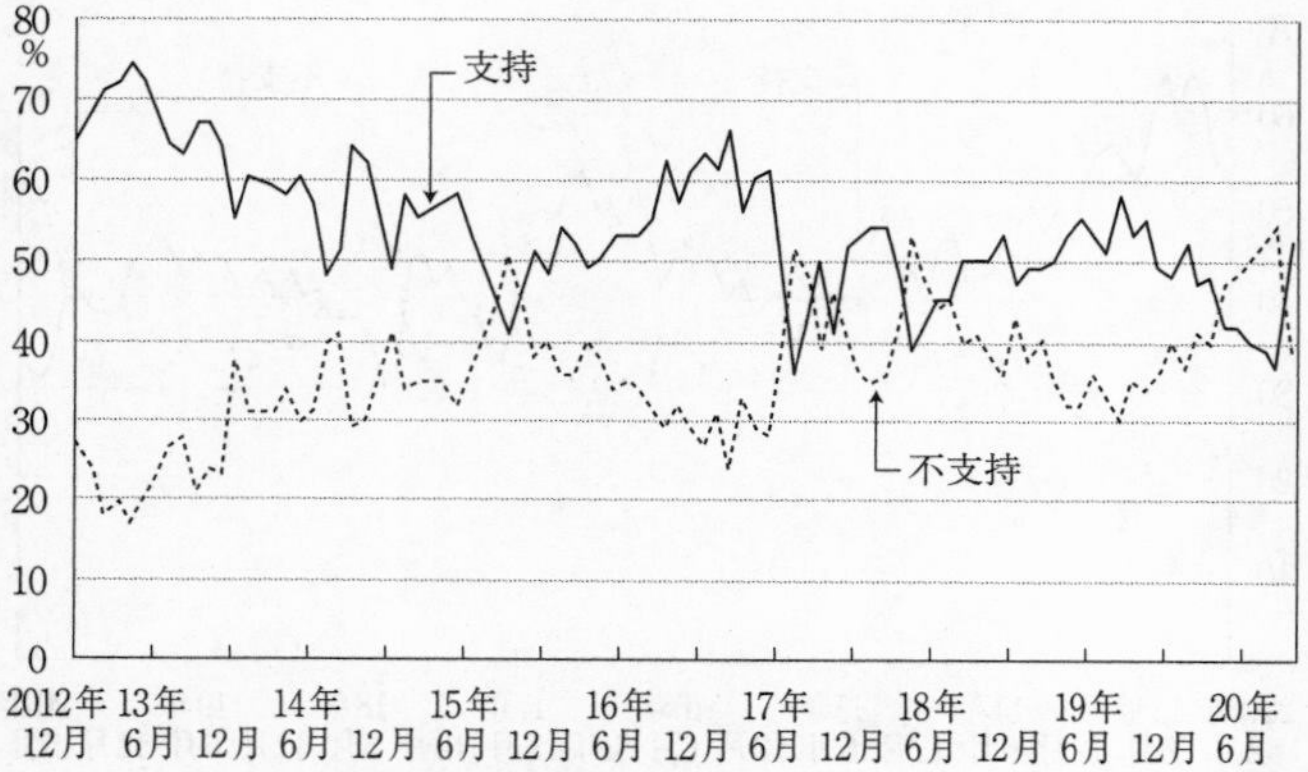

図０－７　安倍内閣の支持率（読売新聞社）
出所：読売新聞社の世論調査.

から第四次安倍第二次改造内閣にいたるまでの各内閣は、一時的な例外はあるものの高い支持率を維持してきた（図０-６、図０-７）。

しかし、コロナ危機に対する政権の対応への不満は安倍内閣の不支持率の上昇という形で現れ、朝日新聞社の五月から七月の調査で不支持率が支持率を上回るようになる。読売新聞社の場合、四月から八月にかけて不支持率が支持率より高くなる。

本書の構成

これまで本書の目的や日本の感染状況の概要、安倍政権の対応やその評価を紹介してきた。本書は以下の各章で、次のような形で議論を進めていく。第１章では、安倍政権や地方公共団体が新型コロナウイルス感染症の拡大によって発生した危機にいかに対応したのかを分析するための視角を提示する。第2章から第6章までは、この視角に基づいて主に安倍政権や地方公共団体が取った対応の分析を進める。

第2章は、二〇一九年末に武漢市政府が原因不明のウイルス性肺炎の患者が発生したことを発表したときから、二〇二〇年二月下旬に安倍首相が一斉休校の要請を行うまでの約二か月を分析対象とする。そして、この時期に安倍政権が危機の発生にいかに対応したのかについて振り返る。第3章は、世界で感染が広がる二月下旬から、安倍首相が緊急事態宣言を発令する四月七日までの期間を扱う。安倍政権や都道府県知事が急速に広がる感染症にどのような対応策を講じたのかについて主に説明する。第4章は緊急事態宣言発出後、休業要請がなされ、五月上旬に宣言の期限が延長されるまでの政策決定過程を明らかにする。第5章は宣言の延長後、宣言が解除され、さらにさまざまな自粛要請がほぼ全面的に撤廃される六月十九日までの政治過程をたどる。第6章は六月中旬以降、感染症が再拡大するなかで、主に安倍政権や知事が実行した政策や対策について解説する。また、八月二十八日に安倍首相が突然、辞職を表明し、九月十六日に菅義偉内閣が成立するまでの経緯について紹介する。

第7章は本書の議論をまとめた上で、新型コロナウイルス感染症をめぐる政治過程から得られる知見を整理する。その上で、その知見が日本の権力構造にとって持つ意味を論じる。

以下、本書を書き進めるにあたって、各章の構成と用語法に関して注意した点に触れておきたい。各章の冒頭では、その章を読み進める上で参考になるようにポイントをまとめている。

また本書では、安倍政権という言葉と安倍内閣という言葉を併用するため、この違いについて確認しておきたい。もともと内閣という言葉は一つの合議体としての意思決定主体を指す。政府や地方公共団体が感染症に対応するためにはさまざまな法律が準備されている。その法律の上では多様な決定主体が想定されている。内閣が決定者である場合もあれば、首相や厚生労働大臣が決定主体である場合もある。本書が安倍内閣というときには、意思決定主体の意味でこの言葉を用いている。ところで、本書の分析対象期間に存在した内閣は第四次安倍第二次改造内閣である。正確を期すためにはこの名称で記すことも考えられるものの、煩雑《はんざつ》なため、基本的に本書の始めの部分や、内閣の終焉《しゅうえん》に関する記述を除き、安倍内閣という用語を用いる。

一方、安倍政権とは安倍内閣、首相、官房長官、閣僚など国の政策決定を行う組織、人の総称として用いている。

安倍内閣という言葉を厳密な意味で使わず、総称として用いることも考えられた。本書のように法律上の権限がそれほど問題にならない政治分析では十分考えられる用法である。しかしながら、その場合、法律が想定している決定主体としての内閣との区別が不明確になる。このため、安倍政権、安倍内閣という二つの言葉を使い分けることにした。なお、本書で用いる肩書きは全て当時のものである。

第1章　コロナ危機対応の見方

はじめに

三月二十六日夜八時すぎ、安倍晋三首相は首相官邸で小池百合子東京都知事から新型コロナウイルス感染症への対応について緊急要望書を受け取る。

「収束に努力している都を一体的に支援していきたい」(1)

安倍首相は小池都知事にこう語る。

新型コロナウイルス感染症が拡大し、危機が発生すると、安倍政権と地方公共団体がともに対策を立案し、特に都道府県知事が重要な役割を果たす。さらに保健所も検査、疫学調査、入院・滞在先の調整など大切な任務を担う。保健所を所管するのは都道府県、政令市などの市、特別区など多岐にわたる。

このように新型コロナウイルス感染症対策には複数の政治アクターが関係している。このため、感染症への安倍政権や地方公共団体の対応過程は複雑になる。

安倍政権で政治アクターとして重要なのは首相、官房長官、新型コロナウイルス感染症対策担当大臣、厚生労働大臣、首相周辺の官僚である。また新型コロナウイルス感染症対策本部に置かれた専門家会議も大きな影響力を発揮した。地方公共団体に関係するアクターで重要な役割を果たしたのは都道府県知事や保健所である。

本書は安倍政権や地方公共団体がいかに新型コロナウイルス感染症によって引き起こされた危機に対処していったのかを分析する。地方公共団体の対応について論じる際には、特に東京都知事や大阪府知事に注目する。

その際に本書は次の三つの点に留意する。

第一に着目するのは、感染症への対応にあたった政治アクターの役割や法的権限、さらに政治アクターの相互関係である。特に本書は首相や閣僚、そして知事の役割を解明する。また感染症に対する政策立案の上では、第四次安倍第二次改造内閣、都道府県、保健所設置市・特別区が実質的に相互に独立した関係であることがもたらす影響も明らかにしようとする。

次に注意するのは、感染が拡大するなかで、安倍政権や地方公共団体が感染症に対処するために必要な各種「キャパシティー」をどの程度確保できていたのかという問題である。具体的に重要なのは、①感染者を判別する検査キャパシティー、②感染者を受け入れる病院のキャパシティー、③感染症対策を担う保健所のキャパシティー、④検疫所の検疫を行うキャパシティーである。特に注意しなくてはならないのは、二月以降、日本国内で新型コロナウイルスの感染が拡大する過程では、安倍政権や地方公共団体は、一連のキャパシティーが制約されるなかで感染症への対応を迫られたことである。キャパシティーの限界が、安倍政権や地方公共団体が新型コロナウイルス感染症に対して取ることのできる対策の内容を大きく規定した。

三つ目は「先例」と「モデル」の重要性である。各国と同じように日本は新型コロナウイルス感染症に初めて対応することになった。近年では世界で新型の感染症が広がった例はある。例えば、二〇〇二年から二〇〇三年にかけて重症急性呼吸器症候群（SARS）が拡大し、二〇〇九年から二〇一〇年にかけて新型インフルエンザが流行した。もっとも、国内でSARSの感染例は報告されなかった。また、新型インフルエンザの経験は、新型コロナウイルス感染症対策への十分な先例とはならなかった。安倍政権や都道府県知事は、これまで経験したことのない事態に、さまざまな対策を新たに講じることを迫られた。

こうした状況のなかで、一つの地方公共団体が取った対応策はしばしば先例やモデルとなり、他の地方公共団体も同様の政策を実施することにつながった。また安倍政権自体が地方公共団体の作った先例やモデルを政策として取り入れる場合もあった。このことに留意すると、安倍政権および地方公共団体の対応を理解することがより容易になる。

本章では以上三つのポイントについて詳しく議論していく。第1節では、新型コロナウイルス感染症対策の立案に関わった重要な政治アクターとその権限およびアクター相互の関係について紹介する。次いで、第2節で検査キャパシティー、医療機関のキャパシティー、保健所のキャパシティーおよび検疫所のキャパシティーについて説明する。また新型コロナウイルス感染症に対応する上での先例とモデルの重要性を強調する。

1　安倍政権と地方公共団体

政治アクターと権限

まず新型コロナウイルス感染症対策に関係する政治アクターについて検討したい。関係するのは安倍政権と地方公共団体である。

安倍政権に関係する政治アクターとして重要なのは首相、官房長官、新型コロナウイルス感染症対策担当大臣、厚生労働大臣、そして首相および官房長官周辺の官僚である。また新型コロナウイルス感染症対策本部の下に置かれた専門家会議も一定の役割を果たした。地方公共団体に関係する大切な政治アクターは都道府県知事と保健所がある。

次のような順を追って、一連の政治アクターの果たした役割を理解することができる。

第一に、現在の日本の政策決定過程全般において、特に重要なアクターの役割を捉える。次いで、新型インフルエンザ等対策特別措置法や感染症法など、新型コロナウイルス感染症と公衆衛生に関する法律の枠組みの下における一連の政治アクターの持つ権限、影響力を明らかにする。最後に、こうした役割や権限などを踏まえた上で各政治アクターがどのような関係にあるのかを把握する。

安倍政権と制度改革

まず、日本の政策決定過程全般において一部の政治アクターが果たす役割から論じたい。ここでは特に首相、官房長官、内閣官房の担当大臣、首相周辺の官僚の果たす機能を明らかにする。

役割を理解する上で、一九九四年の政治改革を最初の一歩として行われてきた、多くの制度変更が及ぼした影響を検討することが重要である。特に大切なのは一九九四年の政治改革、二〇〇一年の省庁再編、二〇一四年の公務員制度改革である。いずれも日本の政策決定過程における首相の権力を増強し、その地位を強いものにした。首相の権限が強化されるのに伴って、官房長官および首相周辺の官僚の影響力も伸長する。また省庁再編により内閣官房の事務を担当する大臣の重要性も高まった。

政治改革

一九九四年に政治改革が実現した結果、衆議院の選挙制度が変わり、政治資金に対する規正が強められる。選挙制度は従来の中選挙区制から小選挙区比例代表並立制に改められる。現在の衆議院の選挙制度の下で選挙戦は政党本位で行われる。その上、小選挙区では、無所属で当選することは難しい。このため候補者にとり、政党から公認されるかどうかが当選するためには死活的に重要になった。比例代表制では候補者の順位が大事である。日本では公認や順位を決定するのは政党の執行部である。

政治資金に対する規正が厳しくなり、政治家個人や政党以外の団体が政治資金を集めることは困難になった。一方、政党助成金が導入され、政治資金は政党に集中するようになった。政治資金を配分するのも政党執行部である。

こうした制度の下では、執行部の頂点に立つ政党党首が、自身の政党に所属する政治家に強い影響力を及ぼすことが可能となる。首相が与党議員に及ぼすことのできる力は以前に比べ大きいものとなった。自民党の場合、以前は派閥が閣僚人事や党内の意思決定過程で強い影響力を発揮した。だが、派閥は力を失い、自民党政権における首相の人事権は拡大し、政権運営において派閥の意向に配慮する必要性は薄くなった。

省庁再編

一九九四年の政治改革に続く重要な変革は二〇〇一年の省庁再編である。省庁再編では多くの省庁の統廃合が行われた。同時に日本の内閣制度に変更が加えられた。まず内閣法四条が改められ、首相は内閣の重要政策について閣議で提案する権限を獲得した。同時に内閣法一二条が改正され、事務の一つとして「内閣の重要政策に関する基本的な方針に関する企画及び立案並びに総合調整に関する事務」が加えられた。さらに内閣官房の政策立案を助ける機関として内閣府が設置される。

二〇〇一年より以前の時期に、法律上、首相は自ら政策を立案する権限を保持していなかった。政策を作るのは大臣であり、首相は関心のある政策があっても大臣に任せるほかなかった。内閣法の改正により首相は内閣官房や内閣府を活用することで自ら政策を策定することが可能となる。こうして、首相はしばしば内閣官房の企画・立案・総合調整を担当する大臣や内閣府の担当大臣を活用しながら重要政策の立案を主導するようになる。

公務員制度改革

二〇一四年にも重要な行政制度の変更が行われる。公務員制度改革である。これにより国家公務員法が改正され、首相は各省の幹部人事に対する大きな影響力を獲得する。首相は各省庁の幹部候補者名簿を作る権限を手にした。一方、大臣など人事権者は名簿に記載されている者から幹部職に任命することが求められ、人事を行う際には首相および官房長官と協議しなければならなくなった。

内閣官房長官

首相の権限が強まるにつれて、政策決定過程における内閣官房長官の影響力も高まっていく。これには二つの理由がある。まず、内閣官房長官は、首相の意向を踏まえて政策決定過程に関与していると他の政治アクターから考えられることが多いため、首相の指導力が拡大すればそれに応じて発言権も拡大する。

もう一つの理由は長官自身の法律上の権限も増大したからである。内閣官房長官は内閣官房の事務を統轄《とうかつ》するので、内閣官房の権限や業務が増え、重要な政策を担うようになれば、官房長官の地位も高まることになる。

省庁再編で、内閣官房は内閣の重要政策に関する基本的な方針に関する企画および立案を行うことが可能になった。また公務員制度改革によって内閣官房には内閣人事局が設置され、人事行政や各省の定員機構管理も内閣官房の事務になった。さらに国家公務員法も改正され、官房長官は各省の幹部官僚の人事に関与する権限も手にした。こうして、内閣官房長官は政策決定過程において以前よりも一層大きな役割を演じるようになる。

担当大臣と首相周辺の官僚

省庁再編以降、首相はしばしば重要な政策の立案を内閣官房の担当大臣に託すようになる。内閣官房の担当大臣が内閣の重要政策の企画、立案、調整にあたることができるようになったからである。新型コロナウイルス感染症対策の場合、内閣官房が対策の立案を行い、西村康稔経済財政担当大臣が内閣官房の新型コロナウイルス感染症対策担当大臣を兼務した。

また首相の権力が増えるのに伴って、首相秘書官や補佐官など首相周辺の官僚が政策決定過程に以前より深く関与するようになる。この結果、こうしたアクターも一部の政策の内容に一定の影響力を及ぼすようになる。

地方分権改革

コロナ危機に対応する過程では都道府県知事や保健所が大切な役割を果たす。日本の政策決定過程における知事、そして保健所を設置する市および特別区の市長や区長の一般的役割は、やはり一九九〇年代以降の制度変革によって変化した。それは一九九三年以降進められた分権改革である。

一九九五年七月に村山富市《むらやまとみいち》内閣は地方分権推進委員会を発足させ、一九九六年三月に推進委員会は地方分権推進について「中間報告」を発表する。「中間報告」は国と地方公共団体の関係を「上下・主従の関係から新しい対等・協力の関係」に改める必要性を強調し、機関委任事務の廃止を提言する。(2)

機関委任事務の廃止

機関委任事務制度とは、本来は国または他の地方公共団体に所属する事務の執行を、法律または政令により地方公共団体の長などに委任することである。長らく委任された国の事務について、都道府県は国の指揮監督下、市町村は国と都道府県知事の指揮下に置かれ、地方自治の妨げとなっていると考えられてきた。(3)

分権推進委員会は一九九六年十二月から一九九八年十一月まで、五次にわたる勧告を行った。一次勧告から四次勧告までを踏まえて橋本龍太郎《はしもとりゅうたろう》内閣は第一次分権推進計画を一九九八年五月に閣議決定する。主な内容は、国と地方公共団体の役割を規定する一方で、機関委任事務を廃止し、地方公共団体の扱う事務を自治事務と法定受託事務に再構成することであった。(4) その後、小渕恵三《おぶちけいぞう》内閣は地方自治法の抜本改正と機関委任事務の廃止を柱とする地方分権一括法案を準備、一九九九年三月に閣議決定する。法案は七月に成立、二〇〇〇年四月に施行される。

地方分権改革の結果、都道府県および市区町村の国に対する自律性、そして、市区町村の都道府県に対する自主性は高まった。(5) こうして知事、そして保健所を設置する市および特別区の市長や区長は、自治事務や法定受託事務について以前より広い裁量権を持って政策を立案できるようになった。

感染症関連法規

それでは、感染症法関連の法制度は、新型コロナウイルス感染症に対応する過程に関わる主要な政治アクターにどのような権限を与えているのだろうか。

コロナ危機に関係する特に重要な法律は、感染症の予防及び感染症の患者に対する医療に関する法律（以下、感染症法）、新型インフルエンザ等対策特別措置法、検疫法である。関連する法律が規定するのは主に内閣、首相、厚生労働大臣、都道府県知事、保健所を設置する市および特別区の市長や区長の権限である。

感染症法は感染症への対策全般を規定する。新型インフルエンザ等対策特別措置法は、新型インフルエンザなど新しい感染症が急速に蔓延《まんえん》し、国民生活・経済に重大な影響を与える場合の対策を定めている。検疫法はいわゆる水際対策のように、疾病が海外から国内に流入することを防ぐ上で必要な措置を定めている。

感染症法は感染症の発生予防と蔓延防止を目的として、そのために必要な措置を定めている。感染症法は六条で法律の対象とする感染症を定める。法律が対象とするのは一～五類感染症、新型インフルエンザ等感染症、新感染症、指定感染症である。

感染症法の下で、内閣は政令で既知の感染症を「指定感染症」と定めることができる（六条八項、七条）。また厚生労働大臣は感染症予防のための基本的な指針を定めることになっている（九条）。また厚生労働大臣は感染症の発生予防あるいは蔓延防止のために必要な措置を定め、医療関係者に実施のための協力を求めることができる（一六条の二）。

感染症法における知事の役割

もっとも、感染症法の下では、感染症に詳細な対応をする上で都道府県知事、政令指定都市をはじめとする保健所を設置する市、さらに特別区が主体的な役割を与えられている。

まず都道府県知事は感染症の予防、発生状況の調査、感染拡大の防止のための調査を行うことができる（一五条、四四条の七）。

また、都道府県知事は厚生労働大臣と同様に感染症の発生予防あるいは蔓延防止のために必要な措置を定め、医療関係者に実施のための協力を求めることができる（一六条の二）。また一類、二類、三類、新型インフルエンザ等感染症、指定感染症の患者および新感染症に罹患している疑いのある者に対し、健康診断を受けることを勧告し、さらに勧告に従わない場合には健康診断を受けさせることができる（七条、一七条、四五条）。

そして、都道府県知事は感染症に関係する医療提供体制を準備できるように計画しなくてはならない（一〇条）。

さらに都道府県知事は、一類、二類、新型インフルエンザ等感染症、新感染症、指定感染症の患者に対し、入院勧告を行うことができ、それに従わない場合に入院措置を講じることができる（七条、一九条、二〇条、二六条、四六条）。

保健所設置市および特別区の場合は、知事ではなく保健所設置市の市長および特別区の区長が医療提供体制の準備を除く、一連の感染症対策を担うことになる。

感染症法における保健所の位置づけ

地域保健法は都道府県、政令指定都市、中核市[6]、政令で定める市、および特別区が保健所を設置することを定める（五条一項）。もっとも、感染症法上の保健所の位置づけは実は曖昧《あいまい》である。

感染症法は医師に、感染症法で定める感染症を診察したときには保健所を経由して都道府県知事、保健所を設置する市の市長、特別区の区長に報告することを求めている（一二条）。しかしながら、感染症法は、都道府県知事、保健所設置市の市長、特別区の区長が感染症に対応するさまざまな対策を講じる際に、必ず保健所を活用しなくてはならないとは規定していない。

ただ、感染症法および地域保健法は実際には、都道府県知事と保健所を設置する市の市長および特別区の区長が、保健所を活用して感染症対策を講じることを想定している。これは感染症法が保健所を設置している市や特別区の場合は、市長や区長がもともと都道府県知事の行う対策を実施すると規定していることで明らかである（六四条）。また地域保健法は保健所の担当する事項として「エイズ、結核、性病、伝染病その他の疾病の予防に関する事項」を挙げている（六条九号）。

保健所は感染症対策において多様な機能を担っている。保健所は感染経路を追跡する積極的疫学調査、感染が疑われる人に対する検査の実施、感染が判明した人への療養先の手配など、感染防止のために多くの役割を果たす。

新型インフルエンザ等対策特別措置法

新型インフルエンザ等対策特別措置法は、二〇〇九年から二〇一〇年にかけて新型インフルエンザが流行したことを踏まえて、野田佳彦《のだよしひこ》内閣によって二〇一二年四月に制定された。この法律はもともと、新型インフルエンザや新感染症の感染が広まった場合に備えて策定された。安倍内閣は二〇二〇年三月にこの法律を改正し、対象に新型コロナウイルス感染症を加えた。

この法律は新型インフルエンザ等の感染症が広まった場合に、二段階の対処方法を定める。新型インフルエンザ等の感染症の発生が確認された場合、まず国と都道府県に対策本部を設置、国と都道府県が対応策を講じる。その後、感染症の全国的かつ急速な蔓延により国民生活と経済に重大な影響を及ぼす、あるいは恐れがある場合に、政府対策本部長は緊急事態宣言を発令する。特措法は緊急事態宣言の下で国、都道府県が取りうる対応策を規定する。

対策本部

首相は新型インフルエンザ等の感染症が発生した場合、内閣に政府対策本部を設置することが求められる（一五条）。首相が本部長に就く（一六条）。

政府は、もともと新型インフルエンザ等の感染症の発生に備えて、新型インフルエンザ等対策の実施に関する計画（以下「政府行動計画」という）を定めなくてはならない（六条）。政府対策本部が発足した後、対策本部は行動計画に基づいて感染症に対する基本的対処方針を策定しなくてはならない（一八条）。対策本部はその際に専門的知識を持つ学識経験者の意見を聴かなくてはならない。このため基本的対処方針等諮問委員会が設置されている。(7)

政府が政府対策本部を設置する場合、都道府県知事も都道府県対策本部を設置しなくてはならない（二二条一項）。都道府県知事が本部長に就く（二三条）。都道府県対策本部は都道府県内のインフルエンザなどへの対策を総合的に推進する（二二条二項）。

都道府県知事は公私の団体や個人に対して感染症対策のために協力を求めることができる（二四条九項）。

緊急事態宣言発令の手続き

首相は対策本部長として、感染症が全国的に急速に蔓延し、国民生活や経済に重大な影響を及ぼす場合、あるいは恐れがある場合に、三二条に基づいて緊急事態宣言を発出することができる。緊急事態宣言を発令する際に専門家に諮問しなくてはならず、基本的対処方針等諮問委員会がこの役割を果たす。(8) 緊急事態宣言を発令した場合、首相は国会に実施期間、対象地域、緊急事態の概要を報告しなくてはならない。

知事の権限

緊急事態宣言が発出されると、都道府県知事は感染症の拡大を防ぐためにさまざまな権限を行使することが可能になる。

都道府県知事はまず四五条一項に基づいて外出の自粛を要請できる。また、二項により、休校、休業、イベントの停止などを要望することが可能である。さらに三項を根拠に、学校運営者や事業主が要請に応じない場合、休校、休業、イベントの停止を指示することができ、その場合、四項により、指示を行った事実を公表しなくてはならない。

四五条二項の休業要請の対象は新型インフルエンザ等対策特別措置法施行令によって定められている。対象となるのは床面積が一〇〇〇平方メートルを超える施設である。具体的には大学、劇場、映画館、集会場、展示場、デパート（ただし、生活必需品の売り場を除く）、ホテル内の集会用の場所、体育館、プール、ボウリング場、博物館、美術館、図書館、キャバレー、ナイトクラブ、ダンスホール、理髪店、質屋、自動車教習所、塾などが含まれる。一〇〇〇平方メートルとは、バスケットボールコートが二つ埋まって少し余るくらいの広さである。一〇〇〇平方メートル以下の施設については厚生労働大臣が定めて公示することになっている。

また知事は医療施設の提供も行わなくてはならない。すなわち、都道府県内において医療機関が不足する場合には、四八条一項に基づいて臨時の医療施設を開設し、医療を提供することが義務づけられている。さらに、四九条に基づいて、臨時の医療施設を開設するために、地主や土地の占有者から土地を利用することができる。

検疫法

最後に紹介する関連法規は検疫法である。検疫法は感染症の病原体が国内に入ってくることを防ぐ目的でさまざまな施策を定めている。

検疫法が対象とするのは、感染症法上の一類感染症、新型インフルエンザ等感染症、新感染症、さらに政令で指定する感染症である（二条、三四条の二）。検疫法の下で、厚生労働省の施設である検疫所は、一連の感染症の患者を隔離することや、感染症に罹患した恐れのある者を停留《ていりゅう》することができる（一四条一号、二号、三四条の二）。

隔離は医療機関で行う一方、停留は医療機関、船舶、宿泊施設で実施する（一五条一項、一六条一項、二項、三四条の三、三四条の四）。

安倍政権の政策立案過程

今回の危機で安倍首相は、新型コロナウイルス感染症に対する安倍政権と地方公共団体の全般の対応方針を定めたほか、感染が拡大していく各局面で主導的な役割を果たした。加藤勝信《かとうかつのぶ》厚生労働大臣は感染症対策全般に対する方針の策定に関与したほか、国全体の検査体制や医療体制の整備、さらに検疫の実施に責任を負う立場にあった。

西村康稔新型コロナウイルス感染症対策担当大臣は、基本的対処方針の策定に関与した。さらに、国が国民や民間事業者などに示す感染抑制策を決める上でも重要な役割を果たす。そして、都道府県の実施する感染防止策に関する、安倍政権と都道府県知事の間の調整役を担ってきた。その一方で、経済対策の取りまとめ役となった。

菅義偉官房長官は、特に複数の省庁間が関わる政策、対策の調整を行った。首相周辺の官僚は安倍政権が一部の感染抑制策や経済政策を立案する過程で強い影響力を行使した。

首相・閣僚間の協議体制

安倍政権の主要アクターは常に緊密な連絡を取っている。もともと首相と官房長官、総理秘書官は官房副長官を交えて、第二次安倍政権発足以降、ほぼ毎日協議の場を持っている。[9] 菅長官はこの協議が新型コロナウイルス感染症の拡大が始まった後も毎日行われていたと証言する。[10]

さらに二月中旬から八月上旬まで首相、菅長官、加藤厚生労働大臣は新型コロナウイルス感染症対策を協議するため毎日のように会合を開いている。三月上旬に西村経済財政担当大臣が新型コロナウイルス感染症対策担当大臣に起用されると、西村担当大臣もこの議論に加わっている。こうして協議を重ねることで安倍政権は新型コロナウイルス感染症への対策を立案していく。

専門家会議の役割

また安倍政権の感染症対策の立案過程を理解する上で注目しなくてはならないのは、専門家会議の役割である。この会議の前身は加藤厚生労働大臣の助言機関＝アドバイザリーボードであった。二〇二〇年二月四日から活動を始めている。その後、公明党の提案に基づいて、対策本部に助言を行うために、十四日に専門家会議が対策本部の下に置かれることになる。アドバイザリーボードの委員と専門家会議の委員はほぼ同じであり、委員の多くは感染症の専門家であった。専門家会議に法的根拠はなかったが、廃止される七月三日まで活発に活動する。

二月二十四日以降、五月二十九日まで一一回にわたり、専門家会議は状況分析や提言を行う。こうした分析や提言のなかで、専門家会議は安倍政権に政策提言をしたほか、国民に対しても具体的な行動を求め、政権の政策や国民の活動に影響力を及ぼすことになる。

新型インフルエンザ等対策特別措置法は政府対策本部への助言を想定している。このために二〇一二年八月から、新型インフルエンザ等対策有識者会議や基本的対処方針等諮問委員会が設置されている。(11) ただ、当初、有識者会議や諮問委員会の役割は限定的であった。

しかし、七月三日に有識者会議の下に、専門家会議に替えて新型コロナウイルス感染症対策分科会が設置される。分科会は安倍政権が第二波に対応する際に状況分析や助言を行った。

安倍政権と地方公共団体の関係

それでは、安倍政権と地方公共団体はどのような関係にあるのか。[12] すでに述べたように、地方分権改革により国と地方の関係は「対等」になった。地方公共団体は強い自律性を持ちながら、担当する事務について政策を立案することが可能である。

もっとも、新型コロナウイルス感染症に関係する法律の上で、首相や厚生労働大臣は都道府県知事、保健所を設置する市の市長、特別区の区長に対する指揮命令権を発動する余地はある。新型インフルエンザ等対策特別措置法二〇条の下で、首相は都道府県知事に対し、基本的対処方針に基づいて各省庁や知事が行う政策を調整する権限を保持している。この調整権限に基づいて事実上、知事に対して指示を下すことは可能である。

また、厚生労働大臣は感染症法六三条の二に基づいて、感染症の発生や蔓延を防止するために必要な事務について、都道府県知事、保健所設置市の市長、特別区の区長に指示することができる。

さらに、地方自治法の下では、分権改革後も国が地方公共団体の政策立案に助言、勧告などの形で関与することは可能である。例えば、地方自治法二四五条の五や二四五条の七に基づいて、首相は新型コロナウイルス感染症対策について都道府県知事や保健所設置市の市長、特別区の区長が取った政策に対して、指示を与える余地は残る。[13]

「指揮系統がない」

安倍政権内で特措法二〇条による総合調整権の発動が取りうる方策として意識されていたことは確かである。しかしながら、安倍政権の主要閣僚は、国が都道府県知事や市長や区長を指揮することについては消極的であった。菅長官は指示権を発動することを考えたことはないと振り返る。[14] また加藤厚生労働大臣はより率直に国と知事、市長、区長の間に「指揮系統がない」という立場を取っている。[15]

知事と保健所の関係

ここで確認しなくてはならないのは、地方公共団体に指示をすることが難しいのは安倍政権に限らないということである。都道府県と保健所設置市および特別区との関係も同様である。このため都道府県知事も、保健所設置市および特別区の保健所に指示を出すことは難しい。

新型コロナウイルス感染症対策においては、県民への行動自粛要請など感染防止策の策定を都道府県知事が担う。にもかかわらず、東京都の特別区や政令指定都市のように都道府県の一部地域における保健所が都道府県の所管にない場合、都道府県知事はそうした地域に対しては、自ら保健所を介した感染抑制策を講じることができないのが現状である。

「連携」の重要性

結局、実務的には安倍政権が都道府県知事や保健所に対して直接指示を行うことは難しく、同様に都道府県知事が保健所設置市および特別区の保健所を指揮することも困難である。このことを前提とすると、効果的に新型コロナウイルス感染症対策を行うには相互の連携、協力を図ることが重要である。安倍政権や都道府県知事にとってこの連携、協力をどう行っていくかが大きな課題となる。

2 「キャパシティー」と「先例」および「モデル」

キャパシティーの制約という課題

安倍政権と地方公共団体の感染症対策を理解する上で二番目に重要な点は、感染症対策に関わるさまざまな組織の「キャパシティー」が極めて制約されたということである。

本書では「キャパシティー」を、新型コロナウイルス感染症に対処するために必要な業務の処理力を意味する言葉として用いる。「キャパシティー」という言葉のかわりに「能力」という用語を使うことも考えられる。ただ、例えば「ある機関に十分能力がなかった」と記述した場合、その機関が優秀であるかないかということについて議論しているという誤解を与える恐れがあるので、「能力」という用語は避ける。その代わりに「キャパシティー」という単語を使用することにする。

安倍政権と地方公共団体の感染症対策を理解する上では、そもそもさまざまなキャパシティーが制約されていたということと、キャパシティーの拡大を迫られたということの理解が必要である。感染症に対応するキャパシティーとして特に注目するのは、①感染者を判別する検査キャパシティー、②感染者を受け入れる医療機関のキャパシティー、③感染症対策を担う保健所のキャパシティー、④検疫所の検疫を行うキャパシティーである。

日本で感染の拡大が始まった際には、いずれのキャパシティーも不足していた。このため安倍政権や地方公共団体はキャパシティーの拡大に注力する。しかし、当初、キャパシティーが不足したことは、安倍政権や地方公共団体の選択肢を狭める。その後、キャパシティーが拡大するに伴って取りうる政策の幅も増えていく。

検査キャパシティーの構成要素

日本で感染が広がりはじめたときから、日本の検査キャパシティーは不足する。当初、新型コロナウイルスへの感染が疑われる場合の検査は、当初はＰＣＲ（Polymerase Chain Reaction）検査によって行われた。その後、五月以降、抗原《こうげん》検査も用いられるようになる。

ここで、検査キャパシティーとは何からなるのかを説明する。検査キャパシティーとは、ある単一の機関のキャパシティーによって決定されるわけではない。基本的に保健所、医療機関、検査実施機関それぞれの数とキャパシティーによって決まる。保健所の数が多ければ多いほど、そして一つの保健所が検査を手配するキャパシティーが高ければ高いほど、検査キャパシティーは高まり、逆の場合、検査キャパシティーは低くなる。

また、検査を判断する医療機関が多数存在すれば存在するほど、そして、一つの医療機関が検査の必要性を判断するキャパシティーが大きければ大きいほど、検査キャパシティーは増す。そして最後に検査実施機関の数が増え、一つの機関のキャパシティーが高まれば、検査キャパシティーは拡大することになる。

日本と各国の比較

対策本部の専門家会議も、欧米各国や韓国、シンガポールと比較して日本の検査キャパシティーが不足していたことを早くから認めている[16]。ただ、欧米各国は日本より感染者が圧倒的に多い。このためPCR検査の件数はこれに伴って増えたという見方をすることも可能である。

そこで本書は、日本と同じような死者数を記録した国々が行った検査数との比較を試みる。より具体的には日本と韓国、台湾、シンガポール、オーストラリア、ニュージーランドと比べる。これらの人口一〇〇万人あたりの死者数は、時期にもよるが日本より少し多いか少ないという特徴がある。本書は緊急事態宣言が発令された頃と解除された頃を比べる。

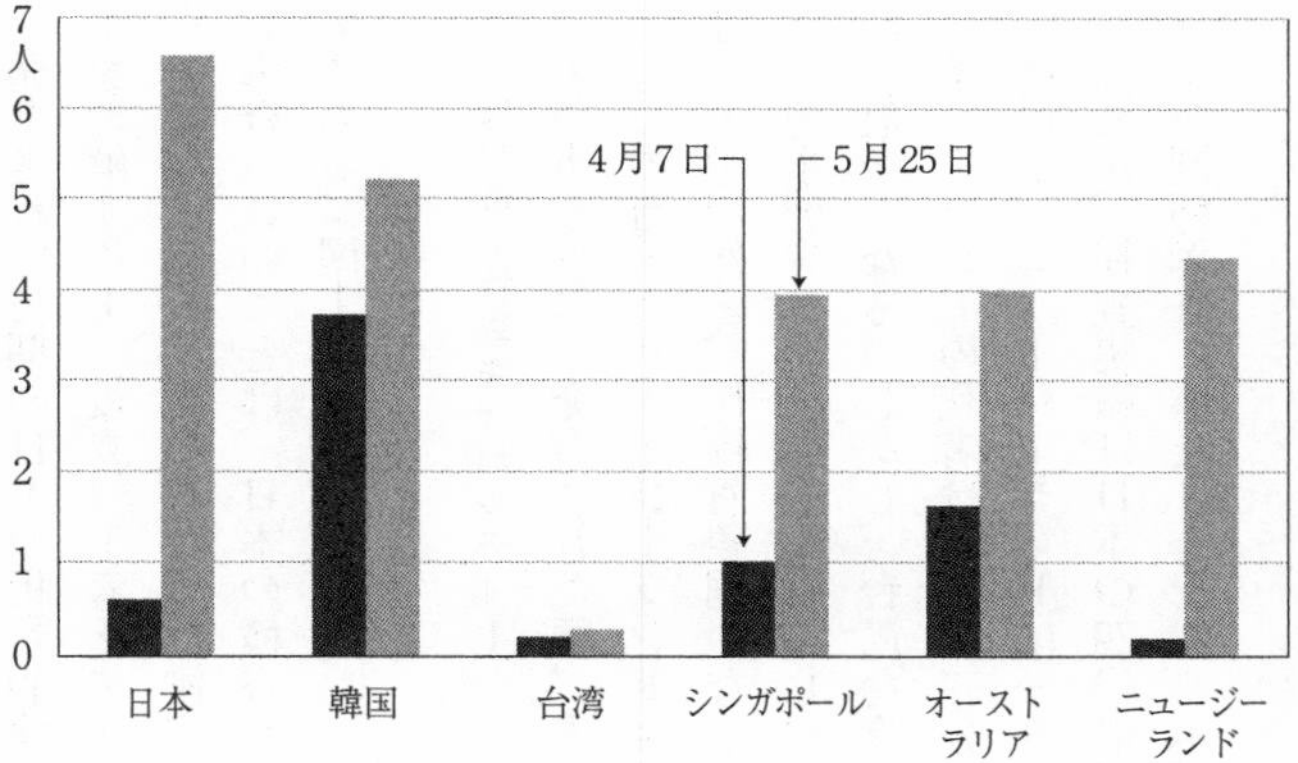

図1－1　各国の100万人あたり死者数
出所：Our World in Data から筆者作成.

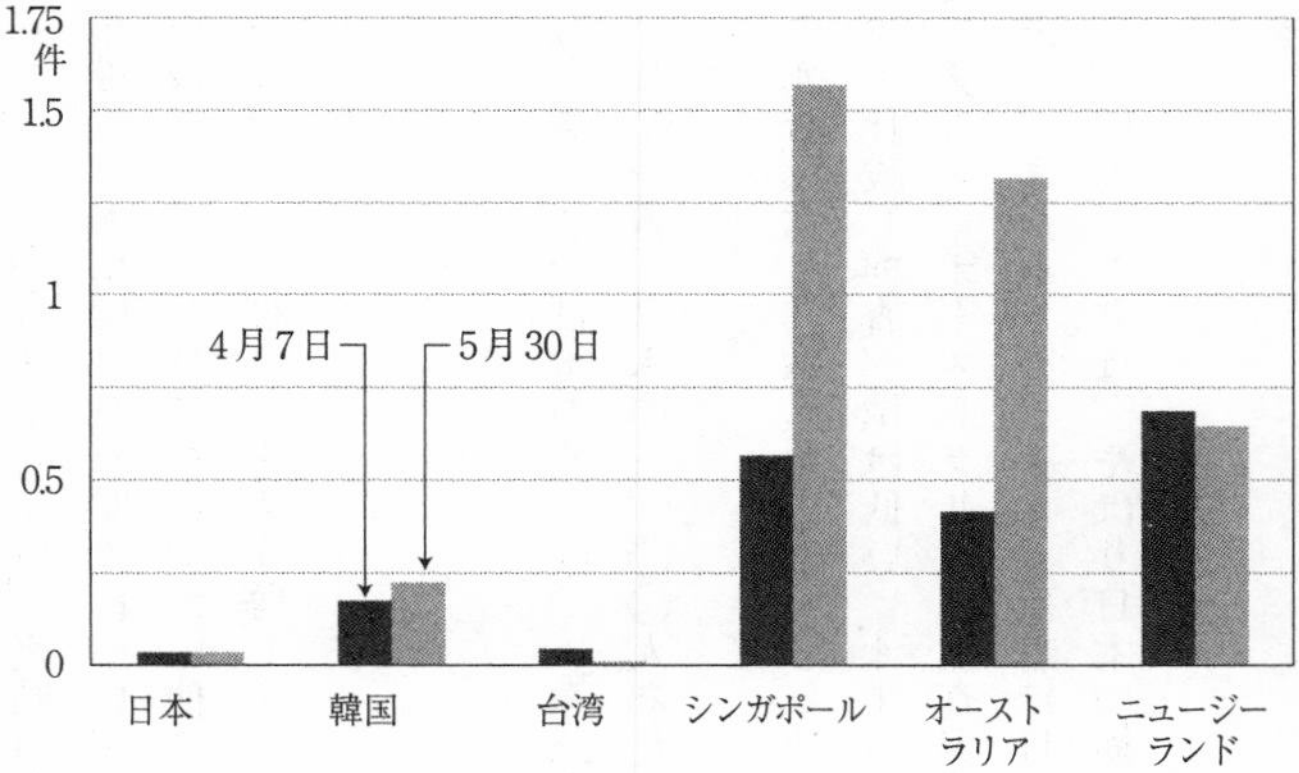

図1－2　各国の1000人あたり PCR 検査件数（7日間移動平均値）
註：シンガポールのみ2020年4月15日の数値．韓国と台湾は件数ではなく人数.
出所：同前

発令された時期の日本の相対的検査キャパシティーを把握することは、当時日本が取った政策を理解する上で役立つと考えている。緊急事態宣言が解除された時期についても示すのは、この時期は感染が深刻になった後であり、検査数が日本より死者数が少ない他の国に比べて低い場合、このことは、日本の検査キャパシティーはやはり低いことを示唆していると考えるためである（図1-1、図1-2）。

やはり低い検査キャパシティー

緊急事態宣言が発令された頃、人口一〇〇万人あたりの日本の死者は〇・六三人であり、低いものの台湾やニュージーランドよりは多かった。一方、日本の一〇〇〇人あたりの検査実績は〇・〇四件と、比較対象国のなかで最も低い。

緊急事態宣言を全面的に解除した頃、日本の死者は六・五六人まで増加し、比較対象国のなかで最多となる。しかし、台湾を除けば他の国と比較し検査実績は低い。オーストラリアやニュージーランドの死者は日本の三分の二程度であるが、オーストラリアの検査実績は日本の三〇倍以上、ニュージーランドは一五倍以上である。またシンガポールも死者は日本の半分程度であるが、検査実績は日本の四〇倍程度である。以上のことは、やはり日本の検査キャパシティーが制約されていたことを強く示唆する。

キャパシティー不足の影響

安倍政権は、検査キャパシティーの不足を認め、増強させる必要性を感じていた。四月六日の対策本部で安倍首相が、PCR検査のキャパシティーを当時の二倍の一日二万件に引き上げる方針を示している。しかし、検査キャパシティーはなかなか二万件に到達せず、五月十五日に二万件を超す(17)。

検査キャパシティーの不足は安倍政権や地方公共団体が取る感染症対策の幅を狭めることになった。一月下旬以降、感染が拡大するなかで厚生労働大臣、専門家会議、保健所などは検査資源を感染している可能性の高い人に集中させる方針を取らざるを得なかった。例えば、専門家会議は当初クラスター（一人の新型コロナウイルスの感染者が複数の人に感染させた場合、感染させた人を含めた感染者の集合体）対策を重視する。また、厚生労働省や保健所は感染している蓋然性《がいぜんせい》の高い相談者に重点的に検査する方針を実質的に取る。

こうして検査を希望しても受けられない人が多数発生し、検査の「目詰まり」が起きる。また、医師が感染を疑いPCR検査を必要と判断しても、検査を受けることができない事例が頻発することになる。

その後、検査キャパシティーが拡大することにより政策の幅が広がる。

医療機関のキャパシティーの限界

医療機関のキャパシティーにも限界があった。医療機関のキャパシティーとは感染者を入院させ、治療するキャパシティーのことである。この不足からいくつかの問題が発生する。

まず、検査の制限につながった。安倍内閣が新型コロナウイルス感染症を指定感染症と定めたことにより、二月一日以降、新型コロナウイルス感染症の患者は入院が必要となる。しかし、当初、医療機関のキャパシティーは十分なものではなかったため、一部の保健所は医療機関が逼迫《ひっぱく》することを恐れて、検査を実施しなかった。また、一部の感染者を医療機関が受け入れることができなくなったため、自宅療養者が生まれることになった。緊急事態宣言が出された要因の一つは、医療機関のキャパシティーの拡大が感染者増大のペースに間に合わず、医療体制が逼迫したことがある。

厚生労働省の調べでは、感染症患者専用の感染症病床の数は一八七一床であった[18]。病室内の気圧を周りより下げるための陰圧装置を備えている結核病床も新型コロナウイルス感染者に用いることができる。だが、結核病床の総数は三五〇二床で、合わせても五三七三床であった[19]。しかしながら、厚生労働省が三月に都道府県に通知した、感染者を予測する計算式に基づけば、東京だけでも入院患者は二万人を超えると予想されていた。

病床を拡大する上での課題

このため一般病床も感染者のために活用する必要があった。感染症指定医療機関が病床の拡大、あるいは指定医療機関以外の医療機関が感染者の受け入れを決断しても、すぐに入院が可能になるわけではない。まず、病床そのものの確保が必要である。受け入れた医療機関は一つのフロアを全部感染症患者のために使用することが多かった。この場合、これまで入院していた患者の転院先を用意しなくてはならない。場合によっては簡易陰圧装置の導入も必要である。また、院内感染を防ぐため病院内の動線の区別も行わなくてはならない。

場所を確保しても、感染症患者の診療には通常よりも多くの人手が必要なため、人員の確保と、医療関係者を感染から防護する医療資材の準備も必要である。

安倍政権や地方公共団体は国内で感染の拡大が始まった際に、医療機関の受け入れキャパシティーが限られるなか、これを引き上げ、医療体制を整えることを迫られた。

保健所のキャパシティーの制約

保健所や検疫所のキャパシティーも問題であった。保健所は、一九九三年度に全国で八四八か所に存在していたが、行政改革などの結果、二〇二〇年度には四六九か所に減少している[20]。これは一見、保健所のキャパシティーが低下してきたことを示唆する。

もっとも、保健所や市町村保健センターの定員で見た場合、筆者が資料を入手できた二〇〇五年以降、減少を続けていたが、二〇一二年を底に近年は増加傾向にある（図1-3）。すな

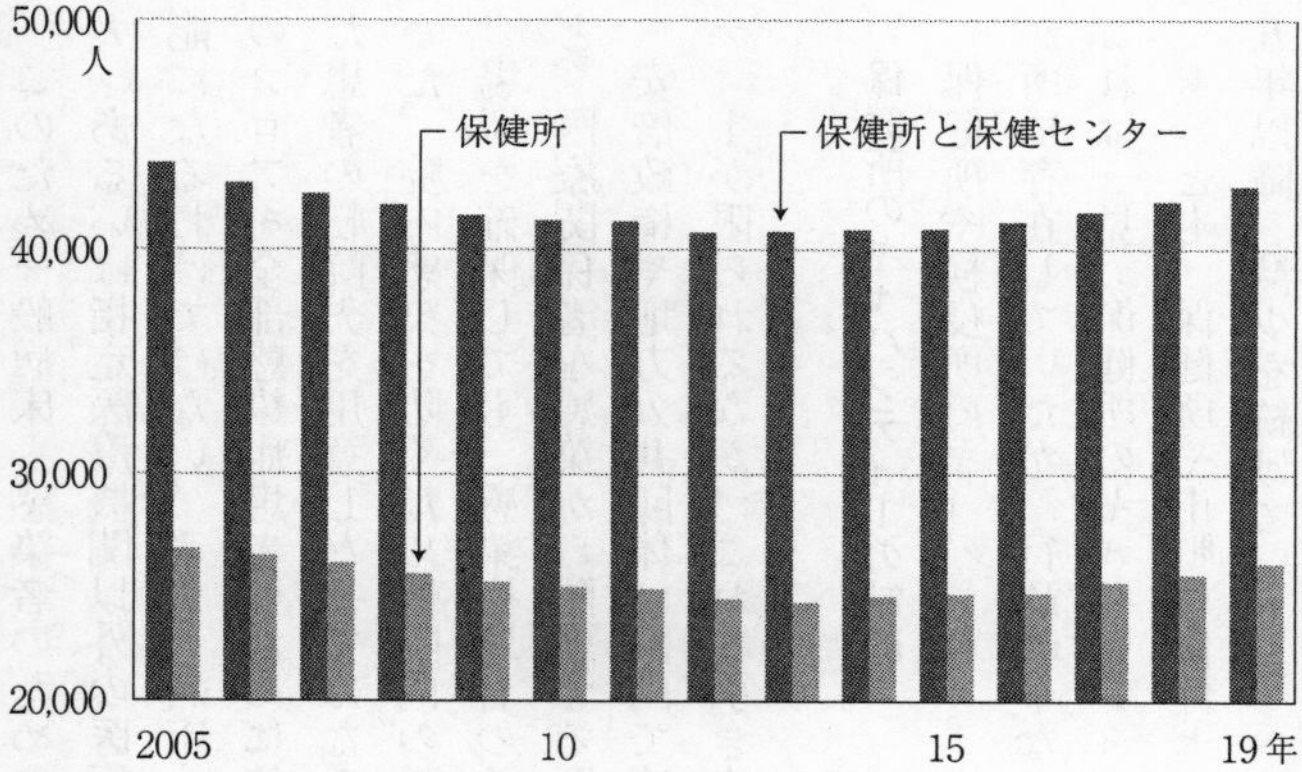

図１－３　全国の保健所などの定員の推移
出所：総務省「地方公共団体定員管理調査関係データ」から筆者作成.

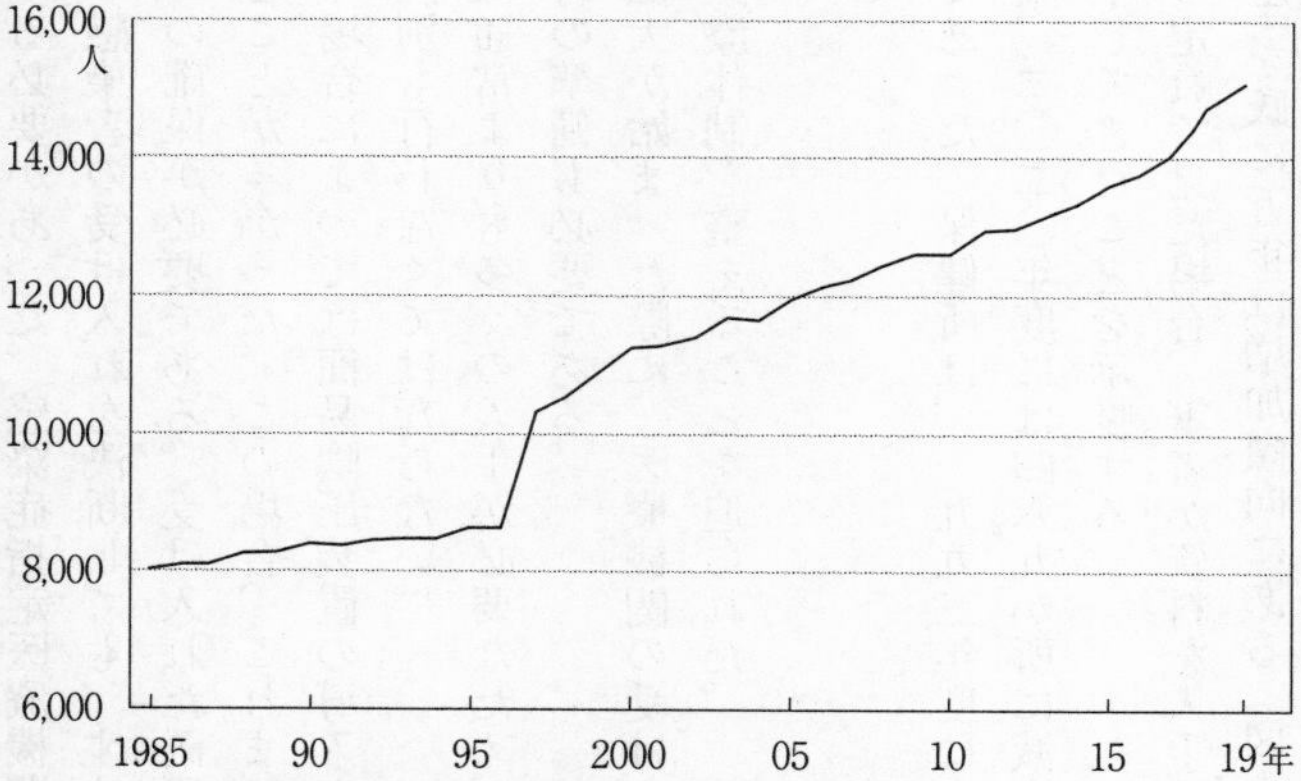

図１－４　保健所を設置する地方公共団体の保健師の数
出所：2019年度全国保健師長会講演会（2019年４月20日）資料および厚生労働省「保健師活動領域調査」から筆者作成.

わち、二〇〇五年に定員は四万三七三九人であったのが、二〇一二年には四万七〇八人まで減少した後、二〇一九年には四万二七七九人にまで回復している。[21]

また保健所を設置する地方公共団体の保健師に限ってみれば、保健師の数は基本的に増加してきている（図1-4）。一九八五年に保健師の数は約八〇〇〇人であったのが、二〇一九年には約一万五〇〇〇人まで増加している。[22] したがって、近年、保健所の数は減ったものの、保健所全体を見た場合にそのキャパシティーが特に弱められたと結論づけることは難しい。

ただ、この後の章で示すように、新型コロナウイルス感染症が拡大した際に、保健所の業務が急増した。このため保健所のキャパシティー、すなわち、積極的疫学調査を行うキャパシティー、帰国者・接触者外来を紹介し、検査を手配するキャパシティー、入院先を調整するキャパシティーなどに限界が生じたのは間違いない。保健所のキャパシティーが制約されるなかで、安倍政権や地方公共団体は感染症への対応を迫られる。

検疫所のキャパシティーの状況

一方、検疫所のキャパシティーにも限界があった。まず職員数を見てみよう（図1-5）。一九八五年以降の数字を見ると、検疫所の定員は二〇〇一年まで増減を繰り返す。二〇〇一年以降は二〇一三年を除き増員されてきており、特に二〇一四年以後、急速に増強されている。ただ、問題なのはこの間、主として訪日外国人が急増したことである。この結果、年間の外国

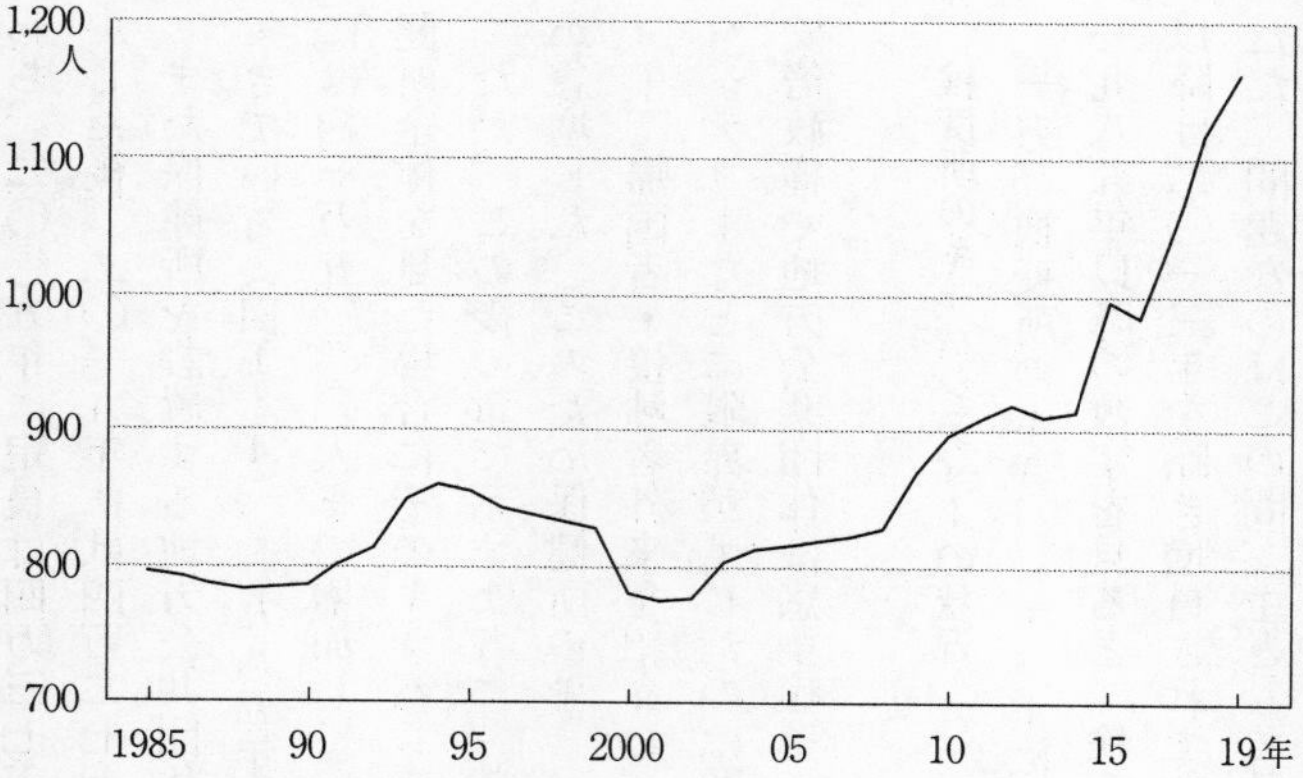

図１－５　全国の検疫所の定員
出所：行政管理センター『行政機構図』から筆者作成.

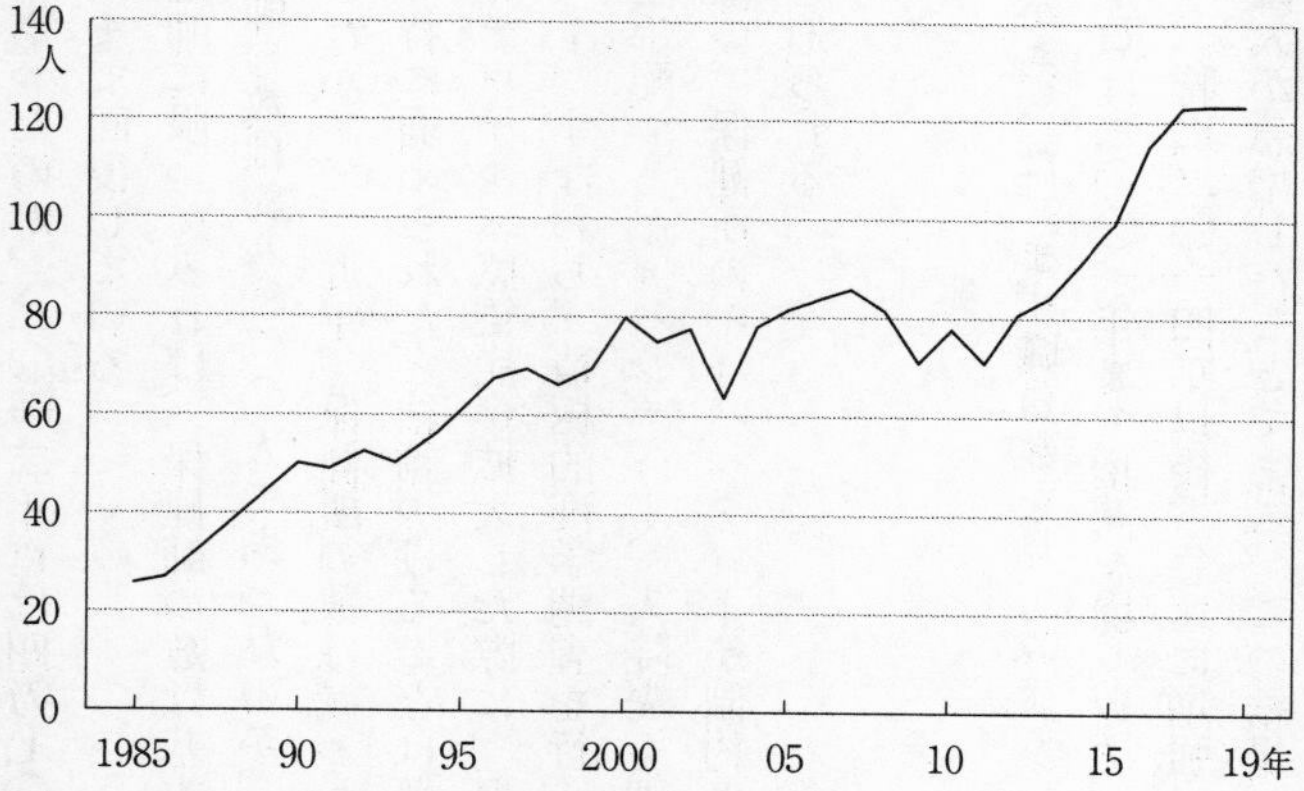

図１－６　検疫所職員１人あたりの１日の入国者数
出所：図１－５と日本政府観光局「年別　訪日外客数　出国日本人数の推移」から筆者作成.

人入国者数と日本人出国者数から一日の入国者数を想定し、計算すると、この数字は過去一〇年で倍以上に増え、二〇一九年は一四万人以上となる[23]。

一年間の外国人と日本人の入国者数を想定し、検疫所職員一人が一日平均で担当した入国者数を計算すると、過去一〇年程度の間に検疫所の負担が増えていることがわかる。二〇〇九年の値は七〇人だったのが、二〇一七年には一・五倍以上の一一二人となっている（図1－6）。新型インフルエンザが発生したときよりも負担は増えているということである。

安倍政権は限られた検疫所のキャパシティーを前提に水際対策を講じなくてはならなかった。

先例の不足

各国と同じように、日本は新型コロナウイルス感染症に初めて対応することになった。近年では世界で新型の感染症が広がった例はある。例えば、二〇〇二年から二〇〇三年にかけてSARSが拡大し、二〇〇九年から二〇一〇年にかけて新型インフルエンザが広まった。SARSは国内で感染例は報告されなかった。新型インフルエンザの毒性は強くなく、最終的に季節性インフルエンザと同じ扱いを受けることになる。

新型コロナウイルス感染症はより深刻なものであった。安倍政権が新型コロナウイルス感染症に対応する過程において、二〇〇九年に新型インフルエンザの感染が広まったときの経験を参考にしながら一部の対策を策定したことは確かである。しかし、新型インフルエンザへの対応は先例としては不十分であり、安倍政権や地方公共団体は、新たにさまざまな対策を講じることを迫られた。

先例やモデルの重要性

先例のないなかで、安倍政権や知事たちは対応を模索する。そのなかで地方公共団体が新型コロナウイルス感染症に対応するためにとった新たな方策は、しばしば重要な「先例」や「モデル」となった。特に一つの行政主体が感染症への有効な対策を考案した場合、それは他の行政主体にも波及することが多かった。

これまでも一部の地方公共団体の政策が他の地方公共団体に波及することは注目されてきた[24]。こうした研究では、特に国がある地方公共団体の政策を採用した場合、政策が急速に波及するという知見が得られている。新型コロナウイルス感染症に安倍政権や地方公共団体が対処する過程でも、一部の政策については同様の現象が起きている。

例えば、医療体制を確保する上では、一部の都道府県の対応策が重要なモデルとなった。安倍政権も政策として採用し、他の都道府県にも広まっていく。また、PCR検査をより多くの人々が受けられるようにするために東京都新宿区が設置した検査拠点「新宿区新型コロナ検査スポット」もモデルとなり、他の地域でも「PCRセンター」などの名前をつけた検査拠点が広く設置されるようになる。

先例やモデルに注目することで、安倍政権および地方公共団体の対応を理解することがより容易になる。

以上、本章では安倍政権や地方公共団体が、新型コロナウイルス感染症の拡大が引き起こした危機にいかに対応したかを理解する上で、重要な観点について説明してきた。次章からは具体的な分析を行う。第二章では二〇一九年年末に中国湖北省武漢市で原因不明のウイルス性肺炎の感染が判明してから、安倍政権がどのような対策を立案したのかを説明する。

第2章　初動期

はじめに

二〇二〇年二月二十七日十八時二十一分から、首相官邸の四階大会議室で第一五回新型コロナウイルス感染症対策本部が開かれた。シャッター音が響くなか、首相は会議の終盤にこう発言する。

「ここ1,《ママ》　2週間が極めて重要な時期であります。このため、政府といたしましては、何よりも、子どもたちの健康・安全を第一に考え、多くの子どもたちや教職員が、日常的に長時間集まることによる感染リスクにあらかじめ備える観点から、全国全ての小学校、中学校、高等学校、特別支援学校について、来週3月2日から春休みまで、臨時休業を行うよう要請します」[1]

こうして首相は一斉休校を指示する。

二月二十四日に専門家会議が、新型コロナウイルス感染症について「これから1―2週間が急速な拡大に進むか、収束できるかの瀬戸際となります」という見解を発表していた。[2]

本章では、危機対応の初動期における安倍政権や地方公共団体の政策形成過程を分析する。具体的には、中国湖北省武漢市で新型コロナウイルスによる肺炎患者の発生が判明してから、日本で新型コロナウイルスによる感染が拡大し、安倍政権が一斉休校を指示するにいたるまでの過程を振り返りたい。この時期には安倍首相や菅官房長官が大きな役割を果たす。後半には北海道の鈴木直道知事が北海道における感染の拡大を抑制するための対策を積極的に打ち出し、その後の他の知事の活躍の先駆けとなる。また、本章は日本の検査キャパシティーの制約がこの時期の感染抑制策のあり方に強い影響を及ぼしていたことを示す。

本章は以下の順で議論を進めていく。第1節で、安倍首相が武漢市や周辺地域から在留していた日本人やその家族を帰国させること＝「武漢オペレーション」に注力したことを説明する。次いで、初期の国内における感染症対策が策定される経緯を辿《たど》る。さらにクルーズ船「ダイヤモンド・プリンセス」号で集団感染が発生し、この事態に安倍政権が菅官房長官を中心にいかに対応したのかについて論じる。

安倍政権がクルーズ船の集団感染に対応する間に、国内では感染経路を辿れない感染が徐々に進んでいく。第4節では安倍政権がこの状況を踏まえて医療体制の整備を進めていく過程を示す。最後に安倍政権が新型コロナウイルス感染症に対応するため二月二十五日に策定した「基本方針」の内容と重要性について述べ、安倍首相が二月末に矢継ぎ早に打ち出した感染拡大防止策の策定経緯を分析する。

1　武漢オペレーション

武漢市封鎖

現在利用可能な資料をもとに判断すると、日本で新型コロナウイルス感染症について初めて報じられたのは二〇一九年十二月三十一日である。この日、『共同通信』と『時事通信』が、中国湖北省武漢市政府が武漢市で二七人が原因不明のウイルス性肺炎を発症していることを発表したと報じている。(3)

その後、二〇二〇年一月九日に中国中央テレビ局は、中国の専門家グループが肺炎はコロナウイルスによるものであることを解明したと伝える。(4) 十一日には武漢市で最初の死者が出る。(5) 武漢市での感染者の数は急拡大し、二十二日までに一七名が死亡、五七一人の感染が確認される。(6) 二十三日未明に武漢市政府は都市封鎖を決定、十時以降、航空便と鉄道の運行を中止する。(7) その後、中国では感染者が急増し、一月末に一万一七九一人を記録、(8) 三月上旬には八万人を上回り、死者数も三〇〇〇人を超える。(9)

厚生労働省の初期対応

武漢市で原因不明の肺炎発症が判明したことに対し、まず厚生労働省が対応する。二〇二〇年一月六日に厚生労働省は都道府県や日本医師会に対し、次の条件を満たす患者を診察した場合には、国立感染症研究所における検査をすることを勧める事務連絡を発出している。①武漢市に滞在歴があること。②原因不明の肺炎にかかっていること。

日本では一月十五日に新型コロナウイルス感染症の最初の事例として中国人男性の感染が確認される。この感染者には武漢市への渡航歴があった(10)。しかし、最初に医療機関を受診したときは重症でなかったため、保健所に報告するまでに時間がかかった(11)。このため一月二十三日には厚生労働省は医療機関に対し、保健所に報告し、検査を求める条件を次のように拡大する。①三七・五度以上の発熱があること。②中等症以上の肺炎があること。③武漢市に訪問したことがあるか、武漢市訪問歴があって症状のある人と接触歴があること。

安倍政権は初の感染者の発生が判明すると一月十六日に関係省庁連絡会議を開催し、「厚生労働省を中心に検疫の着実な実施など」の対応を取ることを確認する(12)。続いて一月二十一日には関係閣僚会議を発足させる。内閣官房新型インフルエンザ等対策室が会議の事務局を務める。二十一日午前中に開催された関係閣僚会議では、水際対策を徹底することを決めている。もっとも、水際対策の主な内容は武漢市や上海《シャンハイ》市からの入国者に対し、健康カードを配布し、自己申告の徹底を求めることなどにとどまっていた。

弱い警戒感

この頃、国内の感染発覚例は一人にすぎず、安倍政権の警戒感は弱かった。通常国会が一月二十日に始まったばかりであり、この日、首相は施政方針演説を行っている。演説のなかで首相はオリンピックへの期待感を表明し、安倍政権の経済政策の成果を誇っている。新型コロナウイルス感染症や肺炎についての言及はない。また、一月二十一日に加藤厚生労働大臣は記者会見で「持続的なヒトからヒトへの感染は確認されていないとの状況」と発言している[13]。

国会議員の間での関心も、当初は高いものではなかった。衆議院および参議院における自民党議員の首相の施政方針演説に対する代表質問では新型コロナウイルス感染症に触れていない。自民党の佐藤正久《さとうまさひさ》参議院議員が当時の自民党の雰囲気を次のように証言している。

「当時の自民党の会議でも多くの医師や看護師出身の議員の口癖《くちぐせ》は『そんなに騒ぐ必要はない』でした[14]」

一方、野党は主に首相が二〇一九年に主催した「桜を見る会」に首相が後援会のメンバーを多数招待した問題の追及に集中していた。ただ、一部の与野党議員は感染症に注目し、水際対策を求めている。

一月二十三日に世界保健機関（ＷＨＯ）は新型コロナウイルスによる感染症が中国以外に広がっていないという理由で、「国際的に懸念される公衆衛生の緊急事態」を宣言することを見

送る。(15)

チャーター機派遣

中国での感染拡大と武漢市の都市封鎖を踏まえ、安倍首相は武漢市や周辺地域に在留する日本人およびその家族を帰国させることに注力する。都市封鎖された一月二十三日に、外務省は全日空に武漢市にチャーター機を派遣する可能性を打診している。(16)二十四日の関係閣僚会議で安倍首相は茂木敏充《もてぎとしみつ》外務大臣に帰国策を含め、中国側と交渉を始めることを指示する。(17)二十六日の官邸の協議で、首相はチャーター機を派遣して邦人を帰国させることを最終決断する。(18)決断後、国家安全保障局（NSS）の北村滋《きたむらしげる》局長は首相がこの方針を表明することを孔鉉佑《こうげんゆう》駐日大使に連絡する。(19)その後、首相は「あらゆる手段を追求して希望者全員を帰国させる」と表明する。(20)首相の表明後、茂木外務大臣が中国の王毅《おうき》外務大臣と電話で協議し、チャーター機派遣への協力を求め、理解を得る。(21)

日本人とその家族を呼び戻す作業は危機管理として捉えられ、事態対処・危機管理担当の内閣官房副長官補（通称・事態室）が担う。(22)安倍政権は一月二十八日に第一便を武漢市に派遣する。第一便は二十九日に帰国する。ただ、安倍政権の帰国者への対応策の立案過程は混乱する。厚生労働省は帰国者のうち無症状者は公共交通機関で帰宅させる方針だった。(23)

「とどめておくだけのエビデンスがない」

というのが厚生労働省の判断であった。[24]

無症状者の隔離

しかし、安倍首相は全く違う考えを持っていた。

「帰国者を公共交通機関で帰宅させるのは政治的にあり得ないが、疫学的にもあり得ない」[25]

つまり首相は症状がなくても感染している可能性を恐れていた。官邸での会議で厚生労働省の方針は覆《くつがえ》り、無症状者も実質的に隔離することになる。[26]急遽《きゅうきょ》、事態室や観光庁が受け入れ先の確保にあたる。第一便が出発する数時間前に観光庁が千葉県勝浦市の「勝浦ホテル三日月」に打診し、出発後に正式な受け入れが決まった。[27]帰国後の検査で無症状者から二人の陽性者が判明、首相の懸念を裏づける結果となる。[28]第一便以降の帰国者の滞在先も必要であった。内閣官房副長官をはじめ官房関係者総出で税務大学校、税関研修所など他の宿泊先を確保する。

その後、二月十五日までに全部で五便にわけて武漢市や湖北省から日本人を帰国させるためにチャーター機を送り、総勢八二八人が帰国する。第四便と第五便では中国人の配偶者も帰国する。帰国者のうち発症し、直ちに入院した者以外は、安倍政権が確保した宿泊先に滞在した。安倍政権は、帰国者に検査を受けることおよびホテルや国の施設で二週間ほど過ごすことを求めた。しかし、こうした要望に法的根拠はなかった。このため、第一便の帰国者のうち二人が検査に同意せず、帰宅してしまう。[29]この出来事を踏まえて、安倍政権は第二便以降の帰国者に対し、搭乗《とうじょう》の前に検査と滞在についての同意を求めることになる。また、警視庁から事態室に出向していた職員が派遣された滞在施設で自殺するという悲劇も起きてしまう。(30)

2　国内での感染症対策

新感染症ではなく指定感染症

安倍政権は武漢の日本人滞在者やその家族の帰国に注力する一方、一月二十八日午前中の閣議で新型コロナウイルス感染症を感染症法六条八項などに基づいて指定感染症とすることを閣議決定する。これにより都道府県知事などが陽性者に入院の勧告を行うことや、また勧告に従わない場合に入院させることが可能となる。基本的に都道府県知事などが行えることは、二類感染症と同様のことであった。このため加藤厚生労働大臣は新型コロナウイルス感染症の扱いは「二類相当」であるという説明を行う。(31)

感染症法の下では、安倍内閣が新型コロナウイルス感染症を「新感染症」に指定する余地はあった。新感染症に指定すれば新型インフルエンザ等対策特別措置法に規定するさまざまな施策を安倍政権は取ることができた。

しかし、加藤厚生労働大臣は「『新感染症』に指定するのは、明らかに無理だね」と指定を見送る。[32]国会審議では野党議員からの新型コロナウイルス感染症が新感染症にあたるのではないかという質問に対して、「新型コロナウイルスというウイルス自体が限定されている」という理由で新感染症にしなかった理由を説明している。[33]

新型コロナウイルス感染症を指定感染症と検疫感染症に指定する政令は、もともと二月七日に施行する予定であった。しかし、一月三十日にWHOが新型コロナウイルスについて緊急事態を宣言する。これを踏まえて、安倍内閣は二月一日に政令を前倒しにし、施行する。

バス運転手とガイドの感染

安倍内閣が指定感染症と定めた同じ日に、国内の感染状況が変化したことを示す事例が報告される。一月二十八日午後、厚生労働省が奈良県のバス運転手が感染していることが判明したことを発表する。武漢市滞在歴のない日本人感染者の初事例であった。[34]この運転手は一月八日から十一日の間と十二日から十六日の間に、武漢市からの観光ツアー客を乗せ運転していた。[35]一月二十九日には感染が確認されたバス運転手のバスに同乗した女性のツアーガイドの感染が明らかになる。[36]

その後、安倍内閣は一月三十日に首相を本部長とする新型コロナウイルス感染症対策本部を立ち上げることを閣議決定する。関係閣僚会議に続き、内閣官房新型インフルエンザ等対策室が事務局となる。同日第一回会合が開かれている。ただ、この頃も安倍政権は強い危機感を示していない。第一回会合で、加藤厚生労働大臣は「我が国において、ヒトからヒトへの感染が認められたが、現時点では広く流行が認められている状況ではない」という厚生労働省の立場を明らかにしている。(37)

中国支援ムード

この頃、日本国内でも感染が広がっているということを警戒する雰囲気は薄かった。感染は中国の問題であるという意識が強かったのである。一月三十日に『朝日新聞』は社説でWHOが中国を治療や感染防止のために支援する必要性を説き、日本の協力も求めている。(38)

こうした意識は、日本の地方公共団体が競うようにマスクなど医療資材を中国の友好都市などに送っていることに象徴されている。例えば、一月三十一日に川崎市は医療用マスク八万枚を遼寧省《りょうねいしょう》瀋陽市《しんようし》に送っている。(39) また、二月十日には長崎県と長崎市は湖北省、福建省《ふっけんしょう》、上海市、福州市《ふくしゅうし》に合わせて一〇万二〇〇〇枚のマスクを送っている。(40)

中国湖北省からの入国拒否

また、一月三十一日の夕方に首相は第三回目の対策本部会合を開き、中国湖北省からの入国を拒否する方針を決める。このため、出入国管理および難民認定法を最大限柔軟に解釈した。すなわち、湖北省滞在歴のある外国人および湖北省発行の旅券を持つ中国人は、同法五条一項一四号が定める「日本国の利益又は公安を害する行為を行うおそれがあると認めるに足りる相当の理由がある者」と認定し、安全保障上の理由によって入国を制限することを決める。このため、一月三十一日には国家安全保障会議・緊急事態大臣会合を持ち回りで開いている。二月十三日からは浙江《せっこう》省も対象に加えた。

与野党の一部には中国全土からの入国制限を求める意見があった。二月十四日に自民党は新型コロナウイルス感染症対策本部を開く。この会議で、「湖北省や浙江省に限らず、中国全域からの入国を拒否すべき」という意見が出されている。(41) 入国制限の拡大については国会でも問われている。二月十七日に日本維新の会の井上英孝《いのうえひでたか》衆議院議員が中国からの入国拒否の対象地域を中国全土に拡大する可能性はあるのかを質問している。これに対して森《もり》まさこ法務大臣は「弾力的な措置」を講じていくと答えるに留《とど》めている。二月中に安倍政権は中国全土には入国制限の対象を広げることはしなかった。

中国と韓国全土からの入国制限

その後、二月中旬から韓国の大邱《テグ》市で感染が拡大すると、安倍政権は二月二十六日に大邱市と慶尚北道清道《けいしょうほくどうチョンド》郡から入国を禁止している。

その後、三月五日に安倍首相は、対策本部で、三月九日から中国と韓国全土からの入国制限を実施することを発表する。両国からの入国者に二週間指定する場所で待機することを求める一方で、両国に対して発行済の査証の効力を停止する。また、両国からの飛行機の到着空港を成田国際空港と関西国際空港に制限する。安倍政権が中国と韓国全土からの入国制限に踏み切ったのは、こうした措置を求める声が強かったためである。

ただ、制限の時期については予定されていた習近平《しゅうきんぺい》国家主席の訪日と関連づけて考えられることになる。四月には習近平国家主席の国賓《こくひん》としての来日が予定されていた。そのためこの来日に配慮して入国制限に踏み切らないのではないかと憶測された。例えば、三月三日の参議院予算委員会では自民党の山田宏《やまだひろし》参議院議員や日本維新の会の松沢成文《まつざわしげふみ》参議院議員が、首相や茂木外務大臣に訪日への配慮から入国制限を中国全土に拡大しないのではないかと問いただしている。(42)

同じ三月五日に菅官房長官が中国の習近平国家主席の来日延期を発表する。首相による中国全土からの入国制限の表明は、来日延期発表の三時間後であった。(43)

入国制限と来日延期の発表後、入国制限が遅れたことについては中国への配慮があったと強く信じられることになる。(44)制限を行って「国賓来日に水を差すわけにはいかなった」というのが理由として報じられている。(45)

その後の国立感染症研究所の研究は、日本では中国由来の新型コロナウイルスによる感染症の拡大は抑制される一方、欧州由来の新型コロナウイルスによる感染症が拡大したことを示している。(46)この研究結果は、中国・韓国全土からの入国制限の時期は日本における感染症の拡大と関係ないことを強く示唆している。

「帰国者・接触者外来」の設置

一月末時点で国内の感染者は一〇人を超える。こうした感染状況を踏まえ、二月一日に厚生労働省は各都道府県に連絡し、感染者の拡大に備え、次のような形で医療体制を整備することを求める。(47) ①二月上旬をめどに三三五ある二次医療圏ごとに「帰国者・接触者外来」を一か所以上設置すること。②保健所に「帰国者・接触者相談センター」を設置すること。

この連絡から、厚生労働省は受診までの手続きを次のように考えていたことがわかる。①感染したと感じた人はまず「帰国者・接触者相談センター」に電話で相談すること。②厚生労働省や都道府県は外来指定される病院を基本的に公表しないこと。③保健所が感染の「疑い例」に該当すると判断すれば「帰国者・接触者外来」を紹介する。

感染したと思って相談した人が「疑い例」と認められるためには次の条件を満たす必要があった。

①三七・五度以上の発熱かつ呼吸器症状を有していること。
②発症から二週間以前に以下のいずれかの条件を満たすこと。
ⓐ発症から二週間以内に武漢市を含む湖北省への渡航歴があること。

ⓑ渡航歴があり、発熱かつ呼吸器症状を有する人との接触歴があること。

行政検査の制限

新型コロナウイルスに感染したかどうかを判断するためにはPCR検査が必要であった。したがって、疑い例と認められる条件は実質的に検査を受ける要件でもあった。疑い例と認められるためには、武漢市への渡航歴があるか渡航歴のある人との接触が条件となっていた。すでにこの頃、感染症の専門家は中国以外での大規模な感染を憂慮《ゆうりょ》しており、この条件はあまりに厳しかった(48)。

その後、厚生労働省は条件を少し緩和し、集中治療が必要なほど呼吸器に症状がある場合には検査を認め、二月七日には「柔軟に検査を行っていただきたい」という連絡も行っている(49)。

こうした検査条件の若干の見直しはあったものの、安倍政権が実態として、国民が罹患したことを疑っても医療機関へのアクセスを制限する方針を採ったことにかわりはなかった。国民が自身の感染を疑い不安に感じても、保健所が紹介してくれない限り、自ら医療機関に赴いて診察を受けることは難しかった。

安倍政権や専門家は、国民が直接、医療機関に診療を受けに行くことを抑制した理由について、医療機関に不安に思う人々が大量に訪れ、逆に感染が広がることを恐れたためであるという理由づけをしている。

加藤厚生労働大臣は国会においてこう説明している。

「風邪症状なんだけれどもということで、みんなが帰国者・接触者外来に来ることになると、その方が、本来風邪だったにもかかわらず、そこに違う疑いの者がおられると感染してしまうというリスクもあります(50)」

検査キャパシティー問題の始まり

専門家会議のメンバーになる東北大学教授の押谷仁《おしたにひとし》氏も、抑制の理由として検査に赴いた病院での感染の可能性に警鐘をならしている。

「待合室で多くの人が長時間滞在するのは、感染の可能性を非常に高いものにします」「待合室の中で押し合いへし合いの状況になるとメガクラスターが起こる可能性があります(51)」

やはり自身の感染を疑う人が医療機関を訪れて過密化し、感染が広がる危険性を理由としてあげている。そうした配慮もあったのだろう。しかし、そもそも診察を予約制にし、混雑を避けることも可能なはずである。安倍政権が病院へのアクセスを抑制した背景には、検査キャパシティーの制約の問題があった。

この頃、PCR検査キャパシティーが極めて限られていた。二月上旬の検査キャパシティーは一日わずか三〇〇件程度であり、二月の半ばでも一五〇〇件程度であった(52)。多くの人が感染を疑い病院にやってきた場合、感染の有無を判断する検査をすることができたのかどうか疑問である。限られた検査キャパシティーを有効活用するため自身の感染を疑う人が本当に感染しているか蓋然性の高さを確認した上で、高い人を「帰国者・接触者外来」に紹介したことは間違いない。

3 「ダイヤモンド・プリンセス」号危機

クルーズ船内の集団感染

安倍政権は国内における感染者拡大に備えた。もっとも、二月上旬に安倍政権は別の危機に注力することを余儀なくされた。外国クルーズ船＝ダイヤモンド・プリンセス号における集団感染である。

二月一日深夜、香港政府は、一月二十日に横浜からダイヤモンド・プリンセス号に乗船して出港し、二十五日に香港で下船した男性が新型コロナウイルスに感染していたことを発表する。(53)同号は二月一日に那覇で検疫を受けていた。安倍政権は二日に感染の事実を確認する。三日にこの検疫を取り消し、二月三日に同号が横浜港に着くとあらためて検疫を行う。

同号には乗客二六六六人、船員一〇四五人が乗っており、うち日本人客は一二八一人だった。(54)同号の船籍はイギリスであり、公海上ではイギリスが基本的に管轄権を持っていた。安倍政権は入港を拒否することもできたものの、日本人客が多かったために受け入れを決めた。症状のある乗客に検査を実施したところ、二月四日夜までに三一人中一〇人が陽性であることが判明する。[55]

船内の実質隔離と危機の認識

「大変なことになりました」[56]

二月四日二十二時頃、東京都港区赤坂の議員宿舎に帰宅した菅官房長官に加藤厚生労働大臣から連絡があり、陽性者の数は一〇人にのぼることが伝えられる。[57] 急遽、深夜に紀尾井町のホテルニューオータニに菅官房長官、加藤厚生労働大臣、赤羽一嘉《あかばかずよし》国土交通大臣ら二〇名が集まり対応策を協議する。[58] この場で感染者は入院させる一方、感染が確認されない乗客には二週間クルーズ船のなかで個室待機を求め、実質的に隔離する方針を決めた。[59] 三〇〇〇人以上にも及ぶ乗客乗員を上陸させて、隔離、収容する施設を見つけることは不可能であった。

一方、乗船客に感染者がいたことが判明したのちもダイヤモンド・プリンセス号の船内に変化はなかった。船内ではショーが行われ、ビュッフェ式レストランも営業していた。[60]

船内隔離

二月五日には横浜検疫所長が同号に赴き、船長に状況を説明する。[61] 厚生労働省の正林督章《しょうばやしとくあき》審議官が個室待機を要請し、この要請が乗客にも伝えられる。[62] ただ、日本政府が乗客を長期間、船にとどめておく根拠は弱かった。そこで、安倍内閣は二月十三日に新型コロナウイルス感染症を検疫法三四条の感染症の種類として指定する政令を閣議決定する。検疫法三四条は「外国に検疫感染症以外の感染症が発生し」た場合、必要があれば、政令で指定することにより検疫法一五条および一六条により隔離、停留を行うことを認めている。また同時に新型コロナウイルスに感染した人を無症状であった場合も入院させることを可能にする政令も閣議決定する。こうして、安倍政権は、乗員、乗客を船内に止める法的根拠を得ることになる。この結果、新型コロナウイルス感染症の扱いは「二類相当」以上となった。

菅官房長官を中心に対応

菅官房長官がダイヤモンド・プリンセス号への対応では中心的役割を果たし、内閣官房副長官補室が多くの事務を担当した。二月五日以降、内閣官房や厚生労働省などの職員が派遣され、十日から橋本岳《はしもとがく》厚生労働副大臣、自見英子《じみはなこ》厚生労働政務官が現地に赴き、十一日に現地対策本部が設置される。

安倍政権はクルーズ船への対応でも検査キャパシティーの制約に悩まされる。安倍政権は症状のある人に加え、高齢者、基礎疾患のある人だけを検査する方針を採る。[63]「最初に症状が出た人、次に八十歳以上の人、その次に七十歳以上の人、と順番を決めて検査していきました」[64]

こう菅長官は振り返っている。

検査に制限を設けたのは日本の検査キャパシティーが制約されていたためである。[65]

感染者の拡大と一般病床への入院

クルーズ船内の感染者の数は日ごとに増えていく。このため厚生労働省は、二月九日と十日に都道府県などに事務連絡を発出し、感染症指定医療機関における感染症病床以外の一般病床に入院させることを認める。厚生労働省はこの方針が「暫定的」であると述べている。[66]しかしながら、その後、日本国内で感染者が増えるため一般病床への入院は普通の対応となる。

また、感染者が急増したため三次、四次感染が疑われることになる。[67]ただ、専門家会議は二月十九日にダイヤモンド・プリンセス号における感染の拡大を検証している。検証によればほとんどの感染は隔離が行われる前に起こっている。しかし、乗員の感染は隔離後も増えていることを認めている。

全員検査

乗客のなかには検査を要望する者、下船時に検査が受けられない可能性について不安に感じる者もいた。[68]最終的に菅長官が中心になって全員検査の方針を決定し、加藤厚生労働大臣が十

五日に十六日以降、全員検査する方針を明らかにする。(69)

ただ、厚生労働省は十分な検査手段を確保することができなかった。このため菅長官の判断で自衛隊を投入してPCR検査を行うことになる。自衛隊はこのほか、生活支援や患者の搬出、搬送も担う。(70)

乗客の不満?

乗客の船内での滞在が長引くにつれ、乗客の間で日常使っている薬がなくなったことへの不満・不安が高まっていること、持病の悪化の恐れがあることなどについて報じられ、安倍政権に対する批判が高まる。(71)こうした不満を踏まえ、加藤厚生労働大臣は二月十三日に陰性反応が出た高齢の乗客に対しては下船を許容し、国が用意する施設への滞在を認める方針としたことを明らかにする。(72)

二月十四日と十五日に八十歳以上の高齢者が下船する。(73)対象者は二〇〇人いた。(74)しかし、移動を選んだ人はわずか一二人にすぎなかった。ある乗客は次のような感想を手記で披露《ひろう》、一部の報道に偏りがあったことを示唆している。

「メディアを通じて様々な不満を主張する一部の乗船客達の存在で、世間では『クルーズ船客はワガママだ!』

という印象がすっかりと出来上がってしまい、下船後も非常に肩身の狭い思いをする事になりました[75]」

外国乗船客の帰国

一方、外国メディアの日本政府に対する批判も強かった。例えば、乗客全員に検査をしないことが批判される[76]。また外国人乗船客の間では自国への帰国を希望する人もいた[77]。こうしたなか、在京米国大使館は米国人乗船客をチャーター機で退避させることを二月十五日に発表する。もっとも、安倍政権がより早い段階で米国政府に米国人乗客の早期下船と帰国を提案したのに対して、米国政府は乗客を船内に止めることを求めていた[78]。このほかオーストラリア、カナダなどもチャーター機を派遣し、自国民を帰国させる。

乗客・乗員の下船

クルーズ船からは最終的に七〇五人の陽性反応者が出る[79]。厚生労働省は二月十九日から陰性と判定された乗客の下船を認め、乗客の下船は二月二十七日までに完了する。二月二十七日に乗員の下船も始まり、三月一日に終わる。

安倍政権はダイヤモンド・プリンセス号の船内感染への対応にあたって、さまざまな批判を浴びた。ただ、政権にとっては感染した人の入国を阻止することが最大の政策目標であった。

利用可能な資料によれば、結局、船内滞在中のＰＣＲ検査で陰性と判定された乗客のうち、

上陸後に感染が判明した事例が栃木県、徳島県、静岡県、宮城県で確認されている。(80)

マスク不足問題

検査が受けられないという問題と合わせて、この頃、安倍政権にとって難題だったのは一般用マスクと医療用マスクの不足である。マーケッティング・リサーチなどを行うインテージ社のマスクの一店あたり平均販売金額で見ると、一般用のマスクの売り上げは一月三十日にピークを迎える。(81)もっとも、一月下旬から二月上旬にかけてはまだ余裕があり、すでに紹介したように地方公共団体が中国の地方政府などにマスクや医療用具を送っている。

ただ、二月上旬からは品薄になり、品切れ、売り切れの店が多いことが報じられるようになっていく。(82)医療機関や高齢者施設でも次第にマスクは不足するようになる。(83)二月五日に日本医師会は会見を開き、厚生労働省にマスクの増産を求めている。二月十二日から十七日にかけて山梨県の保険医協会が行った調査によれば、マスクが購入できない場合、三〇日以内にマスクの在庫がなくなると答えた施設は三五施設中二二に上っている。(84)二月二十八日から三月一日にかけて実施された介護職員らでつくる「日本介護クラフトユニオン」の調査によれば、全国四〇四三か所の介護事業所のうち、約二割でマスクの在庫がなくなっていた。(85)

マスクの増産

安倍政権はマスクを確保するためにさまざまな策を講じる。まず、企業に働きかけた。厚生労働省は一月二十八日に、マスク製造者の業界団体などに増産による安定供給を依頼している。さらに対策本部が二月十三日にまとめた緊急対応策にもマスク対策が盛り込まれている。このなかに、メーカーに対してマスクの増産の要請および生産設備の導入補助が盛り込まれている。経済産業省と厚生労働省は国内のマスクメーカーなどに増産を依頼、最大設備投資額の七五％を補助する支援策を用意する。(86)三月に生産量を六億枚程度にすることを目標とし、(87)さらに企業が増産して余った場合には国が買い取る方針を採る。(88)

菅長官は、三月には六億枚程度の供給が可能になることを何度も表明していた。(89)二月末には電機メーカーのシャープが三月から日産一五万枚の態勢でマスクの生産を開始することが明らかになり、注目を集める。(90)

また安倍政権は都道府県にも働きかけた。二月十日に厚生労働省は都道府県に対し、備蓄しているマスクを医療機関に放出することを求めている。さらに二月二十一日に厚生労働省は都道府県や政令指定都市等に対して、備蓄しているマスクや消毒用アルコールを高齢者施設などに放出することを要請している。

厚生労働省からの連絡と前後して、都道府県や政令指定都市が備蓄していたマスクを医療機関や高齢者施設に配布する。例えば、二月十九日に千葉県は県内の医療機関にマスクと消毒薬を配布している。(91)二月二十日に名古屋市は市内の高齢者施設に対して備蓄していたマスクの配布を始める。(92) しかしながら、マスク不足は続くことになる。

対策第一弾の「緊急対応策」

安倍政権がダイヤモンド・プリンセス号の対応に追われるなかで、二月十三日には対策本部は「新型コロナウイルス感染症に関する緊急対応策」を取りまとめる。安倍政権がまとめる感染症への対策の第一弾である。この対策は当時の状況を反映したものとなっており、四つの主な内容がある。一番目は武漢市からの帰国者支援およびクルーズ船ダイヤモンド・プリンセス号の乗員・乗客の生活支援であった。二番目は国内感染対策の強化。このなかで検査体制の拡充策として、全国に八三ある地方衛生研究所でPCR検査を行えるようにすることなどが盛り込まれている。これに加えて、すでに紹介したマスク供給拡大策も含まれていた。三番目は水際対策の強化であり、最後は感染症の拡大の影響を受ける産業支援である。中小企業の資金繰り支援や、観光業に対する雇用調整助成金の特例措置が主な政策であった。

4 感染の拡大

経路不明感染者の出現

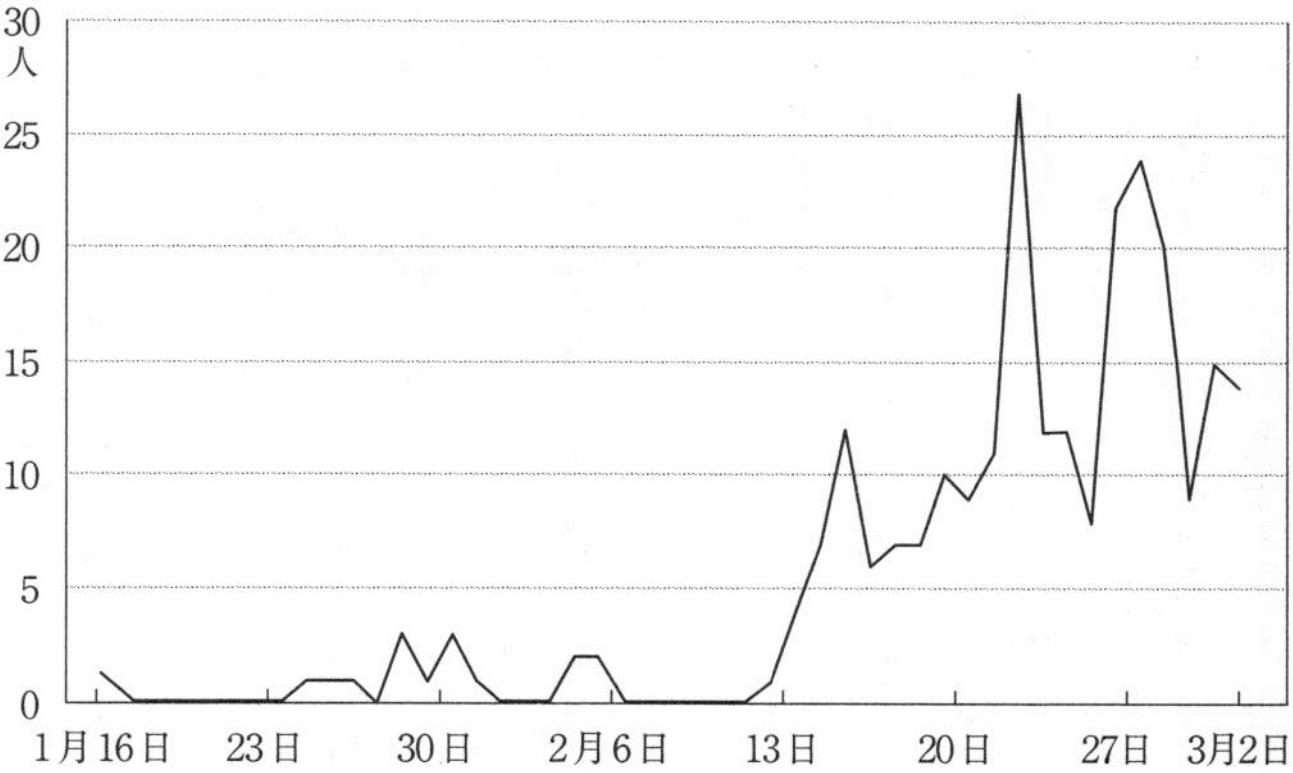

図２－１　全国の１日の感染者数②
出所：厚生労働省の「オープンデータ」から筆者作成.

二月十三日以降、国内で感染が広がっていることが明らかになる（図２－１）。ただ、社会ではダイヤモンド・プリンセス号における感染も大きな関心を集めている状況であった。このため世の中の注意は分散し、危機感が高まったとは言えない状況が続く。

二月上旬までは感染者が全く報告されない日が多かった。しかし、一部の専門家はすでに事態を憂慮していた。東北大学教授の押谷仁氏は「クルーズ船の流行は日本国内でも」「感染連鎖が進行している可能性を強く示唆する」と警戒している[93]。

十三日には日本で感染例がいくつか報告され、事態が変化し、感染が広がっていることが明らかになる。右に紹介した懸念が裏づけられることになる[94]。この日の夜、神奈川県で新型コロナウイルス感染症による初の死者が確認された。また、厚生労働省は東京都、千葉県、和歌山県でも感染者が報告されたことを発表している。重要なのは、少なくとも三名の感染者は感染経路が不明だったことである。[95] これは国内で感染が広まっていることを示唆していた。

専門家会議の設置

死者が出たために安倍政権は危機感を高め、二月十四日の対策本部で感染症の専門家を中心に専門家会議を置くことを決定する。[96] 専門家会議の目的は医学的な見地から助言を行うことであった。この決定に先立って公明党は新型コロナウイルス感染症対策本部を開催し、安倍首相あるいは加藤厚生労働大臣の下に専門家会議を設置し、現状分析や対策などの取りまとめを行うことを求めていた。[97]

感染者数の漸増

これまでに判明した国内の発症例は、感染者あるいは湖北省滞在歴がある人との接触が確認されていた。[98] しかし、十五日に加藤厚生労働大臣は公に、十三日以降判明した感染者のなかに感染経路が判明していない事例が五つあることを認める。[99] 加藤大臣はこの日の夜テレビ番組でこう説明する。

「数日前までは国内での感染は、中国のつながりがあった。和歌山などいくつかの地域は異なっている。そういう意味で状況が異なってきた[100]」

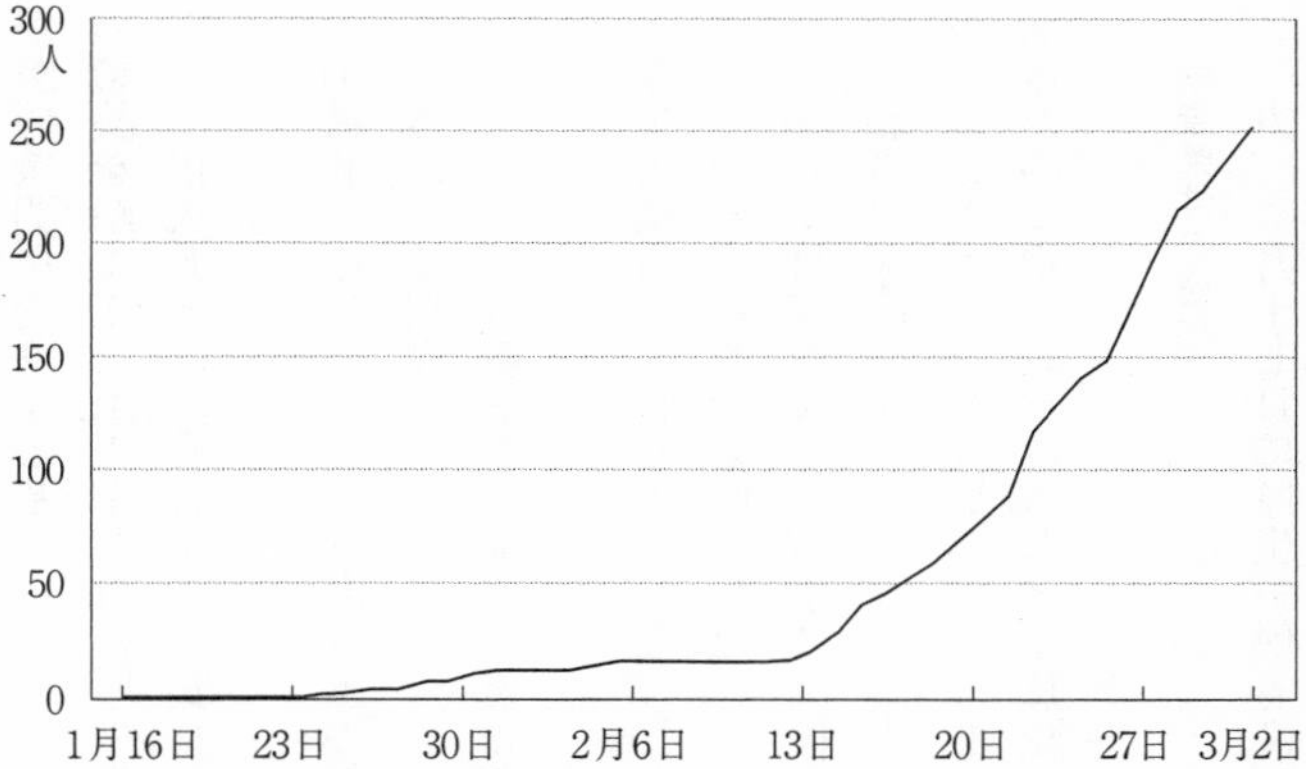

図2－2　全国の累計感染者数②
出所：厚生労働省の「オープンデータ」から筆者が計算し，作成.

二月十五日に判明した陽性者の数が初めて二桁となった。累計の感染者の数は十七日に五〇名を超える（図2－2）。

相談・受診の目安

こうした状況を前にして、安倍政権は水際対策から国内の感染拡大に備える政策に重点を次第に移していく。

まず、医療体制を整備する。具体的には感染症にかかった疑いのある人が診療を受ける体制を強化する。二月十四日の時点で、都道府県が設置し新型コロナウイルス感染症を診療する医療機関は六六三か所であった。二月十五日に厚生労働省は都道府県に対し、この数を八〇〇とすることを求める一方で、相談センターを二十四時間対応にすることも依頼する。

さらに二月十六日に安倍首相は、感染を疑う人が医療機関を受診する基準について専門家会議に議論することを依頼している。専門家会議での議論を踏まえた上で十七日に厚生労働省は、感染を感じた人が「帰国者・接触者相談センター」に相談あるいは受診する目安を公表する。

①風邪の症状や三七・五度以上の発熱が四日以上続く場合、あるいは、強いだるさや息苦しさがある場合。

②ただし、高齢者や糖尿病などの基礎疾患のある人は上記の状態が二日以上続くこと。

厚生労働省は「目安」とした。しかし、多くの保健所はこの二つを「帰国者・接触者外来」に紹介する実質的な条件とした。

こうした目安を設けた背景には検査キャパシティーの制約があった。十六日の専門家会議では重症者の病因が明らかでないときに検査を行うべきだという指摘や、検査キャパシティーに対する言及がなされている。こうした発言は、会議のメンバーが検査キャパシティーに限界があるために相談数を絞ることを意識していたことを示唆している。

検査条件の緩和

一方、二月十七日に厚生労働省は、行政検査の条件をさらに緩和する。[101] 厚生労働省が示した条件は次のように整理できる。

①感染者の濃厚接触者で三七・五度以上の発熱または呼吸器症状があること。②感染地域に渡航、居住した者の濃厚接触者で三七・五度以上の発熱と呼吸器の症状があること。③三七・五度以上の発熱、呼吸器の症状、さらに入院を要する肺炎のあること。④医師が総合的に判断した結果、感染が疑われること。

文字どおり解釈すれば医師の「総合的」判断により検査を受けることが可能になったと言える。また以前は接触歴がない人の場合、「集中治療」が必要なくらい重症な肺炎であることが条件であったのが、「入院を要する」肺炎であれば、検査を受けられることになった。

検査問題の始まり

二月中旬頃から症状があるにもかかわらず保健所で検査をしてもらえないことが注目されはじめる。[102] 国会では相談センターの電話が繋《つな》がらない、検査を受けることができないという問題が提起されている。[103] 加藤厚生労働大臣は、日本の検査キャパシティーは一日三八〇〇件であると国会答弁で明らかにしている。[104] しかし、この頃、実際に行われたＰＣＲ検査の数は一〇〇〇件程度であった。

厚生労働省は二月二十七日には行政検査の基準から濃厚接触者の条件を除く。しかし、その後も、医師が勧めたにもかかわらず、保健所が検査を拒み、検査を受けることができない事例が相次ぐ。[105] 加藤厚生労働大臣は二月二十五日の国会答弁で日本のPCR検査キャパシティーに「限界がある」ことを認め、二十七日には、PCR検査に保険を適用する方針を表明する。[106] 医療機関が保健所＝「帰国者・接触者相談センター」を介さずに民間検査会社などに検査を依頼できるようにすることで、検査キャパシティーを拡大することを考えていた。[107]

PCR検査キャパシティー不足は、この後も感染症対策のボトルネックとなる。

イベント開催の扱い

二月十七日に厚生労働省が相談センターへの相談・受診の目安を発表した後、安倍政権はさらに感染症拡大への対応策の検討を進める。

二月十八日にも安倍首相は対策本部を開く。この場で安倍首相は、風邪症状がある場合には外出を控える環境を作るよう各大臣に要請している。また、大規模なイベントの開催等について検討を求めている。この要請を踏まえて、加藤厚生労働大臣は二月十九日夜に専門家会議を開き、具体的方策について議論を求める。議論を参考に加藤大臣は、二十日に「イベントの開催に関する国民の皆様へのメッセージ」という名前でイベントの開催についての厚生労働省としての考え方を示す。[108]

ただ、示された考えは曖昧であった。厚生労働省は「開催の必要性を改めて検討していただくようお願いします」と呼びかけながらも「一律の自粛要請を行うものではありません」と断っている。

5 「瀬戸際」

「基本的な考え方」

その後、安倍政権は、新型コロナウイルス感染症の拡大に対する包括的な対応策の策定を始める。すでに二月十九日の深夜に、加藤厚生労働大臣は対策の基本方針を策定することを明言していた。[109] 二十二日には国内の累計の感染者が一〇〇名を超える。翌二十三日に開かれた対策本部で加藤大臣は「新型コロナウイルス対策の目的（基本的な考え方）」を示している（図2-3）。

「基本的な考え方」は感染拡大のペースを抑制し、流行のピークを下げ、その間に医療体制を強化することを重視する。そして、ピーク時に対応できるよう体制を整えることを図る。この考え方がこの後、安倍政権が打ち出す一連の政策の基礎となる。

もともとこの考え方は、二〇〇九年の新型インフルエンザの流行を踏まえて二〇一三年六月に策定された「新型インフルエンザ等対策政府行動計画」に盛り込まれている（図2-4）。行動計画は新型インフルエンザ等への対策の基本的な戦略として「感染拡大を抑えて、流行の

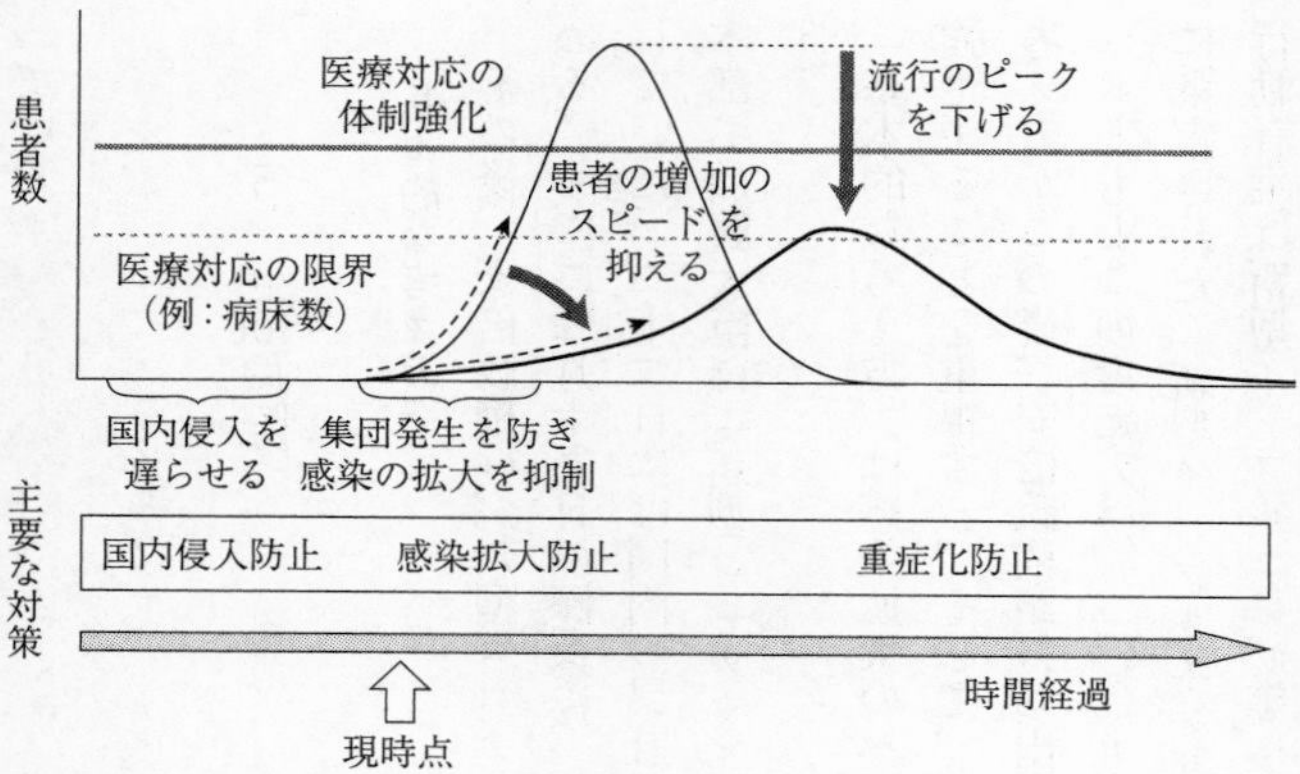

図２－３　「新型コロナウイルス対策の目的（基本的な考え方）」
出所：新型コロナウイルス感染症対策本部第12回（2020年２月23日）配付資料.

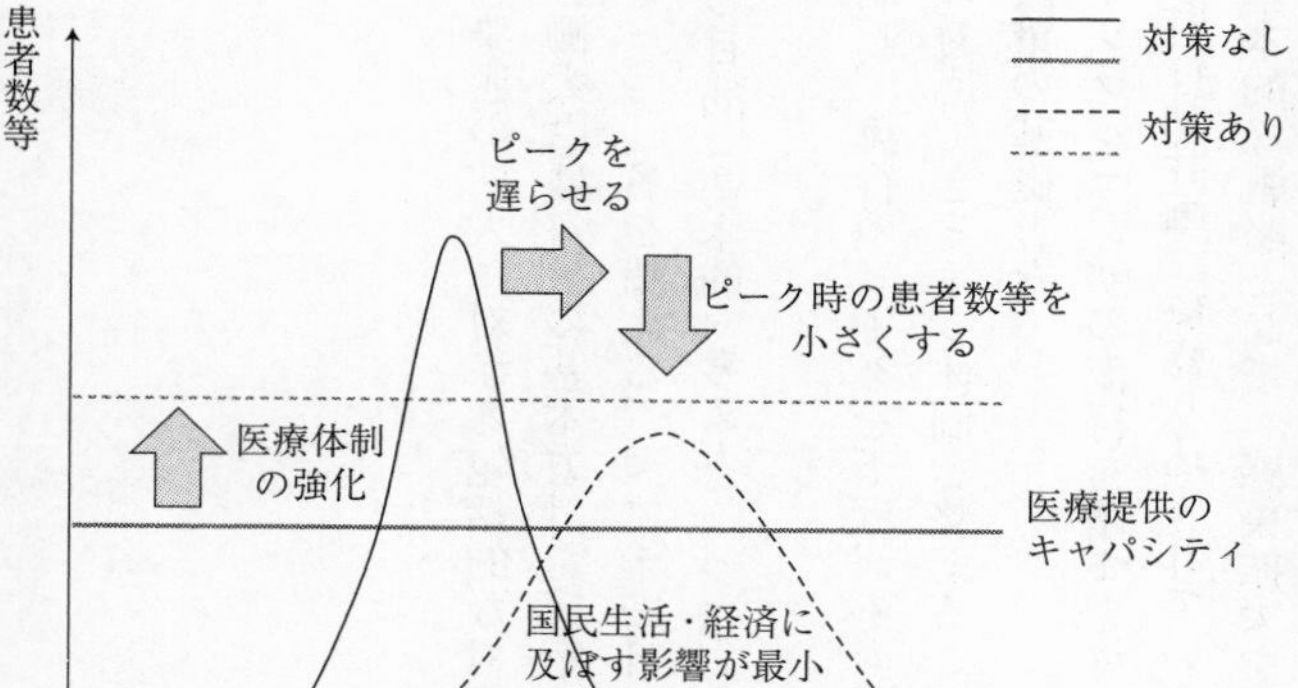

図２－４　「対策の効果（概念図）」
出所：新型インフルエンザ等対策政府行動計画（2013年６月７日，2017年９月12日変更）.

ピークを遅らせ、医療体制の整備やワクチン製造のための時間を確保する」という方針を示している。

専門家会議の「見解」

その後、二月二十四日午前中に第三回新型コロナウイルス感染症対策専門家会議が開かれる。その日の夜、専門家会議の座長の脇田隆字《わきたたかじ》氏や副座長の尾身茂《おみしげる》氏が会見を開き、メンバーは感染の現状について策定中の基本方針に向け「新型コロナウイルス感染症対策の基本方針の具体化に向けた見解」を発表する。

この見解と会見は注目を集めた。専門家会議が感染の状況に強い警戒感を示したからである。会見で尾身茂氏は「コロナウイルスとの戦いが正念場、瀬戸際に来ている」と強い警戒感を表明し、見解について説明する。

本章の冒頭でも紹介したように見解は「これから1―2週間が急速な拡大に進むか、収束できるかの瀬戸際となります」と警戒感を示す。[110]

一方、「感染を完全に防止することは不可能」であるという立場も明らかにする。[111] その上で加藤厚生労働大臣が「基本的な考え方」で示したのと同じように「感染の拡大のスピードを抑制し、可能な限り重症者の発生と死亡数を減らすこと」を対策の目標として掲げる。[112]

感染症の特徴

また、見解や会見を通じて、専門家会議は新型コロナウイルス感染症の三つの特徴を示す。

①ほとんどの感染者は無症状か軽症であること。

②高齢者や基礎疾患を持つ人が感染すると重症化する危険性があること。

③インフルエンザにより起こる肺炎とは全く別の極めて重篤《じゅうとく》な肺炎が起こる場合があること。

感染を拡大させるリスクが高い条件として「対面で人と人との距離が近い接触（互いに手を伸ばしたら届く距離）が、会話などで一定時間以上続き、多くの人々との間で交わされる環境」を挙げ、注意を呼びかけている。

会見で尾身氏はさらに踏み込み、こうしたリスクの高い環境で多くの人の集団＝クラスターで感染が発生し、クラスターからクラスターへと感染が拡大する可能性があることに強い懸念を示す。その上で、国民に立食パーティーや飲み会を当面自粛するよう求め、安倍政権に基本方針に盛り込むようお願いしていることを明らかにする。

見解はPCR検査についても触れている。検査をすべての人に行うことについては否定的で、「限られたPCR検査の資源を、重症化のおそれがある方の検査のために集中させる必要がある」という立場を明示している。[113]

「感染症対策の基本方針」

安倍首相は二月二十五日にも対策本部を開き、対策本部は専門家会議の意見も踏まえて「感染症対策の基本方針」を決定する。

基本方針は必ずしも注目されてきたわけではなかったが、安倍政権や地方公共団体がこの方針に盛り込まれた二つの大目標に基本的に沿って、その後の対策を立案したという意味において重要である。その二つの大目標とは次のとおりである。

①患者の増加のスピードを可能な限り抑制し、流行の規模を抑えること。
②重症者の発生を最小限に食い止めること。

その上で基本方針は、感染防止策、医療機関の間の役割分担などの医療体制の提供・整備策、水際対策、マスク・消毒液の確保策などを盛り込んでいる。

さらに二つの興味深い点がある。一つ目はＰＣＲ検査に関する記述である。この文書はＰＣＲ検査について、この時点で「地方衛生研究所をはじめとする関係機関（民間の検査機関を含む）における検査機能の向上」を行っていることを説明している。ＰＣＲ検査体制が不十分であることはすでに関心が集まっていた。にもかかわらず一層の機能強化策を盛り込むことはしていない。

二つ目は水際対策である。次章で紹介するように、三月に首相周辺の官僚が水際対策を強化しようとした。しかし、厚生労働省は抵抗する。この文書は、「国内の医療資源の確保の観点から、国内の感染拡大防止策や医療提供体制等に応じて」検疫体制の「運用をシフトしていく」と明言し、二月下旬の時点で厚生労働省はすでに水際対策の一層の強化については消極的であったことを示している。

クラスターの定義

二月二十五日の基本方針には感染防止策の一つとしてクラスター対策の継続・強化が盛り込まれていた。

二月二十四日の専門家会議で、会議のメンバーはクラスターを抑えることが感染拡大を防ぐために必要であることを強調していた。

クラスターとは何か。日本公衆衛生学会感染症対策委員会委員長の前田秀雄氏や東北大学教授の押谷仁氏の考えを参考にすると、(114) クラスターとは「一人の新型コロナウイルス感染者が複数の人に感染させた場合、感染させた人を含めた感染者の集合体」と定義できる。

クラスター対策

以後、安倍政権は感染抑制策としてクラスターの発生・連鎖を防ぐことを重視する。このため、厚生労働省は二月二十五日に厚生労働省新型コロナウイルス対策本部の下にクラスター対策班を設ける。クラスター対策班はクラスターが発生した可能性が高い自治体に派遣され、発生要因や感染ルートの解明を行い、感染の連鎖を防ぐことを目的に活動した(115)。対策班には国立感染症研究所、国立国際医療研究センター、北海道大学、東北大学などから研究者、専門家が参加した。

専門家会議は二月二十九日にもクラスターの発生について議論を行い、その後、クラスターが発生する可能性を高める条件を明確に示す。三月九日の専門家会議では「新型コロナウイルス感染症対策の見解」を提示し、これまで専門家会議が政権に助言してきた内容を三つにまとめている。「クラスター（集団）の早期発見・早期対応」「患者の早期診断・重症者への集中治療の充実と医療体制の確保」「市民の行動変容」である。

さらに、クラスター感染が発生する条件を三つ挙げ、明解な説明をしている。具体的には、①換気の悪い密閉空間、②人が密集していた、③近距離での会話や発声が行われた、という条件が重なる場合、感染する危険性が高まることを強調する。その後、三月十九日に専門家会議が発表した「状況分析・提言」のなかで三条件は「密閉空間・密集場所・密接場面」という言葉にまとめられ、いわゆる「3密」として広く人口に膾炙《かいしゃ》するようになる。

検査キャパシティーとクラスター対策の関係

安倍政権がクラスター対策を重視したのは、この時点で日本の検査体制の限界を考えると、これを有効な方策と考えたためである。

クラスター対策班に入った押谷氏は二〇二〇年四月二十日に講演を行っている[116]。対策班発足時の状況を振り返り、検査キャパシティーの限界を踏まえれば、クラスター対策がとりうる効果的な対策であったことを次のように説明している。二月二十五日の段階で一〇〇を超える症例が報告されていた。こうした症例の多くは、感染源のわからないものが多く、感染の連鎖を辿ることができなかった。とりうる対応策は四つあった。一つ目はすべての人にPCR検査を行うこと。二つ目はすべての医療機関でPCR検査を行うこと。三つ目はPCR検査体制を拡充すること。四つ目は現有の検査体制を前提に対応すること。

一つ目は検査体制には限界があるなかで不可能であった。二つ目は迅速に感染の有無を診断できる検査キットがなかったのでやはり無理であった。三つ目は時間を要した。

こうして当時の検査キャパシティーを前提に、クラスター発生の防止や、クラスターから次のクラスターへの感染の連鎖を防ぐことを重視していくようになる。いわゆる「3密」の回避や、クラスター発生が疑われる場合に感染源を特定し、感染者を探り当て、そこからさらに感染拡大を防ぐことがクラスター対策の柱であった。

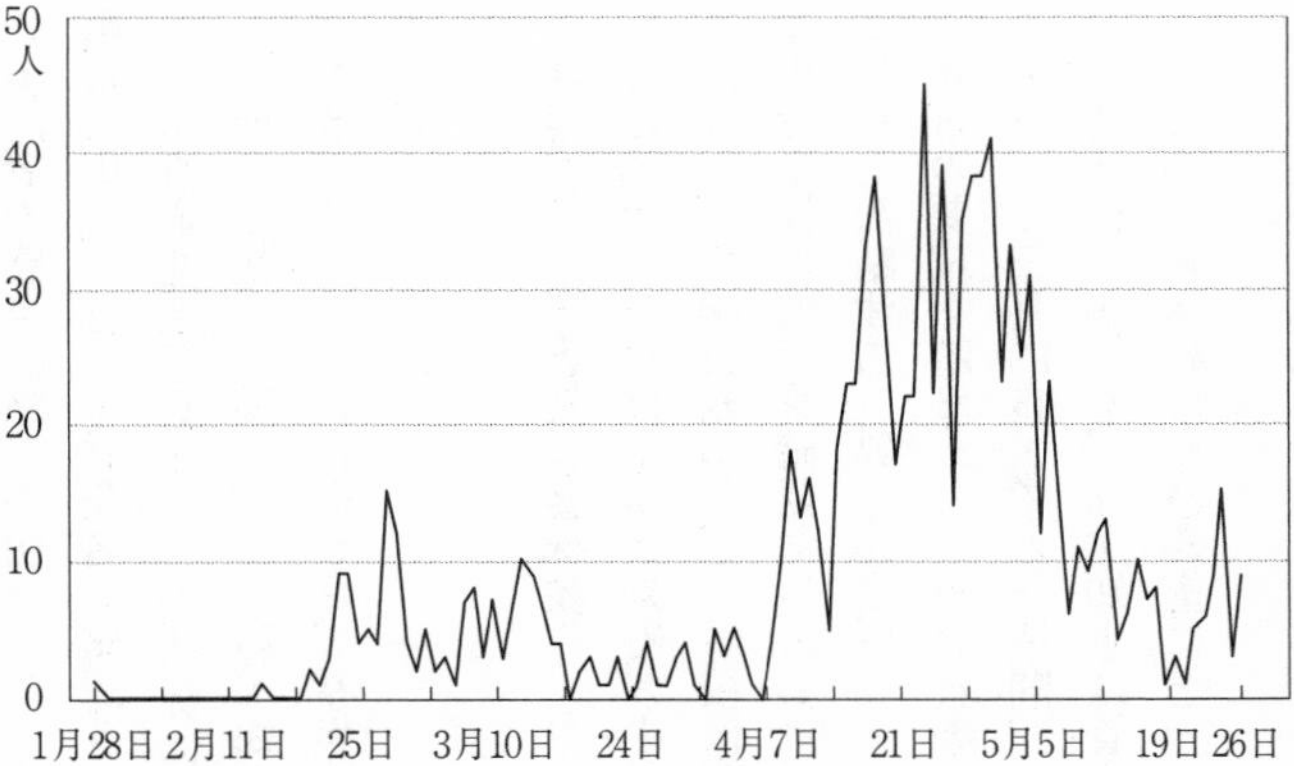

図2－5　北海道の1日の感染者数
出所：北海道の公表資料から筆者作成.

クラスター対策が成果を上げたことは間違いない。ただ、検査キャパシティーの制約を踏まえたなかで編み出された施策であったことに留意する必要がある。クラスター対策も万能ではなかった。対策をどの程度実施できるかは、疫学調査などを行う保健所のキャパシティーに左右されるからである。感染者が増え、保健所が逼迫する場合にはクラスター対策の実施そのものが制約されることになる。

知事の登場

こうして安倍政権が急速に新型コロナウイルス感染症への対応を進めるなか、北海道で感染が拡大する（図2－5）。

北海道では一月二十八日に最初の感染者が報告される。その後、二月十四日に二例目が確認される。二月十九日から毎日感染者が判明する。多くの罹患者の感染経路が不明だった。札幌市以外に函館市、旭川市、江別市、釧路市、中富良野町など広範な地域で感染者が確認され、二十三日に累計の陽性者数が二〇人を超える。

鈴木直道北海道知事はこの状況に「『これは大変なことになるかもしれない』とこのウイルスの怖さを強く実感」する。[117] 鈴木知事は二十四日に加藤厚生労働大臣に疫学調査の専門家の派遣を要請する。[118] これに応じて、厚生労働省は北海道庁に二十五日に国立感染症研究所の職員などを送った。[119]

北海道の小中学校の一斉休校

また二十一日には中富良野町の小学生の兄弟、二十二日には江別市の給食配膳員、二十四日には江別市の学校教員など、学校に関係する人々の感染が明らかになっていた。[120] このため鈴木知事は学校の安全を確認するために「一度、リセットする必要がある」と考え、小中学校の一斉休校を決断する。[121] 鈴木知事は二十五日の夜に北海道教育委員会に一斉休校の検討を求める。[122]

知事の要請を踏まえて、道教育委員会は二十六日に道内の市町村教育委員会に対し、二月二十七日から三月四日までの一週間、ほぼ全ての公立小中学校を休校にするよう指示した。[123]

一斉休校にあたり、鈴木知事は菅官房長官に事前に連絡、[124] 菅長官と安倍首相の了承を得ている。[125] この一斉休校は安倍政権にとっても重要な先例となる。

道独自の緊急事態宣言

その後、二月二十八日に専門家会議は鈴木知事に対する助言を伝える。専門家会議は、青壮年層に大規模クラスターが生まれている、と考えていた。そこで、「この一〜二週間で人の接触を可能な限り控えるなど積極的な対応を行えば急速に収束させることができるが、対策を取らなければ道全体で急速に感染が拡大しかねない」という指摘を行う[126]。

この意見を踏まえ、鈴木知事はその日の夕方、緊急事態宣言を発表し、翌日からの週末の外出を自粛するよう要請する[127]。二十九日に鈴木知事は安倍首相と面会、国の支援を求める。その後、次章で示すように安倍政権は支援策を講じ、その一部がさらに安倍政権の施策のモデルとなる。

大規模イベントの自粛

一方、安倍首相は基本方針の策定後、さらに踏み込んだ抑制策を採る。この頃、安倍政権はダイヤモンド・プリンセス号への対応に追われ、国内の感染防止策が「後回しになった」という批判にさらされていた[128]。また、二月二十四日に専門家会議がこれから一、二週間が瀬戸際と発表し、二十五日には各紙の一面で「瀬戸際[129]」「山場[130]」と大きく報じられていた。首相は抑制策を早急に打ち出す必要に迫られていた[131]。

二十六日に首相は対策本部で「この一、二週間が感染拡大防止に極めて重要」と発言、二週間の大規模イベントの中止、規模縮小を要請する。[132]

全国の小中高の一斉休校

安倍首相は、さらに二十七日の対策本部で「1,《ママ》 2週間が極めて重要な時期であります」と繰り返し、「子どもたちの健康・安全を第一に考え」三月二日から春休みまで全国の小中学校、高校の一斉休校を求める。[133]

休校案は首相秘書官兼補佐官の今井尚哉《いまいたかや》氏が提案したものだった。[134] 首相は二十七日の午前中に藤原誠《ふじわらまこと》文部科学事務次官に一斉休校案を伝える。[135] 萩生田光一《はぎうだこういち》文部科学大臣は春休みの前倒しは考えていたが、一斉休校には消極的であった。[136] 二十七日午後、首相と今井氏、萩生田大臣、藤原次官は休校について協議し、首相と今井氏は「あとは責任を持つ。任せてほしい」と一斉休校を決断した。[137] 首相と今井氏が主導して決定を進めた。

その後、菅官房長官の関与のあり方が注目される。萩生田文部科学大臣は「決定した場に菅官房長官がいなかったのは事実」「正副官房長官の会議を経てから決めた方が良かった」と証言している。[138] 菅長官は決定を知らされてはいたものの、決定自体に関与はしなかった。[139]

この決定に対して専門家会議で提言がされていないと報じられることもあった。[140] だが、二十四日に行われた専門家会議でも「極論を言うと、今、休業・休校をすれば、流行はかなり収まる」という意見は出されていた。[141]

二月二十八日に文部科学省は全国の小学校、中学校、高等学校などに対して三月二日から春休みまで臨時休校するように求めた。

首相の記者会見

安倍首相は同じ二月二十七日の対策本部で感染拡大に対応するための「必要となる法案について、早急に準備してください」と法整備を行うことを指示する。[142]

二月二十九日に安倍首相は記者会見を開き、一連の感染拡大に対する対応策を説明している。「今からの2週間程度、国内の感染拡大を防止するため、あらゆる手を尽くすべきである」[143]首相は以後二週間に感染拡大防止策を行うことの重要性を強調してやまなかった。

このなかで、安倍首相は大規模イベント開催の中止、延期を要請したことについて述べ、一斉休校についての理解を求め、保護者の休職に伴う助成制度を作る意向を示している。その上で緊急対応策の第二弾を一〇日程度でまとめることを表明する。感染が拡大した場合に備えて立法を行うことも説明する。

安倍首相は全体的な方針を策定し、具体的な感染防止策を要請する一方で、法制度も整えて、感染の拡大に対応しようとする。この後、感染はさらに拡《ひろ》まり、首相はさまざまな対応を迫られることになる。また北海道知事に続き、他の知事もさまざまな政策を掲げ、舞台に登場してくることになる。

第3章　緊急事態宣言の発令

はじめに

二〇二〇年四月七日十九時、首相官邸二階大ホール。首相の会見の準備がなされていた。記者席が互いから離れて置かれている。十九時すぎに安倍晋三首相が会見を始めた。

「ゴールデンウィークが終わる5月6日までの1か月に限定して、7割から8割削減を目指し、外出自粛をお願いいたします(1)」

首相はこう国民に要請する。十八時前に安倍首相は新型コロナウイルス感染症対策本部で、新型インフルエンザ等対策特別措置法第三二条に基づき緊急事態宣言を発令したばかりだった。

緊急事態宣言が発出されたことで、指定地域の都道府県知事は外出の自粛や営業の停止などを要請することが可能になった（ただし、罰則はない）。

この章では二月末に安倍首相が一斉休校を求めた後、四月七日に緊急事態宣言を発令するまでの期間における、安倍政権や地方公共団体が新型コロナウイルス感染症への対応策を立案する過程を分析する。特に、本章は安倍首相が検疫所キャパシティーや検査キャパシティーに制約されながら対応策を講じていく過程を示す。また、感染症の拡大抑制や医療体制の整備が課題となるなかで、都道府県知事が対策策定の前面に立つようになり、対応策の先例やモデルを示していくことに注目する。

本章では以下の順で論じていく。第1節では安倍政権の水際対策に限界があった理由や、安倍首相が新型インフルエンザ等対策特別措置法の改正を決断し、緊急対応策第二弾を策定したことを述べる。次に、安倍政権や地方公共団体が医療体制をいかに整備しようとしたのかを説明する一方、検査を受けられない問題やマスク不足がこの時期も続いていたことを示す。第3節では三月十九日に専門家が行った「状況分析・提言」の政治的意義を検討し、それに続くいわゆる「緩み」、すなわち、三月の三連休前後の人の流れの拡大について紹介する。第4節では、その後、三月下旬にかけて感染が拡大し、緊急事態宣言を求める声が急速に高まり、安倍首相が四月七日に緊急事態宣言を発出する経緯を振り返る。最後にこの期間に安倍政権が立案した経済対策応策を、緊急経済対策の内容を中心に詳述する。

1　新型インフルエンザ等対策特別措置法改正

世界への伝播とパンデミック宣言

三月に入っても国内の感染者は増えていく。新規感染者数は三月一日以降毎日二桁を記録し、三月六日には五〇人以上となる（図3-1）。累計感染者の数は三月四日に三〇〇人を超え、十日には五〇〇人を上回る（図3-2）。

一方、新型コロナウイルス感染症はすでに二月下旬から中国以外の各地に広がっていた。(2) 二月二十四日にWHOは、韓国とイタリア、イランに感染が拡大していることに深い懸念を表明する。(3) 欧州ではイタリアを振りだしに新型コロナウイルス感染症が急拡大していた。(4) イタリアの感染者数は二月二十九日に一〇〇〇人を超えると三月十日には一万人を上回る。スペインでは三月九日に一〇〇〇人以上となり、三月十七日に一万人を突破する。イタリアは三月十日に全土で移動制限をかけ、スペインは三月十三日に緊急事態宣言を発令した。イランでもやはり二月下旬から感染が拡大し、三月十二日には感染者の数が一万人以上となる。

アメリカでは一月二十一日にワシントン州シアトル市で初の感染例が報告されていた。(5) その後、二月中に感染が急に広がることはなかった。三月に入り、アメリカでもニューヨーク州やカリフォルニア州などで本格的に感染が拡大する。ニューヨーク州では三月七日に累計感染者

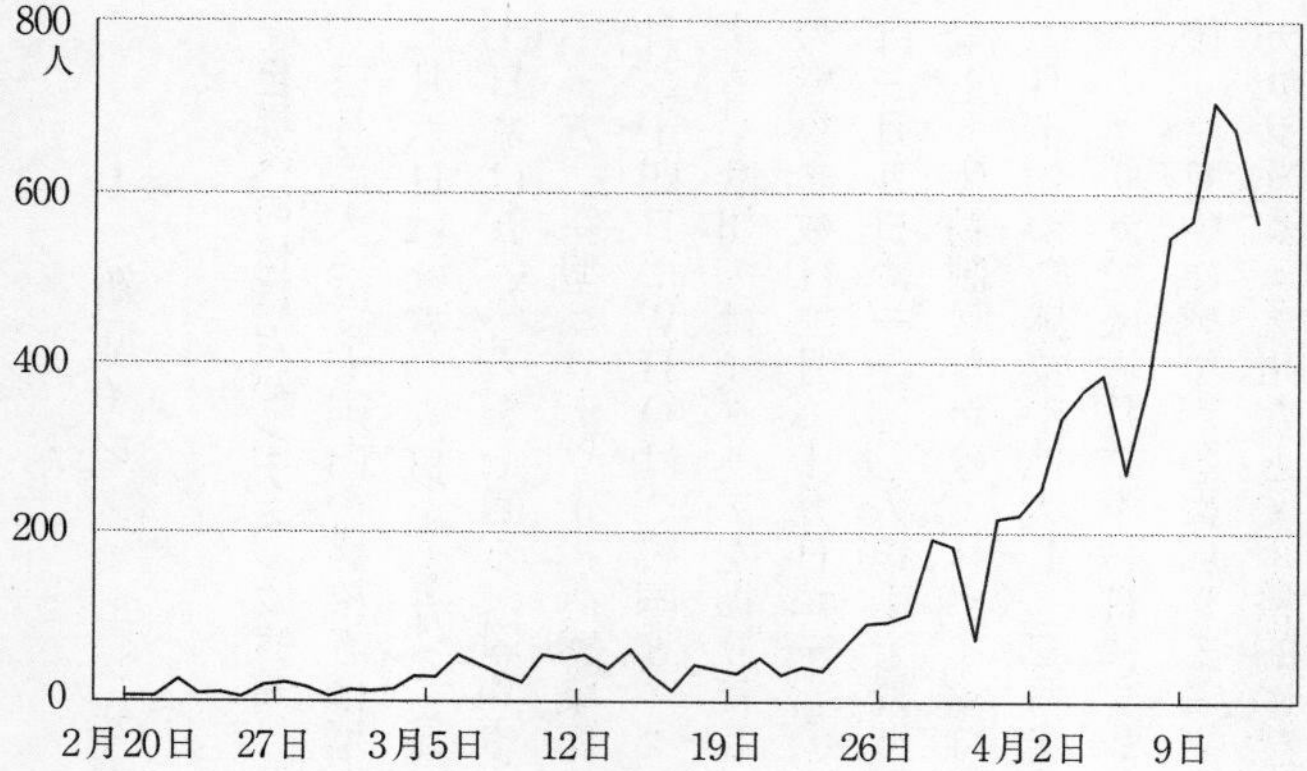

図3－1　全国の1日の感染者数③
出所：厚生労働省の「オープンデータ」から筆者作成.

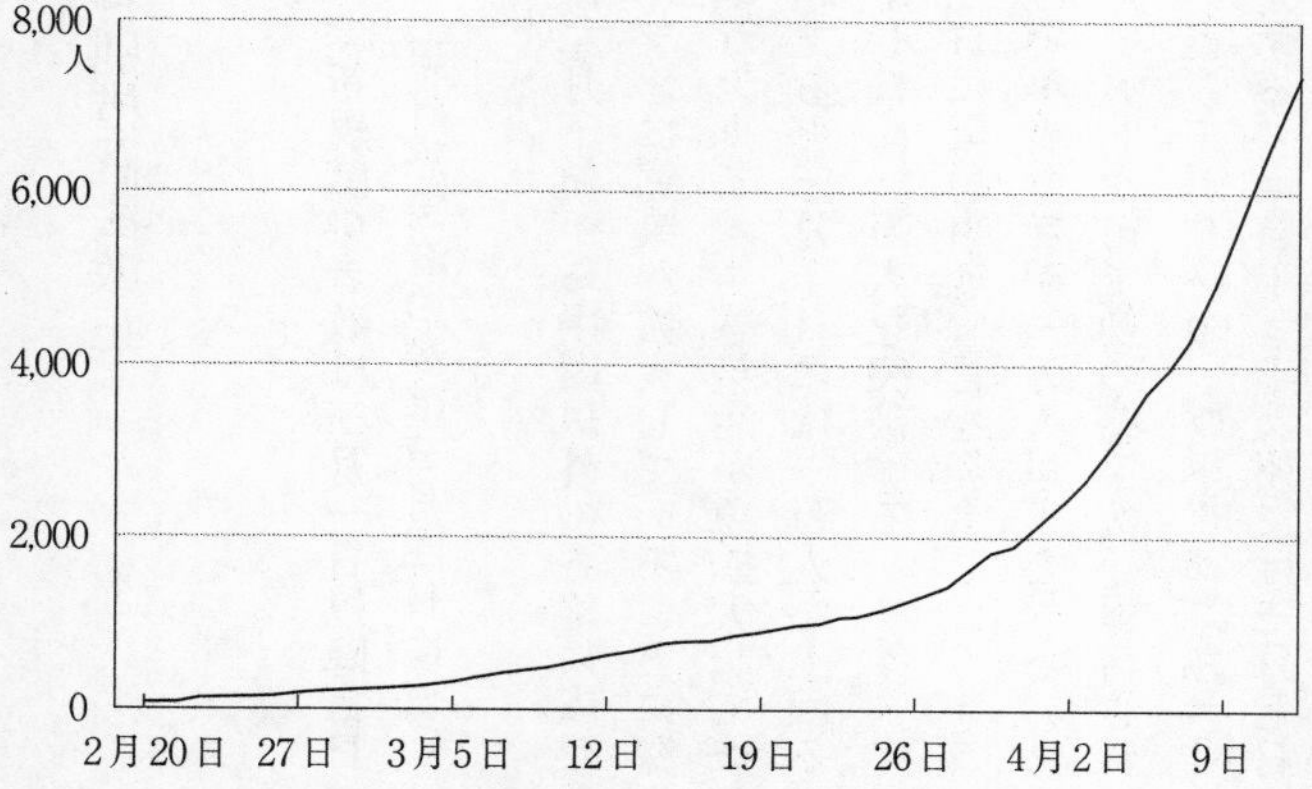

図3－2　全国の累計感染者数③
出所：厚生労働省の「オープンデータ」から筆者が計算し，作成.

数が七〇人を超えると州知事が非常事態を宣言。その後、二十一日には累計の感染者数は一万人以上を記録し、州知事は二十二日から全事業者の従業員に在宅勤務を要請する。(6)

三月十一日にWHOは新型コロナウイルスによる感染症が世界的に拡大したことを踏まえて、パンデミックを宣言している。

水際対策

感染の拡大に伴って、前章で紹介したように、安倍内閣は三月五日に、九日から中国と韓国全土からの入国制限を行うことを決定する。このとき、同時に三月七日から慶尚北道の慶山《キョンサン》市などやイラン共和国のテヘラン州、コム州などに滞在歴のある外国人の入国を禁じる。さらに三月十日には、十一日からイラン全土とイタリア北部からの外国人の来日を禁止することを決定する。

ただ、感染が急速に拡大する欧州全域を対象とする水際対策は遅れる。専門家会議の座長で国立感染研究所所長の脇田隆字氏は三月十日頃に、国内の感染者にイタリアやスペインなどからの帰国者がいることに警戒感を抱いていた。(7)また三月十三日以降、イタリア、スペイン、フランス、イギリスなど欧州からの帰国者の感染例が次々と報道されていた。(8)このため、十七日に専門家会議は欧州や東南アジアからの入国制限を求める要望書を厚生労働省に提出した。

この要望書を踏まえて、対策本部は十八日に十九日からイタリア、スイス、スペインの一部地域、アイスランドに滞在歴のある外国人の入国を拒否することを決定する。[9] 同時に二十一日から欧州全域からの入国者に対する検疫を強化し、入国者に対し十四日間の待機を求めることを発表する。二十四日にようやくフランス、ドイツなど欧州一五か国からの外国人の来日を禁止する。二十六日にはアメリカからの入国者にも一四日間の待機を課すことにする。

入国制限後も、それ以前に欧州から帰国した出張者、旅行者の感染が次々と判明している。[10] 前章で紹介したように、国立感染症研究所は、三月末以降の日本の感染の拡大は欧米由来のものであったと分析している。分析を踏まえれば、水際対策の不徹底が感染拡大の要因の一つになったと言える。

不徹底になった理由

入国制限が不徹底になった理由は二つある。一つは首相自身が早い段階で欧州から入国制限をかけることに躊躇《ちゅうちょ》したためである。[11] 首相は一斉休校に対する批判に懲《こ》りていた。[12]

もう一つは厚生労働省の消極姿勢である。欧州のみならず外国からの入国制限を行う際に、検疫法の上では入国者により強制力の強い停留を求めることも可能であった。しかし、安倍政権は停留を行わなかった。重要な前例は三月五日に中国と韓国全土から入国制限を実施したときにできる。このとき、首相周辺は検疫法に基づいて二週間の停留を求める原案を策定していた。[13]

しかしながら、五日に官邸で開かれた会議で、加藤厚生労働大臣や鈴木俊彦《すずきとしひこ》次官は停留させることに反対し、鈴木次官は「内閣のためにならない」とまで言って抵抗する。[14] 最終的に首相の判断で停留案は見送られ、入国者に自宅か宿泊先で二週間待機するよう求めることになった。[15] 首相は「何で厚労省があんなに反対なのか分からなかった」とこぼした。[16]

難しかった停留

厚生労働省の消極姿勢は二月二十五日に策定された基本方針にすでに現れていた。結局、厚生労働省の対応はキャパシティー問題に帰着する。検疫法の上では検疫所は停留を、宿泊施設を利用して行うことができる。しかし、検疫所のキャパシティーを踏まえると、停留を行うことが難しかったことは間違いない。

一日あたりで欧州からの帰国者数が何人いるかを正確に示す資料を見つけることは難しい。ただ、日本政府観光局が策定した各国・地域を訪れた日本人の数を調査した資料が利用可能である。[17] これをもとに計算すると、二〇一八年に欧州に出国した日本人の総数は四一三万四二九一人である。出国した日本人が帰国すると想定すると、一日あたりの欧州からの帰国者平均数は一万一三二六人である。感染症の拡大により減少したことを考慮しても、三月には日本人だけでも一日数千人規模の欧州からの入国者がいたと考えられ、この宿泊先を見つけて、管理することは検疫所にとって難題であった。[18]

特措法改正

感染が徐々に広がるなかで、安倍首相は二つの対応策を講じる。一つは新型インフルエンザ等対策特別措置法の改正である。もう一つは二回目の緊急対応策の策定である。

前章で述べたように、安倍首相は二月二十七日の対策本部で感染拡大に対応するための法案を準備する考えを示していた。三月二日の参議院予算委員会で安倍首相は新型インフルエンザ等対策特別措置法を改正する方針を示す。

特措法の下では、新型インフルエンザ等が蔓延し国民生活や経済に「甚大」な影響を及ぼす場合に緊急事態宣言を発令することが可能であった。宣言を行えば、外出の自粛や休業の要請が可能になる。法律の対象は新型インフルエンザ、再興型インフルエンザ、新感染症であった。一月に厚生労働省が新型コロナウイルス感染症を新感染症として扱わないことにしたために、法律改正が必要となった。

首相は三月四日に枝野幸男《えだのゆきお》立憲民主党代表などと個別に与野党党首会談を開き、法改正への協力を求める。三月六日には安倍首相は西村康稔経済財政担当大臣を、新型コロナウイルス感染症対策を担当する大臣に任命する。その後、安倍内閣は十日にインフルエンザ等対策特別措置法改正案を閣議決定し、国会に提出する。十三日に国会で改正案は可決される。

緊急対応策第二弾の策定

同じ三月十日に、対策本部は「新型コロナウイルス感染症緊急対応策—第二弾」を策定する。対応策は予備費二七一五億円を活用し総額四三〇八億円の規模となる。対応策には、感染拡大防止策として、イベント自粛や休校、さらにマスク供給策が盛り込まれていた。また、医療体制の強化策として、民間検査機関などによるPCR検査設備導入に対する補助策、病床の確保策などが講じられている。

加えて、休校対策として保護者が休校のために休暇を取得した場合の助成金制度の創設が打ち出され、事業停滞への対策として、雇用調整助成金の特例措置が拡大される。そして、緊急措置策として特措法の改正が確認されている。

専門家会議による評価待ち

専門家会議が感染拡大のスピードを抑制できるかどうかは一～二週間が瀬戸際という見解を示したのは二月二十四日であった。安倍首相も二月二十六日の対策本部で「この1,《ママ》2週間が感染拡大防止に極めて重要である」と表明している。[19]

二週間が過ぎた三月九日に専門家会議は感染状況を評価し、「新型コロナウイルス感染症対策の見解」を発表している。このなかで専門家会議は「一定程度、持ちこたえている」ものの「依然として警戒を緩めること」はできないと警告している。[20]その上で、緊急事態宣言を発令していた北海道における感染症拡大の抑制対策について、三月十九日頃に評価を発表すると説明する。

結局、評価の対象は包括的になり、三月十日の対策本部で安倍首相は「3月19日頃を目途に、これまでの対策の効果」について専門家会議から判断が示される予定であると述べている。[21]首相は同時に二月末から取られていた抑制策の継続を要請している。

こうして安倍政権は三月十九日に発表される専門家会議の評価を待つことになる。

2　医療体制整備と検査問題

医療体制整備、検査キャパシティー、マスク不足

新型コロナウイルス感染症の拡大に対応するため、安倍政権は二月下旬以降、基本方針の立案、大規模イベント自粛や一斉休校の要請、緊急対応策第二弾の策定および新型インフルエンザ等対策特別措置法の改正など次々と対策を講じた。もっとも、この間も感染者の数は増えていった。

このため一連の対策に加え、安倍政権は三つの問題への対応を迫られる。医療体制の整備、PCR検査キャパシティー不足、マスク不足である。ここでは一連の課題に安倍政権がいかに

対処していったのかを細かく見ていきたい。医療体制を整備するにあたっては都道府県が大きな役割を果たすため、その対応も振り返る。

感染者数が上昇する場合、治療が重要課題となる。医療体制構築の前提となるのは病床の確保である。これは一月下旬以降、日本で感染が広がりはじめてからの課題であった。すでに厚生労働省は二月九日と十日に都道府県などに事務連絡を発出し、感染症指定医療機関における感染症病床以外の一般病床に入院させることを認めていた。

自宅療養

三月一日までに厚生労働省は、感染者が増えた場合に基礎疾患のない軽症者や無症状者は自宅で療養するという方針を決める。厚生労働省は都道府県に事務連絡を通知し、感染拡大によって、入院患者が増え、重症者や重症化する恐れがある患者の入院に支障をきたす恐れがある場合には、基礎疾患のない軽症者や無症状者は自宅療養を基本とする体制に移行することを求めていた[22]。

もっとも、厚生労働省は同じ連絡で、実際に都道府県がこの体制に移行する際には「厚生労働省とも相談する」ことを求めていた[23]。どのような場合に自宅療養を認めるのかははっきりと定めていなかった。このため、都道府県などは基本的に軽症者や無症状者であっても感染が確認されれば入院させることを続けた。

想定患者数

さらに三月六日に厚生労働省は都道府県などに対し、新型コロナウイルスによる感染症が拡大した場合に想定される外来患者、入院患者、重症者の数を計算する数式を提示し、必要な「医療提供体制」を確保するよう依頼している。(24) この計算式によるとピーク時に東京都の外来患者、入院患者、重症者の数はそれぞれ四万五四〇〇人、二万五〇〇人、七〇〇人に達する一方で、大阪府の外来患者、入院患者、重症者の数はそれぞれ二万九七〇〇人、一万五一〇〇人、五一〇人となることが予測されていた。(25) この数式は三月二日の第五回専門家会議に、クラスター班のメンバーである北海道大学教授の西浦《にしうら》博《ひろし》氏が提出したものと同一である。(26)

二月二十九日の記者会見で、安倍首相は全国で五〇〇〇病床を確保する方針を表明した。さらに三月十四日の会見で安倍首相は、感染症指定機関の病床を積み増すことで一万二〇〇〇床の空き病床を用意したことを明らかにしている。

感染者の数が拡大する場合、ベッドの数を増やすこととともに問題になるのが、重症者向けの病床を確保することであった。新型コロナウイルス感染症が指定感染症に定められたために、都道府県知事は感染者を軽症でも基本的に入院させなくてはならなかった。このため感染者が増えると軽症者で病床が埋まり、治療が必要な重症者のために病床が不足する恐れがあった。

三月六日の厚生労働省の依頼のなかでも重症者対策を強調している。専門家会議も三月九日に公表した「新型コロナウイルス感染症対策の見解」のなかで、重症者への集中治療の充実を求めている。安倍首相も十六日に国会の審議において、都道府県に対し、重症者の治療体制の検討を「お願いをしておりま（す）」とあらためて確認している。[27]

東京都の対応

三月十日の安倍政権の緊急対応策第二弾を踏まえて東京都は、三月十二日に「新型コロナウイルス感染症東京都緊急対応策（第三弾）」を策定している。このなかで、東京都は具体的な病床確保策を示している。主な対策は次の三つである。①感染症指定医療機関以外の都立病院・公社病院で感染者を受け入れ、このため二病棟を確保すること。②感染症指定病床一一八床に加えて、感染症指定医療機関、都立・公社病院などにおいて感染症患者のための一般病床の確保を進めていること。③患者の重症度に応じた入院医療体制を構築すること。以後、東京都は病床の確保に努力する。しかし、三番目の症状に応じた医療体制の構築は進まなかった。

大阪府の「専門家会議」

症状に応じた医療体制の構築で先行したのは大阪府であった。大阪府では三月上旬から、二月中旬に二つのライブハウスイベントに参加した人々を中心とする感染が続々と判明しており、

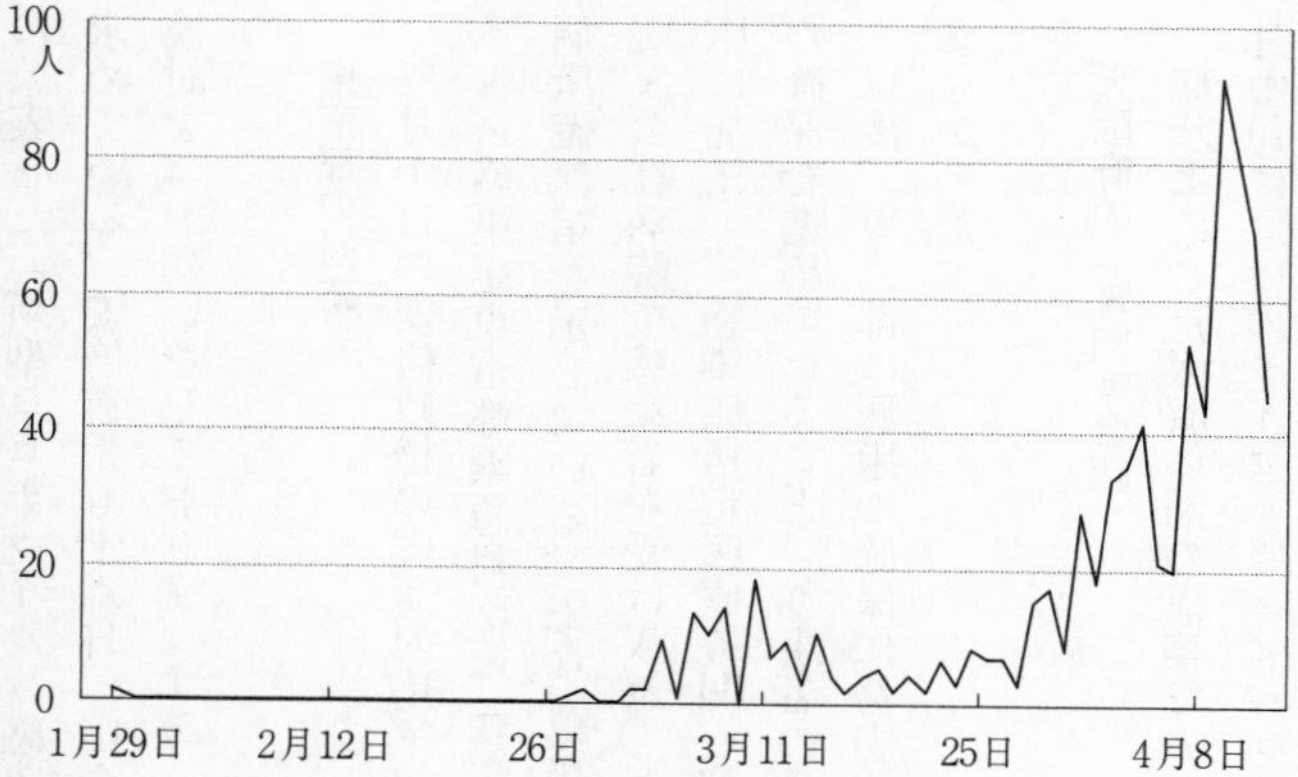

図３－３　大阪府の１日の感染者数①
出所：大阪府の公表資料から筆者作成.

一日に報告される感染者数が一〇人を超える日もあった（図３－３）。三月十日時点での累計感染者数は七三人だった。

大阪府の吉村洋文知事は三月十二日に「大阪府新型コロナウイルス対策本部専門家会議」を開く。会議では感染者の症状で分類し、治療機関、滞在先を分けるという考えについて議論がなされる。安倍政権も二月二十五日に策定した「基本方針」のなかで医療機関の間で役割分担を行う方針を示していた。しかしながら、対策本部や専門家会議で具体的な役割分担のあり方を定める議論は進んでいなかった。

医療機関の役割分担

大阪府の専門家会議は、感染症指定病床が七八あることを前提に感染症患者の数が拡大した場合に、病床を積み上げる方策を検討する。この会議

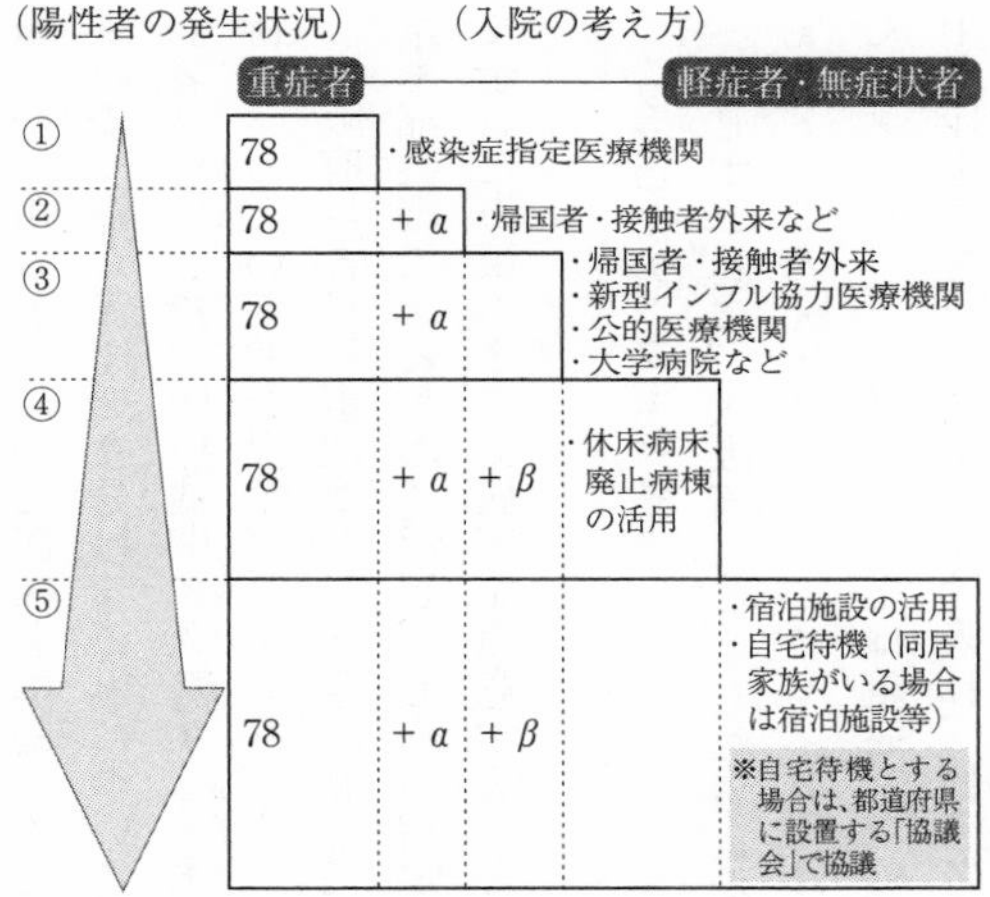

【基本的な考え方】

①～②現在は，陽性者について，無症状者・軽症者も含めて，「感染症指定医療機関」及び「一般医療機関（帰国者・接触者外来等）」に入院勧告し，国の退院基準に基づき，退院させている．

③しかしながら，今後，陽性者が増えてきた場合，医療機関の病床数や陽性者の症状を踏まえてトリアージを行いながら，対応を行っていく必要がある（公的医療機関・大学病院等）．

④～⑤陽性者の数を踏まえ，重症者への対応に重点を置き，無症状者・軽症者については，休床病床，廃止病棟の活用や宿泊施設の活用，自宅待機といった措置も念頭に置き，対応策を検討していく．

図3－4　大阪府による医療機関の役割分担に対する考え
出所：第1回大阪府新型コロナウイルス対策本部専門家会議（2020年3月12日）資料3－1「感染症患者（陽性者）の増加に応じた対応（イメージ）」．

で大阪府の健康医療部は、感染症指定医療機関への入院以外に帰国者・接触者外来となっている医療機関、公的医療機関、大学病院などへの受け入れ、廃止病棟・休床病床の再稼働、宿泊施設の活用などによって病床を準備することを提案している。また、患者の重症度に応じて、入院先、滞在先を振り分けることについて会議のメンバーに意見を求めている。具体的には重症者は感染症指定医療機関に入院する一方、軽症者・無症状者は宿泊施設に滞在するか自宅で待機するという案を提示する（図3－4）。

大阪府の吉村知事はこうした考えを十三日に開催された第八回大阪府新型コロナウイルス対策本部会議であらためて示し、七八の指定医療機関を重症者向けに確保しながら、専門家会議で示した方策のように病床を用意することを指示した。また、国に働きかけることも明言する。

「フォローアップセンター」

同じ十三日に、大阪府はこうした考えを踏まえて、「入院フォローアップセンター」を設置する。[28] この入院フォローアップセンターは感染者の入院先を一元的に調整するために設置された。フォローアップセンターは重症者を感染症指定医療機関、大学病院などに入院させる一方、中等症患者を一般病床で受け入れ、軽症者を休床、廃止病棟で療養させる手筈《てはず》を整えることになっていた。[29] 軽症者や無症状の人も指定医療機関に入院したため、全病床の半数以上が埋まり、重症者用の病床が不足する恐れが生じたためである。[30] またそれまで大阪府内の保健所が個別に入院先を打診していたが、フォローアップセンターが保健所から連絡を受けて、一元的に入院先を決定する体制になる。

厚生労働省にとってのモデル

大阪府の方針は安倍政権にとってモデルとなる。大阪府を追う形で、厚生労働省は同様の方針を取るからである。厚生労働省は十八日に都道府県などに事務連絡を行い、重症者や重症化する恐れが高い患者は感染症指定機関に入院させる一方、軽症者や無症状者はそれ以外の医療機関に入院させるなど病院の間で役割分担を行うことを依頼している。[31]

さらに厚生労働省は、十九日には都道府県などに「新型コロナウイルス感染症の患者数が大幅に増えたときに備えた入院医療提供体制等の整備について」という事務連絡を発出し、このなかに示す考え方を参考に、感染がピークを迎えたときの医療体制を整備することを要請している。[32]連絡のなかで、感染症の患者を重点的に受け入れる重点医療機関を設置することを求めている。重点医療機関から新型コロナウイルス感染症患者以外の患者を他の医療機関に移送する考えを示し、事実上、重点医療機関を新型コロナウイルス感染症の専門病院とする提案を行っている。また、厚生労働省は都道府県に、都道府県内の患者受け入れを調整する都道府県調整本部を置くことも要望している。

他の都道府県への波及

厚生労働省からの連絡後に、一部の都道府県は症状に応じて異なる医療機関に振り分ける方針を取る。例えば鳥取県は、三月二十三日に「入院医療トリアージセンター」を設置、センターが患者の重症度に応じて治療先を割り振ることにする[33]。神奈川県も二十五日に調整本部を設置し、症状に応じて治療先を振り分ける方針を示す[34]。その際、重症者は救命救急センターなどの高度医療機関、中等症は新たに指定する重点医療機関に入院させる方針を明らかにし、これを「神奈川モデル」と呼んでいる。京都府も二十七日に「コントロールセンター」を設置し、症状に応じ振り分け、重症者や中等症患者を感染症病床や結核病床に、軽症者を一般病棟に収容する方針を採る[35]。

検査を受けやすくするために

二月中旬以降、感染が疑われる症状があるにもかかわらず検査が受けられない場合のあることが問題となっていた。この課題は三月に入っても依然として解決されないままであった。安倍首相は二月二十九日に開いた記者会見で、三月第一週にPCR検査に保険を適用することを正式に発表する。狙《ねら》いは二つあった。一つは民間検査会社を活用することで検査キャパシティーを拡大させること[36]。もう一つは保健所を経由せずに検査を医療機関に頼めるようにすることであった。首相は全国で一日四〇〇〇件の検査キャパシティーがあると説明し、一層の検査キャパシティーを拡充する考えを示す。

三月六日から保険が適用されるようになる。三月十日に策定した「新型コロナウイルス感染症に関する緊急対応策―第二弾」においても民間検査機関などの設備の導入費を補助する方針を打ち出した。これと合わせて、三月中に検査件数を七〇〇〇件に引き上げる方針を示す。

また、厚生労働省は三月十三日と二十二日に都道府県などに相談・受診の目安を一律に適用しないことを依頼している。より具体的には、一般の医療機関から保健所に感染症の疑いがあると相談があった場合や、強いだるさや息苦しさを感じる人に対しては、「帰国者・接触者外来」での受診調整を行うことを求めている。

厚生労働省がこうした要望を伝えたのは、相談・受診の目安が実質的に検査を拘束する条件となっているという批判が続き、目安のために検査が遅れ結果として感染が広まっているという指摘がなされていたためである。(37)

検査キャパシティー不足

この時期も検査キャパシティーの不足は続く。安倍政権が検査件数を七〇〇〇件に増やす方針を示したにもかかわらず、一日に実際に実施された検査数は三月下旬まで最大で二〇〇〇件程度であり、三月末でも三〇〇〇件に到達するに止まった（図3-5）。

現在、利用可能な資料は、感染を疑い検査を求めた人のうち相当数が検査対象とならなかっ

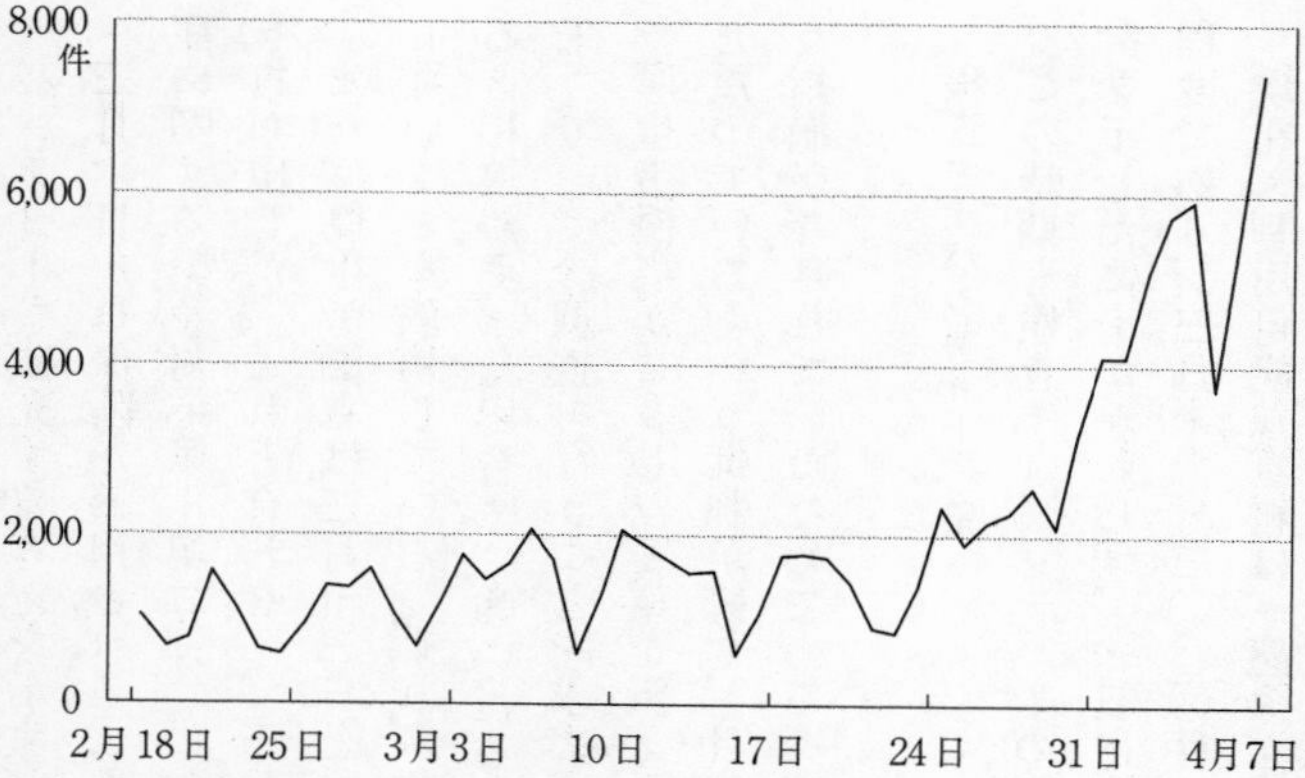

図3－5　全国の実施検査件数①
出所：厚生労働省の「オープンデータ」から筆者が計算し，作成.

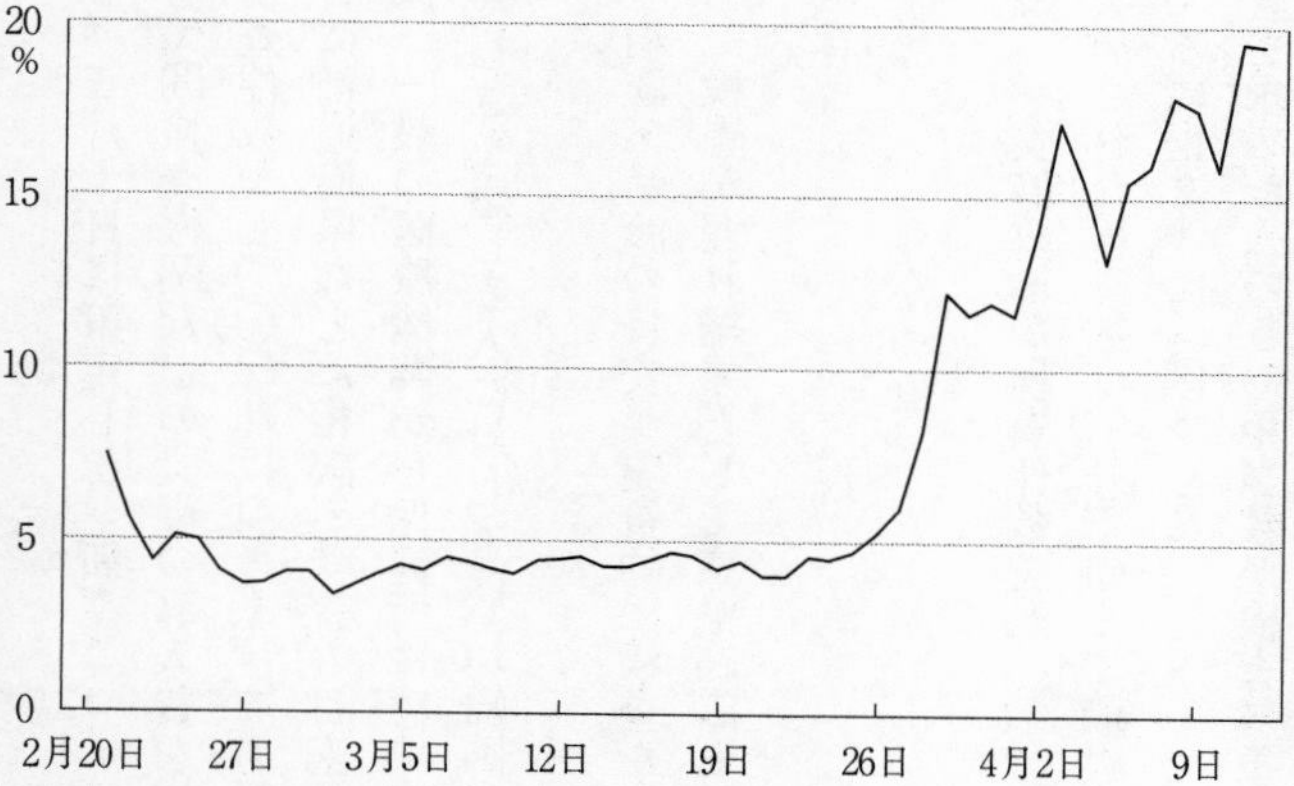

図3－6　東京都の検査率
出所：東京都の公表資料から筆者が計算し，作成.

たことを示している。東京都の受診相談窓口に電話をして検査を受けられたのは相談者の五％以下の状態が、三月二十五日まで続いている[38]（図3－6）。日本医師会が二月二十六日から三月十六日にかけて各地の医師会からの報告を集めた結果によると、医師が必要と判断したにもかかわらずPCR検査の手配を受けることができなかった事例が二六都道府県で二九〇件あったことが判明している[39]。

また三月下旬から四月上旬にかけて実施された北海道の保険医会による調査[40]や兵庫県の保険医協会による調査[41]で、多くの医師が保健所などにPCR検査を依頼したにもかかわらず、検査が実施されなかったことがあると回答している。

「目安」ではなく「条件」

さらに、報道された情報は、三月下旬から四月上旬にかけて相当数の保健所が厚生労働省の通達にもかかわらず、相談・受診の目安を実質的に診療の条件として用いていたことを強く示唆している。例えば、三月下旬には、さいたま市に住む男性が三八度近い熱が二日間続いたために新型コロナウイルス感染症の相談窓口である「県民サポートセンター」に電話すると「検査は三七度五分以上の熱が四日続いた場合」と告げられ、検査を拒まれている[42]。さらに、この男性はその後、肺炎になり医師が検査を求めたにもかかわらず、検査を受けることができなかった[43]。

また、大阪市に住む女性は、長女が四月はじめに二日続けて三八度台の熱を出したときに、検査を求めて保健所に電話したが、「四日間発熱が続かなければ対象ではない」と断られている。(44)

保健所長の証言

四月にはさいたま市の保健所長が「病院があふれるのが嫌で（検査対象の選定を）厳しめにやっていた」と発言している。(45)その後の取材で、二月から三月にかけて濃厚接触者や重症化しつつある人を優先していたことを認めている。(46)同じような証言は他にもある。東京都のある保健所の担当者は「当初は、重症化しそうな人を中心に検査につなげてきた」と振り返る。(47)また、九州や近畿地方の保健所長も「感染疑いがあると思っても全てを検査に回すわけにはいかなかった」と語っている。(48)

四月六日に安倍首相は対策本部で、PCR検査の実施件数を二万件とする方針を示す。しかし、PCR検査のキャパシティーが不足する問題はその後も続く。

北海道でのマスク配布

PCR検査のキャパシティーと同様に、二月からの懸案事項がマスク不足であった。三月以降、安倍政権は国自身がマスクを確保し、配布するという政策を打ち出す。この政策を立案する上で重要な事例となったのが北海道におけるマスク配布であった。二月末から北海道の北見市などで感染が拡大する。

安倍首相は二月二十九日に、北海道の鈴木直道知事からマスクの供給を要請されていた。そこで、安倍政権は国民生活安定緊急措置法を発動することを決断する。国民生活安定緊急措置法は一九七三年に制定され、経済が異常な事態において、国が生産業者などに対し、生活関連物資などを売り渡すことなどを指示することを認めている。安倍首相は三月一日の対策本部で、北海道の市町村に対しマスクを配布するため、同法に基づいてメーカーに対してマスクの売り渡しを指示する。

全郵便ポストへの配達

三月三日に加藤厚生労働大臣は、家庭用マスクを業界団体に対して国に売却するよう指示する(49)。また同日、厚生労働省は北見市と中富良野町への配布を発表する。厚生労働省は三月六日から北見市と中富良野町の全世帯六万四〇〇〇世帯に、一世帯あたり四〇枚程度のマスク、総計二六〇万枚を、日本郵政の「タウンプラス」というサービスを利用して配布する(50)。このサービスは日本郵政が指定エリアの全郵便ポストに書類などを配達するものである。

緊急措置法の所轄官庁は内閣府の消費者庁であり、北見市などへの配布を発表したのは厚生労働省である。しかし、配布内容の具体案を主導したのは経済産業省に置かれていたマスクチーム（後述）であった。これは後の布製マスクの全世帯配布の重要な先例となった。

マスク供給策

さらに三月五日の新型コロナウイルス感染症対策本部で安倍首相はマスクの安定供給のために三つの対策を盛り込むことを表明する。(51) 一つは国民生活安定緊急措置法を発動し、マスクの転売行為を禁止すること。

第二は二〇〇〇万枚の布製マスクを国が一括購入して介護施設、障害者施設、保育所、学童保育などに配布すること。布製マスクの特徴は洗濯することで再利用可能なことである。

第三は国内メーカーへの増産要請と輸入により一五〇〇万枚の医療用マスクを確保し、地方公共団体などを介して医療機関に配布することであった。

以上三つの対策は三月十日に取りまとめられた「新型コロナウイルス感染症に関する緊急対応策—第二弾」のなかにも盛り込まれた。

「マスクチーム」の編成

三月九日には、マスク不足に対応するために菅義偉官房長官が主導し、厚生労働省、経済産業省、総務省の職員を集めて「マスクチーム」を設置する。(52) マスクチームの総勢は四〇人程度で厚生労働省内に置かれた。さらに文部科学省や環境省もチームに加わり、最終的に一二〇人体制になった。[53]マスクチームは国民へのマスクの配布策をはじめ、医療機関などへのマスクを含めた医療物資の供給策の立案を担った。

三月十七日に加藤厚生労働大臣は、国が備蓄するマスク二五〇〇万枚をまず放出して医療機関に配布し、二十二日の週以降さらに一五〇〇万枚を送付することを発表する。[54]二五〇〇万枚のマスクは十八日をめどに送られ、四月一日頃までに一五〇〇万枚も配布される。[55]厚生労働省は四月二日に、追加で四月五日の週に一五〇〇万枚を配ることを明らかにしている。[56]厚生労働省は介護施設にも二〇〇〇万枚以上のマスクを届けている。

それでも続くマスク不足

こうした努力にもかかわらず、三月中のマスク不足は続いた。三月二十六日にNHKニュースは市場調査会社インテージのデータを紹介し、大手ドラッグストアの三〇％がマスクを全く販売できていないと報じている。[57]

日本看護協会会長の福井《ふくい》トシ子氏は、四月十日に出演したテレビ番組でマスクの不足を訴えている。[58]また、兵庫県保険医協会が三月二十七日から四月三日に行った調査によると、加盟病院の六六・二％が「今後一か月分の医療用マスクが不足している」と回答している。[59]また三月下旬にも医療機関や保育所でのマスク不足を紹介する報道がなされている。[60]

さらに安倍首相は三月二十八日に開いた記者会見で、四月中をめどに、全国の小中学校と高校に再利用可能な布マスクを全部で一一〇〇万枚配布する方針を表明する。[61] 首相は同時に、四月中に一億枚の布マスクを配る考えを示した。[62] もっとも、この時点では高校への配布が決まっていたわけではなかった。[63] 三月三十日に菅官房長官があらためて高校への配布も検討することを表明する。

3 「緩み」

感染拡大のペースダウン

安倍政権は感染拡大の抑制策を取る一方、患者が急増した場合に備えた体制の整備を進める。こうした感染拡大抑制策は一定の効果を発揮する。しかし、このために三月の中旬に入り、安倍政権も自粛、抑制一本やりではなくなる。

Agoop社の公開資料を見ると、一連の対策が出た後の三月一日の週は、その前の二月十六日や二月二十三日の週に比べ全国各地で人の動きが減少している。[64] 例えば、羽田空港国内線ターミナル駅周辺では、十六日の週に比べ少なくとも三〇%、二十三日の週に比べ二〇%程度減っている日がある。同様に東京駅周辺でも十六日の週に比べ少なくとも二〇%、二十三日の週に比べ一〇%程度減っている。

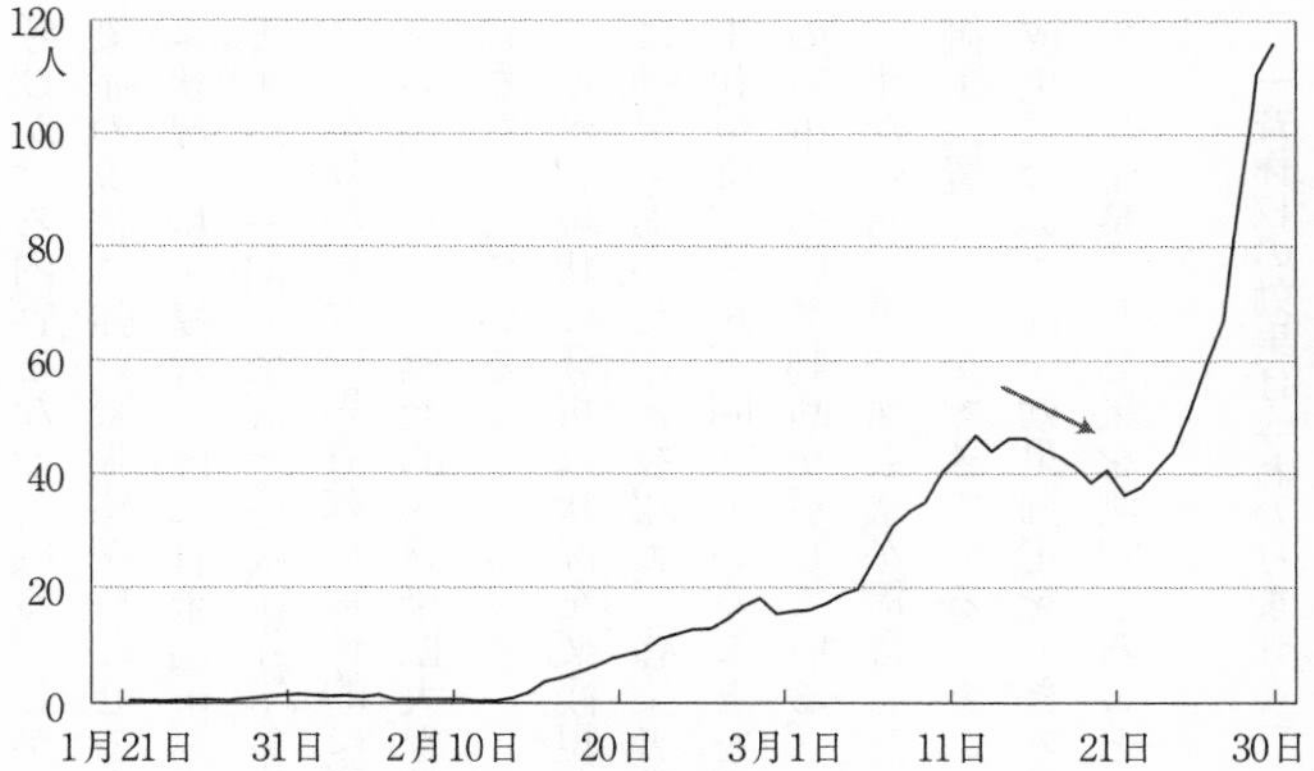

図３－７　全国の１日の感染者数（７日間移動平均値）②
出所：厚生労働省の「オープンデータ」から筆者が計算し，作成.

この結果、日本全体で見れば感染拡大のペースが落ちる。三月十五日の週における新規感染者の数は二五四人と、その前の週の三二二人に比べ少なくなった。また死者数も一四人と、その前の週の一六人より低かった。七日間移動平均値で見た感染者数も、三月一日以降上昇を続けていたのが、三月十五日以降下落する（図３－７）。

三月十九日の「状況分析・提言」

こうした状況の下、安倍政権の国民に対する行動抑制の呼びかけは弱いものとなる。それはまず、専門家会議の「新型コロナウイルス感染症対策の状況分析・提言」に表れる。[65] これは専門家会議が予定どおり三月十九日に、これまでの新型コロナウイルス感染症への対応の評価や今後取るべき対策に関する提言などをまとめたものである。

「状況分析・提言」は一応、感染の拡大に警戒を呼びかける内容となっている。しかし、実はこの内容は曖昧であった。提言は安倍政権に、感染症の現状に強い緊張感を持たせるものではなかった。

「状況分析・提言」は「日本国内の感染状況については、（中略）引き続き、持ちこたえていますが、一部の地域では感染拡大がみられます。（中略）今後、地域において、感染源（リンク）が分からない患者数が継続的に増加し、こうした地域が全国に拡大すれば、どこかの地域を発端として、爆発的な感染拡大を伴う大規模流行につながりかねないと考えています」と警鐘をならしている[66]。

だが、現状の分析は状況を楽観視させるものだった。すなわち、これまでの安倍政権の政策に効果があったことを認め、感染者数が減少したことを示し、日本全国の実効再生産数が三月上旬以降、一を下回っていることを明らかにしている。そして、安倍政権が実施してきた三つの対策について判断を示している。

すなわち、専門家会議が提言したクラスター対策を評価し、このために感染症を「一定の制御下に置くことができている」という見解を示している。また、大規模イベントなどの自粛の成果については「効果測定をできる状況にはない」と留保する。さらに学校の一斉休校については「定量的な効果を測定することは困難」と説明する。

一斉休校の効果は「わかりません」

今後の対応策としては、大規模イベントについてはクラスター感染が発生しやすい状況である「密閉空間・密集場所・密接場面」を回避できない場合には避けることなどを求めた。休校については、感染が拡大している地域では「一つの選択肢」であると述べているにすぎない。なお、PCR検査については、「PCR検査が速やかに実施されるべき」という考えを示す。一方、PCR検査が受けられないという問題が発生していることや、検査体制の強化策については触れていない。専門家会議は二〇二〇年二月二十四日以降、「見解」「分析・提言」など文書で意見を表明してきた。専門家会議が文書でPCR検査体制の強化を求めるようになるのはもっと先、すなわち、四月二十二日に公表した「分析・提言」においてである。

さらに専門家会議のメンバーはこの日、記者会見を行う。この会見は「結果的に「大丈夫らしい」という安心感のほうが強く」伝わる内容となる。[67] 会議のメンバーは、テレビでニュースを見た家族に「わりと大丈夫みたいだね」と伝えられている。[68]

十九日に行った記者会見で専門家は、大規模イベントについては効果は不明であるという立場をとりつつも、開催に慎重な姿勢を見せる。しかし、一斉休校については会見でも「効いてるのかどうかが分かりません」と「現状分析・提言」の内容に駄目を押す。[69]

一斉休校の見直し

一般に、研究者がある事象の効果がわからないという場合、その意味は、計量的に分析した結果、統計的に有意な効果を認めることはできない、つまりかなりの確証をもって効果があると言うことは難しい、という意味である。ただ、そうした注釈なしに、一般国民を相手に専門家が特定の政策の効果について「わかりません」と指摘すれば、政策を実施した政治家は苦境に立つことになる。専門家による十九日の「現状分析・提言」での指摘および記者会見での発言は配慮を欠いていた。

この頃、一斉休校をかなりの人が評価するようになっていた。朝日新聞社と毎日新聞社が十四日から十五日にかけて行った世論調査では、『朝日新聞』で一斉休校を「評価する」人が回答者の六〇%、「評価しない」人が三〇%、『毎日新聞』では「支持する」人が六三%、「支持しない」人が三一%となっていた。[70]

しかしながら、安倍首相が一斉休校を要請した直後には、次のような批判を散々浴びていた。「全国一斉に求めることが国民生活に与える影響は、あまりに大きい」[71]「影響が大きい施策を思慮が浅いまま決めたのではないか」[72]「1人も確認されていない県を含め、一律に休校を求める必要があるのか」[73]といった非難である。

二十日の対策本部で、首相は「今回の専門家会議の分析・提言を踏まえて」と述べた上で、学校の再開のための方針を策定することを文部科学省に求める。この方針は「一斉休校の延長要請はしない」などと大きく報じられることになる。[74]

三連休の人出

Agoop社のデータによると、大阪府と兵庫県を除く全国の多くの地域で、三連休とその前後数日の人の動きはその前の週よりも増えている。(75)三月二十日から二十二日までは三連休で、東京は天気もよく、花見客で多くの公園が賑《にぎ》わった。三月二十一日にはとしまえんと西武園が営業を再開、二十二日には東京宝塚劇場が公演を再開、ほぼ満席となる。(76)また、さいたまスーパーアリーナで格闘技イベントK－1が開催された。

外出者が増えたことの背景には「自粛疲れ」があったことも指摘されている。(77)ただ、十九日の専門家会議の報告や二十日の一斉休校解除の発表が人々に行動の抑制を強く促すものでなかったことは確かである。

この週の前半も、安倍政権の危機感は高くなかった。例えば、萩生田文部科学大臣は三月二十三日に、参議院予算委員会で「国内は爆発的な感染拡大には進んでいない」と語り、全学校を基本的に再開する方針を表明する。(78)二十六日にも菅官房長官が記者会見で、学校再開の方針に変わりのないことを確認している。

東京オリンピック

この頃、安倍首相は二月末に打ち出した感染抑制策の効果を見守り、医療体制の整備を進める一方で、もう一つ対処しなくてはならない大きな課題があった。二〇二〇年七月から予定されていた東京オリンピックの開催問題である。二月下旬頃から、東京オリンピックが予定どおり開催できるのかという問題について、次第に関心が高まっていた。[79]

国際オリンピック委員会（IOC）のディック・パウンド氏が二月二十五日にAP通信のインタビューに答え、開催の実現について疑問を示す。また最終判断をするのに五月まで猶予時間があるとも発言している。[80] また二十八日には、IOC調整委員会のジョン・コーツ委員長が予定どおり開催するかを三か月以内に決める必要があると発言したことが報じられる。[81] アメリカのトランプ大統領も三月十二日、オリンピックを一年間延期すべきであるという考えを示す。[82]

もっとも、IOCや大会組織委員会は公式には予定どおり開催する考えを繰り返し表明する。IOCのバッハ会長は三月四日に記者会見で、計画どおり実施する方針を示す。[83] 日本の大会組織委員会はトランプ大統領の発言を踏まえて、十三日に「予定通り」七月に開催するというコメントを発表する。[84] 菅官房長官も十七日に「予定通りの大会開催に向けて準備を進めたい」と述べている。[85]

安倍首相の延期工作

一方、安倍首相は三月上旬より延期を考え、小池都知事と意見調整を行っていた。[86] 安倍首相は十三日にトランプ大統領と電話会談し、延期の考えを示し、「一〇〇％」の支持を得る。[87]

さらに安倍首相は十六日のテレビを介したG7首脳会談で、東京オリンピック・パラリンピックを「完全な形で実現したい」と表明、イギリスのボリス・ジョンソン首相などから賛同を得る(88)。ジョンソン首相は親指を立てて賛意を表明したという(89)。「完全」とは無観客や中止はないということを意味していた(90)。首相はIOCの判断が遅れ、中止になることを恐れていた(91)。

三月二十二日にIOCは東京オリンピックの延期を含めて検討し、四週間以内に結論を出すことを表明する。同時に、中止を全面的に否定する。三月二十四日に安倍首相は森喜朗《もりよしろう》東京オリンピック開催委員会委員長、小池都知事らとともにバッハIOC会長と電話会談を行い(92)、両者は二〇二一年夏までに開催することで合意した。

こうして安倍首相は中止という最悪の事態を避けることに成功した。

医療体制動揺の兆し

もっともこの間、感染者の拡大に伴って、日本各地における医療体制が動揺する兆しが現れるようになる。三月中旬以降、院内感染を含め医療従事者の感染が頻繁に起き、北海道、宮城県、東京都、京都府、兵庫県などさまざまな地域でいくつもの病院が外来診療や救急診療の受け付けを停止、縮小したからである。

例えば、三月十九日には国立病院機構大分医療センターで入院患者の感染が判明する(93)。センターは外来診療や救急患者の受け入れを中止する(94)。また、三月二十四日には台東区が同区の永寿《えいじゅ》総合病院で入院患者や看護師が感染したことを発表、同病院は外来診療を休止する(95)。同病院では院内感染が広まり、五月二十三日の時点で患者、職員含めて二一四人の感染者が判明している。[96] 三月二十六日に慶應義塾大学病院は入院患者から感染者が確認されたことを発表、二十七日、さらに新たな感染者が出たために初診外来の停止、さらに三月三十一日には救急外来も中止する。

4 緊急事態宣言

大阪・兵庫間の往来自粛

感染が広まるにつれて、一部の都道府県の知事は、感染抑制策を講じ、医療体制を整備する上で前面に立ち、注目を集めるようになる。

三連休の時点でも一部の地方公共団体の長は危機感を高めていた。三月十九日、吉村大阪府知事がテレビのニュース番組で「大阪と兵庫はいつ爆発的感染が起きてもおかしくない状況」であると説明し、二十日から二十二日の間の大阪府と兵庫県の間の不要不急の往来の自粛を呼びかける。[97] これと合わせて同日、井戸敏三《いどとしぞう》兵庫県知事も「不要不急の大阪やその他の地域との往来、外出」の自粛を呼びかけた。[98]

大阪府の三月十五日の週の感染者数は二三であり、前週の六一を下回っていた。兵庫県も同様に、十五日の週の数字は四〇で、先週の五六より少なかった。しかし、厚生労働省のクラスター対策班は両知事に、感染者が両府県で三月二十日から二十七日の間に五八六人、三月二十八日から四月三日の間に三三七四人に増える可能性があるという試算を示していた。(99)

「ロックダウン」

一方、東京都でも日本全体の数字とは逆に感染者数の増加のペースが拡大していた（図3-8）。三月十五日の週の新規感染者数は四九と、八日の週の二・三倍となっていた。特に十六日からのわずか五日間で累計感染者の数は九〇人から一三六人に増え、一・五倍となっていた（図3-9）。厚生労働省のクラスター班は三月十七日、十九日、二十一日と東京都の小池知事に感染する人数の予測を伝えていた。(100)三月二十一日の計算では、三月二十六日から四月一日までに感染者の数が一五九人、四月二日から四月八日までに感染者の数が三二〇人に達する見通しであった。

もっとも小池都知事は三連休中に自粛を求めることはなかった。

小池都知事が危機感をあらわにするようになるのは、三月二十二日に東京オリンピックの中止がないことがはっきりした後である。三月二十三日に小池都知事は「都市の封鎖、いわゆるロックダウンなど、強力な措置」を取る可能性に言及する。(101)もっとも、日本の法制度の下では国や地方公共団体は外出の自粛を要請することはできても、禁止を命ずることはできない。し

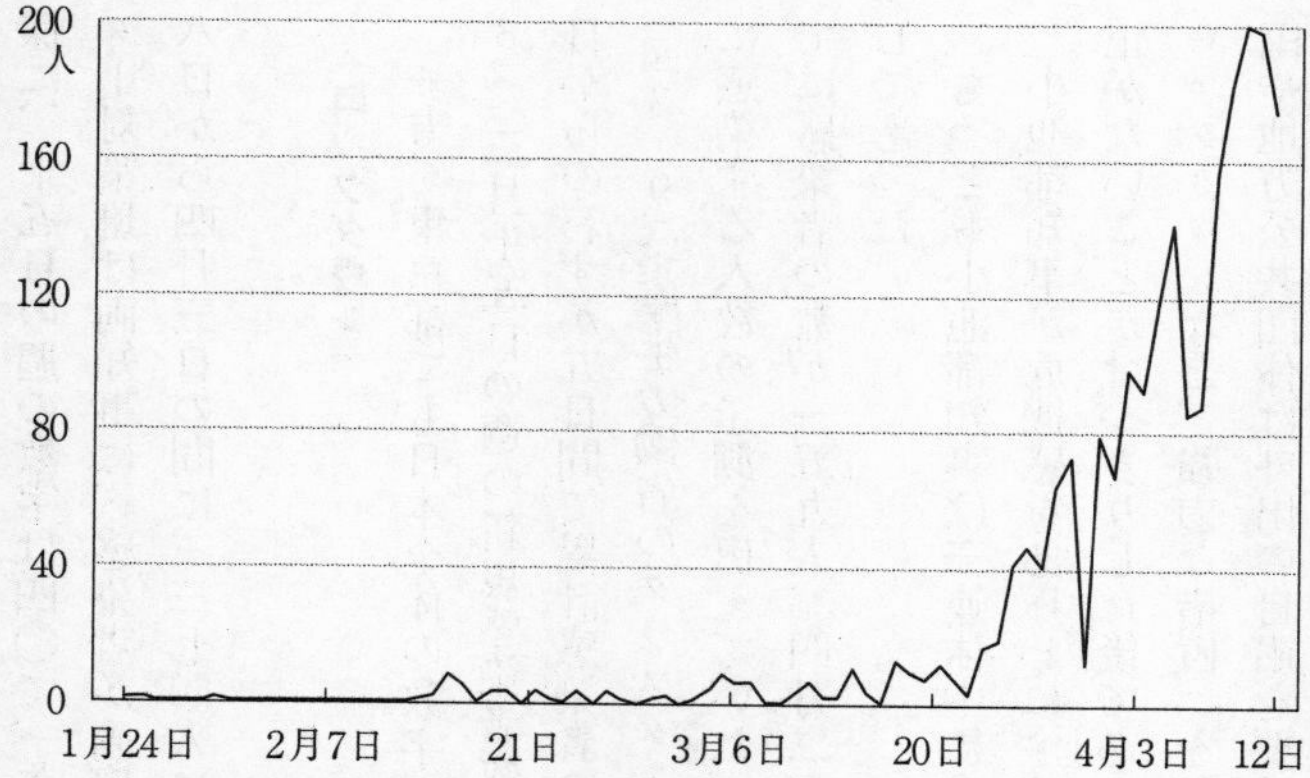

図3－8　東京都の1日の感染者数①
出所：東京都の公表資料から筆者作成.

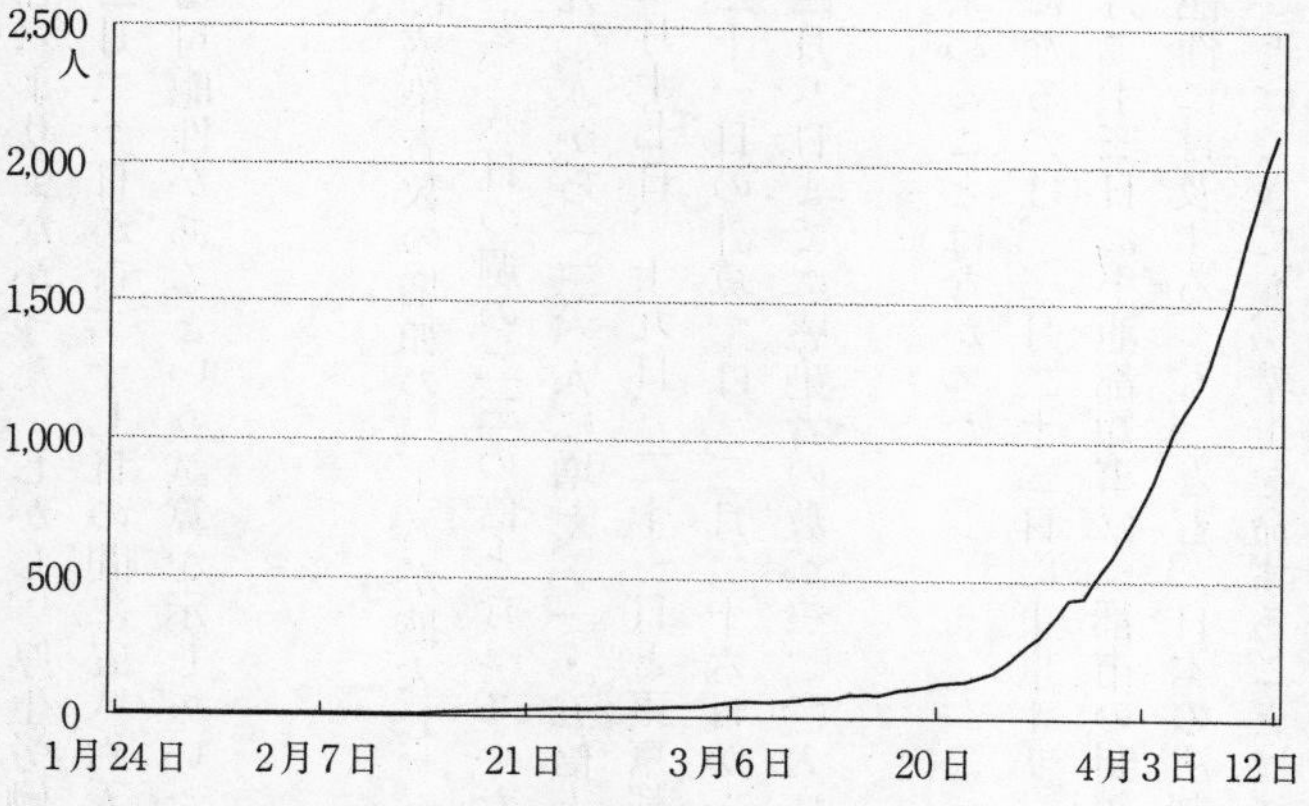

図3－9　東京都の累計感染者数①
出所：東京都の公表資料から筆者が計算し，作成.

たがって、例えば武漢市で行われたような都市封鎖を行うことは不可能であった。

また同じ日に小池都知事は、「都としての新たな対応方針」を発表する。[102] これは三月十八日、十九日の厚生労働省の事務連絡を踏まえたものであった。このなかで重症者向けの病床を一〇〇床、中等症患者向けを三〇〇床確保したことを明らかにする。同時に今後の目標として重症者用のベッドを七〇〇床、中等症患者用を三三〇〇床確保する方針を示す。軽症者については自宅あるいは宿泊施設での療養を求めることを検討していることも示す。また、東京都は三月三十一日に患者の受け入れ機関の調整などに当たる調整本部を発足させている。[103] しかし、重点医療機関の導入はなかなか進まなかった。[104]

一層の感染拡大

日本全体でみると三月二十三日の週に入り、感染者の数は増加する傾向になる。感染者数の七日間移動平均値は二十二日から上昇に転じ、二十五日には五〇人を超え、二十九日には一〇〇人を上回る。この頃、感染者が拡大した要因として、専門家会議は三連休の間で人の動きが拡大したためであるという見方を示している。[105] すでに紹介したように国立感染症研究所は欧米からの入国者によって感染が広がったという見解を示している。[106] 欧米からの入国禁止措置が遅れたこと、入国制限が不徹底だったことが響いたということである。

この頃、東京都を始め一部の都市部では感染の拡大が深刻になる。三月二十五日に東京都の感染者の数は四〇人を超え、累計感染者数が二〇〇人以上となる。二十八日にはそれまでで最高の六四人を記録する。また、二十六日以降、東京都では検査の陽性率は二割を上回る日が多くなる。陽性率の上昇は検査で把握できていない感染者の数も高まっていることを示唆している。

保健所の逼迫

感染の拡大に伴って保健所の業務が過大となる。

三月の東京都中央区保健所の残業時間は最大一九八時間に上っている。(107) 一九八時間というのは、その月が三〇日あり、うち土日が九日あると想定した場合、全ての土日に七時間程度働いたとしてもなお平日の残業時間が六時間を超える異常な数字である。このことは三月を通じて保健所の業務が逼迫していたことを強く示唆する。三月末には北区保健所で職員が午後十一時まで残業するほどだった。(108)

大阪府でも状況は似ていた。二月末以降、大阪市保健所の相談は急増していた。(109) 三月末に感染が広がると、福島県や山梨県でも保健所の相談件数が増えた。(110)

クラスター対策の限界

感染が拡大すると感染を疑う人から保健所への相談数が増える。また、検査の手配や入院先の調整、自宅療養者のフォローなど処理しなければならない事務量も拡大する。さらに確認が必要な濃厚接触者の数も必然的に増える。保健所がそのキャパシティーを上回る業務をこなすことを迫られれば、クラスター対策を続けることは難しくなる[111]。

専門家会議は三月十九日の分析・提言では「保健所における労務負担が過重になって」いることを認め、「保健所が大規模なクラスター対策に専念できる人員と予算の投入」を求めている[112]。一部の地方公共団体は保健所の体制強化に着手していた。例えば、広島県は保健所の相談窓口を日中はコールセンターに委託している[113]。和歌山市は保健師を増員している[114]。しかし、利用可能な資料は、保健所の能力拡大が始まったのは四月に入ってからであることを示唆している。感染の拡大に見合う形で保健所の人員を短期間に大幅に拡大することは難しかった。

これまで安倍政権が感染防止策の核に据《す》えていたのがクラスター対策であった。クラスター対策が使えない一方で感染拡大が進むとなると、他の政策の発動が選択肢に入ってくることになる。移動制限である。

「感染爆発の重大局面」

三月二十五日に小池都知事は緊急記者会見を開き、感染が拡大する状況を「感染爆発の重大局面」と警戒を呼びかけ、夜間や週末の外出の自粛を要請する[115]。またこの会見では、専門家会議がそれまで感染が広まる環境として注意を喚起してきた三つの条件を総称した「NO!! 3

密」というフリップボードを掲げて外出を避けるよう呼びかける。[116] この会見がきっかけとなり、三月十九日に専門家会議がクラスター発生の可能性が高くなる要件として示した「密閉空間・密集場所・密接場面」が「3密」と呼ばれ、広く知られるようになる。

感染が拡大したために次第に医療状況が逼迫する。例えば、東京都では三月二十六日の時点で入院患者の数が感染症指定医療機関の病床数を上回っていた。[117] 大阪府の吉村知事も二十五日に会見を開き、そのなかで病床の確保策について説明する。[118] 大阪府が三月二十二日までに確保しているのは二一三床であり、六〇〇床を確保すること、そのために二〇二〇年度補正予算の一部を充《あ》てることを表明する。予算は休床にしてもらうために必要であった。最終的に全部で一〇〇〇床を確保したいという希望を述べる。

こうした状況の下で、次第に新型インフルエンザ等対策特別措置法に基づく緊急事態宣言を発令することを要望する声も高まる。

三月二十七日には小池都知事が記者会見で、緊急事態にあたる状況かという質問に対し「まさにぎりぎりのところ」と答える。[119] 三月三十日には吉村府知事が「緊急事態宣言を出すべきタイミングだ」と発令を求める。[120]

基本的対処方針の策定

一方、安倍首相は感染者の拡大を踏まえて、二十三日に内閣官房に新型コロナウイルス感染症対策推進室を設置していた。さらに二十六日には厚生労働大臣が新型コロナウイルス感染症の蔓延の恐れが高いと首相に報告し、この報告に基づいて首相は新型インフルエンザ等対策特別措置法一五条一項に基づいて新型コロナウイルス感染症対策本部を設置する。

安倍政権は新型コロナウイルス感染症対策を実施する指針となる「基本的対処方針」の策定を進める。安倍政権は二十七日に新型インフルエンザ等対策有識者会議基本的対処方針等諮問委員会を初めて開催し、主に基本的対処方針について議論を行う。諮問委員会で出された意見も踏まえて、対策本部は二十八日に「新型コロナウイルス感染症対策の基本的対処方針」を定める。

対処方針の内容

基本的対処方針には安倍政権や地方公共団体が行う対策が盛り込まれている。

方針の下で、安倍政権は次の対策を実施することが予定されていた。①帰国者に対し二週間の外出自粛の要請。②検査体制の強化。③テレワークや時差通勤などの感染防止策の呼びかけ。④水際対策および停留施設の確保。⑤簡易検査キットの開発。⑥マスク、個人防護具などの確保、布製マスクの普及。

また、都道府県など地方公共団体は以下の施策を実行することになっていた。①ＰＣＲ等検査体制の把握、民間検査会社の活用。②蔓延防止策としてクラスター対策および接触機会の低減策の実施。③積極的疫学調査。④新型インフルエンザ等対策特別措置法二四条九項に基づく休業やイベント自粛要請。⑤密閉空間、密集場所、密接場面という三条件が揃《そろ》う集まりの自粛要請。

さらに、安倍政権と都道府県など地方公共団体が次の事項を協力して行うことが想定されていた。①保健所の体制強化。②必要に応じ軽症者を自宅療養とすること。③帰国者・接触者外来の増設。④医療機関の役割分担の体制整備。

「夜の街」

三月二十九日に、七日間移動平均値で見た一日の感染者の数が一〇〇人を超える。その後も感染者の数は拡大する。三十一日には日本全体の累計感染者数が二〇〇〇人を上回る。また死者の数も増えていく。三月二十二日の週の死者数は一八人だったのに対し、三月二十九日の週の死者数は二七人となる。

三十日に小池都知事は記者会見を開き、夜間の外出、特に「三つの密」の条件が揃う特定の飲食店の利用を自粛するよう呼びかける。小池都知事は「若者はカラオケやライブハウス、中高年はバーやナイトクラブ」を例としてあげる。[121] この会見には厚生労働省クラスター対策班の西浦博北海道大学教授も同席し、「夜の街」、すなわち「夜間から早朝にかけての接伴飲食業」において感染が多発していることを説明する。[122] この頃から個別の接客を伴う飲食業における感染拡大およびその抑制は、安倍政権や地方公共団体の懸案事項となりつづける。

医療体制の逼迫

三月三十一日には日本全国の一日の感染者数が二〇〇人を突破する。また、東京都の累計感染者数が五〇〇人を上回る。東京都は入院が必要になる患者数の増加に対応して病床を確保する。しかし、綱渡りの状況が続く。四月四日には東京都の感染者は一一八人と初めて一〇〇人を超え、入院が必要な患者は八一七人と三日までに確保したベッド数の七五〇を超過する。[123]もっともこの日、東京都は待機患者が「若干いる」ものの、入院先を確保できた。[124]四月五日の時点では一〇〇〇病床を確保したが、空いているのは四九床にすぎなかった。[125]

大阪府では、三月二十八日に陽性者は一五人を記録、四月四日の陽性者の数は四一人で累計の感染者が三五〇人を超える。検査の陽性率も上昇する。陽性者数と検査数の七日間移動平均値をそれぞれ計算し、それらをもとに陽性率を算出すると、陽性率は三月二十七日には約五％であったのが、四月三日には約一一％になった。この増加は感染が広がっていることを強く示唆していた。

もっとも、大阪府における陽性者の増大数は東京に比べれば少なく、病床の状況は東京都に比べれば余裕があった。[126]四月一日時点では六〇〇床を確保しているのに対し、一五一床が利用されていた。翌二日時点では二一五床が使用され、六日時点では占有されているベッドの数は三一九床となっている。[127]

愛知県による軽症者対応「モデル」

病床が足りなくなる原因の一つは、すでに述べたように新型コロナウイルス感染症が「二類相当」以上の指定感染症に指定され、無症状者や軽症者も全員入院させていたためである。厚生労働省は、医療状況が逼迫した場合には都道府県が無症状者や軽症者を自宅療養にする医療体制に移ることを認めていたが、基準を示さなかったため、地方公共団体では入院させる扱いが続いていた。[128] また患者の症状が軽くなっても検査で二回陰性とならないと退院が認められなかったため、病床がなかなか空かないという問題もあった。

この課題へのモデルとなる対策を示したのが愛知県であった。愛知県は三月二十四日に、無症状者や軽症者を受け入れるために県の保有する宿泊施設で一〇〇室を確保することを発表する。[129] すでに紹介したように大阪府も宿泊施設を活用することを議論していた。しかし、実際に確保するのは四月に入ってからである。具体的計画を作ったのは愛知県が初めてであった。

一方、小池都知事は三月二十六日に安倍首相と面会し、軽症者の一時滞在施設の確保を求める。[130] さらに二十七日には小池都知事はテレビ番組で軽症者の一時滞在先としてオリンピックの選手村を活用することを検討していることを明かす。[131]

安倍政権による宿泊施設確保

安倍政権も感染者数の増加に伴い、病床が不足することを憂慮していた。このため、二十八日に策定した基本的対処方針のなかには、重症者等に対する治療に支障をきたすおそれがある場合には、軽症者には自宅療養を求めることが盛り込まれた[132]。

特に安倍政権は東京都が病床を確保できているのかどうか不安に感じていた。東京都からどの程度宿泊施設を準備できたのか連絡がなかったからである。

厚生労働省や観光庁が中心になり、独自に宿泊施設を確保しようとした。しかし、協力してくれた宿泊事業者はごく一部で、用意できたベッド数は少なかった。安倍首相は官僚機構が苦戦していることを知り、自身が動く。首相はアパホテルの代表元谷《もとや》外志雄《としお》氏に自ら電話し、一万床について協力を得ることに成功した[133]。

また、安倍政権はオリンピック施設の利用についても検討を進め、四月七日に首相は施設を改修し、利用することを表明している。もっとも、活用するのは選手用の施設ではなくて、オリンピックで警備を担当する警察官用の施設であった[134]。

軽症者の自宅・宿泊施設療養

対策本部の方針を踏まえ、ついに厚生労働省は、重症者への対応を強化するため、四月二日に具体的な条件を明示して、軽症や無症状の感染者を病院以外の施設で療養することを認める[135]。

同じ日に大阪府の吉村知事は新型コロナウイルス対策本部会議で、軽症者を宿泊施設に滞在させる方針を示す。一方、四月三日に東京都の小池知事は、軽症者などのためにホテルを一棟借り上げる計画であることを説明し、五日には確保したホテルを七日から利用することを明らかにする。(136) また大阪府も同日、宿泊施設の募集を始める。(137) この募集に対しては二万一〇〇〇室の応募があった。(138)

高まる圧力

四月に入ると、安倍首相に対して緊急事態宣言の発令を求める声が各方面からさらに高まる。四月一日に日本医師会が病床数の不足を訴えて「医療危機的状況宣言」を発表、緊急事態宣言を出すことを求める。(139) 四月三日には日本医師会会長の横倉義武《よこくらよしたけ》氏が首相に面会、医療現場の危機的状況を伝える。(140) またこの日、東京医師会会長の尾崎治夫《おざきはるお》氏はテレビ番組に出演し緊急事態宣言の発出を要望する。四月六日に東京都医師会は「医療的緊急事態宣言」を出し、東京都民に不要不急の外出の自粛を要請する。(141)

この一方で、四月三日に厚生労働省クラスター班の西浦北海道大学教授を中心としたグループが、今後の感染拡大について試算した内容が報じられ、注目される。(142) 試算は、対策を取らない場合や人の移動を二割しか削減できない場合には爆発的感染を防ぐことはできないと予測していた。一方、人の移動を八割削減した場合には感染を終息させることができると計算していた。日本経済新聞社編集委員の滝田洋一《たきたよういち》氏はテレビ番組でこの試算を紹介しながら、「緊急事態宣言を躊躇してはいけない」とコメントしている。[143]また、四月五日には経済同友会の桜田謙悟《さくらだけんご》代表幹事が緊急事態宣言を発出するなら早いほうが望ましいという考えを示す。[144]

発令の決断

こうしたなか、四月四日には東京都の感染者の数が一〇〇人を超え、安倍首相は緊急事態宣言を発令することを決断する。[145]四月六日に首相は基本的対処方針等諮問委員会の尾身茂会長と会談する。尾身会長は医療現場が危機的状況になっていることを踏まえて、宣言の発出を求める。[146]この会談の後、首相は七日に緊急事態宣言を出すことを表明する。

四月七日に基本的対処方針等諮問委員会が開かれる。西村新型コロナウイルス感染症対策担当大臣が委員会に緊急事態宣言を出すことを諮問し、委員会はこれを了承する。その後、首相は対策本部を開催し、緊急事態宣言を発令する。東京都、神奈川県、埼玉県、千葉県、大阪府、兵庫県、福岡県が対象地域に指定される。また対策本部は基本的対処方針を改定する。

閣僚たちの消極姿勢

緊急事態宣言を発出した後、首相は記者会見を開く。会見では感染者を増加させないことの重要性を強調し、国民に「行動変容」を求め、人同士の接触を七割から八割削減することを呼びかける。[147] 首相は削減するための具体的方策としてテレワークの実施、時差出勤、オンライン診療などを挙げる。また、「3つの密」＝密閉空間、密集場所、密接場面を避けることの重要性をあらためて強調する。「最低七割、極力八割」の削減は安倍政権が基本的対処方針のなかに感染を終息させるために盛り込んだ目標だった。

緊急事態宣言を出すことに閣僚の間では消極的な意見が強かった。例えば、麻生太郎《あそうたろう》財務大臣や菅義偉官房長官は経済への悪影響を考えて慎重だった。[148] しかしながら、首相は都市部で感染者が急増し、医療機関が危機的状況に陥っていることを踏まえ、宣言の発令を決断した。[149] 首相は四月七日の会見で「医療提供体制がひっ迫している地域が生じていることを踏まえれば、もはや時間の猶予はない」と危機感をあらわにして緊急事態を宣言する理由について述べている。[150]

5　経済対策

緊急事態宣言と緊急経済対策

首相が緊急事態宣言をこの時期に発出した背景にはもう一つの要因があった。それは、緊急経済対策を策定する時間が必要だったためである。[151] 対策本部後、安倍内閣は臨時閣議を開き、総額一〇八兆円の緊急経済対策と総額一六兆八〇〇〇億円の二〇二〇年度補正予算を閣議決定する。

宣言が出されると都道府県知事は休業要請を行うことが可能になる。休業を求めるには経済的な支援策と一体であることが望ましい。緊急経済対策の柱は所得の減った世帯への三〇万円の給付、中小企業および個人事業主支援のための現金支給、雇用助成調整金の特例措置拡大などであった。こうした支援策が盛り込まれた経済対策の策定が、緊急事態宣言を出す時期に影響を及ぼしたことは間違いない。

中国経済減速の影響

それでは安倍政権は新型コロナウイルス感染症の拡大に対して、経済政策の面ではどのように対応してきたのだろうか。以下で振り返りたい。

二〇二〇年一月に日本で新型コロナウイルスの感染者が初めて確認されたとき、日本の経済状況はすでに良好なものではなかった。内閣府が発表する景気動向指数に基づく基調判断は二〇一九年八月から一月まで六か月連続で「悪化」であった。また二月十七日の内閣府の発表によれば、二〇一九年十〜十二月期の実質GDP成長率（前期比）の速報値はマイナス一・六%、年率換算でマイナス六・三%であった。背景には十月の消費税率の八%から一〇%への引き上げ、台風の影響があった。[152]

一月下旬から新型コロナウイルス感染症が中国の国内で拡大したとき、最初に懸念されたのは中国の景気を後退させ、それがさらに世界経済に及ぼす影響であった。『フィナンシャル・タイムズ』のグローバル・ビジネス・コメンテーターのラナ・フォルーハーは二月三日、「ほんの一週間前まで誰も話題にしなかった景気後退入りを恐れる声が再び強まってきた」と指摘している。(153) 国際通貨基金（IMF）のゲオルギエバ専務理事が「中国経済が世界に占める割合は当時の四％から現在は一八％にまで拡大した」と、SARSが広がった二〇〇三年と比較し、世界経済への悪影響に懸念を示している。(154)

観光業への影響

この頃から、日本経済にも、中国経済の減速、訪日観光客の減少、中国での生産停滞によるサプライチェーン寸断などのために、悪影響がもたらされることが懸念されるようになる。大和総研は二月六日に、中国の景気後退、訪日客の減少などにより日本のGDP成長率を押し下げ、二〇二〇年のGDP成長率がマイナス〇・四％になる可能性を示している。(155)

二月の訪日外国人数は激減し、前年同月比五八・三％減の一〇八万五一四七人、訪日する中国人の数は八万七二〇〇人と八七・九％減となる。(156) このため安倍政権は当初、経済対策として国内観光業の支援策を重視する。

自民党は一月二十七日に新型コロナウイルス関連肺炎対策本部を設置する。二月五日に本部は感染症への対策を取りまとめ、七日に岸田文雄《きしだふみお》政務調査会長が首相に申し入れる。内容のほとんどは水際対策、医療体制の整備など感染症への対応であったものの、観光業をはじめとする中小企業への資金繰り対策も求めている。

新型コロナウイルス感染症対策本部が二月十三日にまとめた「新型コロナウイルス感染症に関する緊急対応策」のなかの経済対策の柱もやはり観光業支援である。例えば、日本政策金融公庫等が旅館業者などに資金繰り支援を行うこと、中国関係の売り上げが多い業者に対して、雇用調整助成金の支給条件を緩和することなどが盛り込まれている。

世界経済への影響

安倍政権が景気全体への警戒感を示すのは少し先である。二月二十日に月例経済報告を発表する。このなかでも景気は「緩やかに回復している」という見方を示している。興味深いのは報告の世界経済への見方である。新型コロナウイルス感染症による下振れリスクに言及する一方、世界の景気は緩やかに回復していると述べている。特にアメリカについて景気回復が続くことを見込んでいる。

二月二十四日にはWHOのテドロス事務局長が会見で、韓国、イタリア、イランに新型コロナウイルスによる感染症が拡大していることに懸念を示す[157]。すでに紹介したようにイタリアの感染者は二月下旬から急増し、二月二十九日には一〇〇〇人を超える。

三月二日に『ファイナンシャル・タイムズ』は、新型コロナウイルスが中国以外の世界各地に広がり、各国当局が財政・金融政策を発動することを求められていることを報じている。[158] OECDはこの日、「暫定的経済評価」という報告書を発表、中国以外に感染が広まっていることを踏まえ、二〇二〇年の世界の経済成長率は二・四%と予測、さらに感染が深刻な場合には、成長率は一・五%になるだろうと警告した。[159]

株式市場の暴落

ニューヨーク証券取引所は、新型コロナウイルス感染症の拡大がもたらす経済に対する悪影響をすでに探知していた。[160] 二月十二日にニューヨークダウ平均株価は史上最高値の二万九五五一ドル四二セントをつけたあと基本的に下がりつづけ、二十四日に一〇三一ドル六一セント、二十七日には一一九〇ドル九五セント下落する。三月に入り、アメリカでも本格的に感染が拡大すると株価はさらに低下し、三月十七日には過去最大の二九九七ドル一〇セントの下げを記録する。三月十八日にはダウ平均が二万ドルを割る。

一方、日本でもニューヨーク証券取引市場の動きに合わせるように、二月下旬から株価は急落する。二月二十日に日経平均株価二万三四七九円を付けると二月二十五日には七〇〇円以上下げ、二万二六〇五円を記録する。三月九日には二万円を切り、三月十九日の一万六五五二円まで低下する。

日本銀行

経済状況の悪化に懸念が高まるなか、日本銀行は三月二日に「潤沢な資金供給と金融市場の安定確保に努めていく」という黒田東彦《くろだはるひこ》総裁の談話を発表する。[161] 日本銀行はこの日、上場投資信託（ETF）を一〇〇二億円購入する。[162]

さらに、三月十六日には、もともと十八日と十九日に予定されていた金融政策決定会合を前倒しして開催する。この会合では①国債買い入れなどにより円資金の一層潤沢な供給に努めることや、②ETFの買い入れ目標額を従来の倍の一二兆円に拡大することなどを決める。[163]

緊急対応策第二弾による経済支援策

一方、自民党新型コロナウイルス関連対策本部と経済成長戦略本部は三月三日に経済対策案「新型コロナウイルスによる経済への影響緩和策」をまとめる。このなかには日本政策金融公庫による新規融資策、二〇一九年度補正予算に盛り込まれた中小企業対策費の前倒し執行、観光業へのクーポン等による支援キャンペーンなどが盛り込まれていた。また二〇二〇年度補正予算の編成の検討を求める。この頃、参議院で本予算の審議が始まったばかりで、与党が補正予算について議論するのは異例のことであった。

すでに紹介したように、三月十日に新型コロナウイルス感染症対策本部は「新型コロナウイルス感染症に関する緊急対応策―第二弾」を策定する。この対策には一斉休校により保護者が休暇を取得することが必要になった場合の助成金、雇用調整助成金の企業への助成率の引き上げ、売り上げが急減している中小・小規模事業者に対する貸付制度の導入、感染終息後をにらんだ観光業振興策などが盛り込まれた。この対策のためには二〇一九年度予算から支出される四三〇八億円の財政資金に加えて、日本政府金融公庫の融資などのため一・六兆円が準備される。

経済対策の立案

その後、より大規模な経済対策の検討が本格的に始まる。三月十一日午前中に自民党と公明党の幹事長、政調会長、国会対策委員長、菅官房長官と古谷《ふるや》一之《かずゆき》官房副長官補が会談し、必要に応じ、対策を講じることで合意する。(164)この日、岸田政調会長は自民党の政務調査会の部会長を集めた会議で「新年度にさらなる思い切った経済対策を用意しなければならない。反転攻勢に向けた取り組みを検討してもらいたい」と景気対策を検討することを求めた。(165)

安倍首相は三月十六日に参議院予算委員会において「日本経済のみならず世界経済が大変な甚大な影響を受けている」ことを認める。(166)安倍内閣は三月二十六日に三月の「月例経済報告」を発表、「景気は、新型コロナウイルス感染症の影響により、足下で大幅に下押しされており、厳しい状況にある」ことを認める。三月十七日には安倍首相は岸田政調会長に対して「骨太の経済対策をまとめてもらいたい」と指示する。(167)

予算成立

三月十九日に日経平均株価は底入れし、日本の株価は三月下旬まで反転する。背景にあるのは日本銀行の金融緩和に加え、ニューヨーク証券取引所の動きである。三月以降、アメリカ政府・議会が立てつづけに立案した経済対策やアメリカ連邦準備制度理事会（ＦＲＢ）が実施した金融緩和政策を背景に、ダウ平均は三月二十三日に底を打っている。(168)

株価が回復するなかで三月二十七日に二〇二〇年度予算が成立する。翌日の三月二十八日に安倍首相は、新型コロナウイルス感染症対策本部で緊急経済対策を「今後10日程度のうちに取りまとめ、その後、速やかに補正予算を国会に提出したい」と西村新型コロナウイルス感染症対策担当大臣に指示している。(169)その日の記者会見では規模について「リーマン・ショック時の経済対策を上回る」ものにすると打ち上げる。(170)

自民党案

その後、自民党は三月三十一日に「緊急経済対策第三弾への提言」をまとめ、財政措置二〇兆円、事業規模六〇兆円の経済対策を求める。この提言は感染拡大抑制期、反転攻勢期、中長期等と三段階に分けた対策を打ち出す。拡大抑制期の対策としては次のような政策を盛り込んだ。雇用調整助成金の助成率の引き上げ、法人税、固定資産税などの納税猶予や軽減、政府系金融機関による融資枠・信用保証枠の拡大などである。

感染が収まった後の反転攻勢期の施策としては農林水産業の需要喚起、割引助成やクーポンなどの発行を通じた観光業の振興や地方における消費喚起などの政策を掲げている。さらに中長期的課題としてテレワークの推進、遠隔教育のための環境整備なども提案した。

「アベノマスク」

安倍内閣が緊急経済対策をとりまとめているなかで、四月一日に、安倍首相は新型コロナウイルス感染症対策本部で全世帯に再利用可能な布製マスクを配ることを表明する。全世帯へのマスク配布は三月上旬の北海道におけるマスク配布、医療機関や介護施設への頒布および小中学校や高校への配布を踏まえ、さらに配布先を拡大する決定であった。すでに説明したように三月二十八日の記者会見でも一億枚の布製マスクを配る方針を明らかにしていた。

マスクの全世帯配布の決定は、首相や官房長官およびその周辺の官僚、厚生労働省のマスクチームなどが協議し、判断を積み重ねた結果、なされたものである。安倍政権は北海道におけるマスク配布でも利用した日本郵政の「タウンプラス」サービスを活用して配ることを考えていた。配られるマスクはいつしか「アベノマスク」と呼ばれるようになり、社会的関心を集める。また一部からは厳しい批判を浴びることになる。

非難を招くことになってしまった要因の一つとして発表の順序があった。すでに感染の拡大により社会的心理状況は切迫する一方、安倍内閣が打ち出す対策の内容に関心が集まっていた。対策についてはリーマン・ショック時を上回る(171)「事業規模六〇兆円(172)」「現金で10万円(173)」などとテレビ番組などで国民の期待を膨らませる形で報じられていた。関心が高まっていたなかで、マスク二枚の全世帯配布が先に報じられてしまったため、期待感との齟齬が生じ、非難の声が起きることになってしまった。

現金給付

経済対策のなかで注目を集めたのは現金給付が行われるのか、また行われる場合の内容であった。現金給付の議論は国会審議のなかで始まった。三月十三日や十六日に与野党議員が国会における審議で提案している(174)。十六日に岸田政調会長は「国民の手に届く施策が求められる。給付や税制措置について考えないといけない」と述べ(175)、現金あるいは商品券などの給付を示唆する。

三月十七日に自民党の議員グループは一〇万円の期限つきの購買券を全国民に配布することを安倍首相に要望している(176)。十八日には国民民主党が総額三〇兆円の緊急経済対策を発表し、このなかで全国民に一人あたり一〇万円を支給することを提案していた。

三月三十一日の自民党の提言には二つの現金給付案が盛り込まれた。一つは所得が減少している世帯・個人に現金給付の「支給基準を明確化」し、支給すること。もう一つは中堅・中小・小規模事業者、フリーランスを含む個人事業主のうち、売り上げが大幅に減少している人に対して事業継続のための助成金を支給することである。

同日、公明党も「緊急経済対策の策定に向けた提言」を安倍首相に提案していた。提案の柱の一つは「収入が大幅に減少するなど家計に深刻な影響を生じている方々の暮らしを守るため」一人あたり一〇万円の給付を行うことであった[177]。

しかし、一〇万円支給案には麻生副総理・財務大臣や今井尚哉補佐官が消極的であった[178]。麻生内閣のときに金融危機に対する経済対策として定額給付金を一人あたり一万二〇〇〇円配ったものの、貯蓄に回り効果がなかったと考えられていたためである[179]。こうして一定の条件を付け、世帯に給付金を支給することになる。

三〇万円給付案

四月三日に安倍首相と岸田政調会長が会談し、減収世帯に三〇万円配ることで合意する[180]。岸田氏は会談後「30万円を支給すべきだと申し上げ、首相の了解を頂いた」と語っている[181]。だが、実は支給額はもともと決まっていた。当初は二〇万円という案も検討されており、岸田氏が三〇万円を提案し、首相が受け入れることで、岸田氏に「花をもたせる」形にしたのであった[182]。

ただ、このため与党内の根回しは十分ではなかった。公明党は世帯ではなく個人への給付案を提案しており、この案には不満だった。公明党は児童手当を一月だけ一万円臨時に増額することで納得する。[183] 四月六日に安倍政権は自民・公明両党の了承を取りつける。[184] しかし、三〇万円給付案について、与党内には受給条件が厳しすぎるという意見が強くあり、[185] この不満と調整不足が、緊急事態宣言後の三〇万円給付案撤回の伏線となってしまう。

緊急経済対策と補正予算の決定

こうして、四月七日に安倍内閣は緊急経済対策と補正予算を閣議決定する。対策と予算の柱は雇用の維持、事業継続、生活支援、経済活動回復支援などであった。

雇用維持策としては雇用助成調整金の助成率を中小企業は八〇%、大企業は三分の二に引き上げ、さらに解雇を行わない場合にはそれぞれ九〇%、七五%とすること。雇用調整助成金の特例措置のため八三三〇億円が厚生労働省予算に計上されている。

事業継続支援策には三つの主要な政策がある。一つは融資などによる中小・小規模事業者および中堅企業・大企業への資金繰り対策であった。もう一つは「持続化給付金」の支給である。これは中小企業庁の発案で構想された。収入が前年同月比五〇%以上減少した事業者に対して中堅・中小企業は上限二〇〇万円、個人事業主は上限一〇〇万円の範囲で減少額を支給する。このため総額二兆三一七六億円の予算が用意された。そのうち、後に注目される委託費として八三九億円が計上されている。三番目は収入が減少した事業者に対する税金や社会保険料の支払い猶予である。

三〇万円給付の条件

生活支援策の目玉は現金給付策であった。安倍内閣は生活支援臨時給付金として三〇万円を減収世帯に支給する予定であった。条件は、①二〇二〇年二月から六月のある月の世帯主の月間収入が減少し、年間ベースで個人住民税均等割非課税水準となる低所得世帯であるか、または、②同じ期間に収入が半減し、非課税水準の二倍以下となる世帯であることであった。低所得世帯の場合、世帯主が給与所得者の夫婦で子供が一人いる場合、月収一七万〜一八万円で支給されると考えられた。[186] 収入半減世帯の場合では、月収三五万円が給付条件になるはずであった。[187] 一三〇〇万世帯への支給を想定し、予算総額は四兆二〇六億円であった。子育て世帯には児童手当を一人あたり一万円上乗せして支給することも盛り込まれた。

Go Toキャンペーン

経済活動の回復支援策としては観光業、飲食業、農林水産業への支援策が講じられた。このなかで最大のものはGo Toキャンペーン事業である。主な内容は新型コロナウイルス感染症の拡大が終息した後の一定期間に旅行商品や飲食店を利用する消費者に対する割引、クーポン券の付与などである。また、農水産業支援策として、例えば畜産農家に対して三一四億円の生産支援策を設けている。

Ｇｏ Ｔｏキャンペーン事業は新原浩朗《にいはらひろあき》内閣官房日本経済再生総合事務局長代理補が今井秘書官兼補佐官と相談しながら主導し、策定した。[188] まだ感染がそれほど深刻でなかった三月五日に開催された第三六回未来投資会議で、もともとの案が議論されている。この会議で新原事務局長代理補は日本人と外国人の旅行需要が大きく落ち込んでいることを示し、感染が収まり、景気の回復期に「国内外から人を全国各地に呼びこむための官民一体となった国民運動をあらかじめ想定しておくことが必要」という考えを示している。[189]

会議の終わりに安倍首相は感染拡大防止後「人の流れを回復するため、観光需要の喚起や、地域の農産品、商店街のにぎわい回復を含め、国を挙げたキャンペーンを検討する」と考えを述べている。[190]

四つのキャンペーン

内閣官房におかれる日本経済再生総合事務局がこの政策を担当したのは、この政策の実施と新型コロナウイルスの感染状況が密接に関わっており、感染が収まるのを待って実施されることが予定されていたためである。細かく見ていくとＧｏ Ｔｏキャンペーン事業は観光、飲食、イベント・エンタメ、商店街振興のための四つのキャンペーンからなっている。[191] それぞれ「Ｇ o Toトラベルキャンペーン」「Go Toイートキャンペーン」「Go Toイベントキャンペーン」「Go To商店街キャンペーン」という名称がつけられた。安倍内閣はこのための予算として総額一兆六七九四億円を計上した。

このうち観光キャンペーンと飲食キャンペーンは、それぞれ国土交通省と農林水産省が担当する政策である。しかし、この事業の検討段階で、国土交通省や農林水産省はほとんど関与しなかった[192]。主導したのは内閣官房日本経済再生総合事務局であり、予算は経済産業省に一括計上されている。経済産業省の予算になったのは、内閣官房は政策の実施には関わらないためである。予算は執行段階で国土交通省や農水省に振り替えられることになっていた。このうち国交省が担当するGo Toトラベルの予算規模は六五〇〇万人分に二万円の補助をすることを想定し、一兆三〇〇〇億円となっていることが国会における赤羽国土交通大臣の答弁を通じて明らかになっている[193]。

その後、Go Toトラベルキャンペーンは開始を予定した時期が感染症の再拡大期と重なり、予定どおり実施するのかどうかが問題となる。

緊急経済対策は緊急事態宣言の経済的悪影響を緩和し、国民の不満を和らげるはずのものであった。しかしながら、マスク配布策への非難や三〇万円給付案への不満が緊急経済対策の心理的効果を薄めてしまった。こうしたなかで安倍首相は緊急事態宣言後の政治過程に対応することになる。

第4章　安倍政権の動揺

はじめに

「本日は尾身会長を始め、諮問委員会の専門家の皆さんの賛同を得て、今月いっぱい、今月末まで緊急事態宣言を延長することを決定いたしました(1)」

二〇二〇年五月四日十八時から官邸二階の大ホールで安倍晋三首相は記者会見を始め、こう述べた。

ほぼひと月前の四月七日に安倍首相は緊急事態宣言を発令していた。それから一か月ほど経ち、首相は期限の延長を決断した。

首相が会見のなかで挙げた最大の要因は、医療機関に一万人程度の患者が入院しており、医療機関の状況が逼迫していることであった。

この章では、安倍首相が四月七日に緊急事態宣言を発出してから五月四日に宣言の終了時期を延長するまでの期間に、安倍政権や地方公共団体が新型コロナウイルス感染症に対処する政策を立案する過程を分析する。宣言後の移動抑制策を決定するにあたっては知事が大きな役割を果たした。一方、安倍首相は緊急経済対策の柱であった三〇万円支給策を、一〇万円給付策に改めることを余儀なくされ、安倍政権は動揺する。

本章は以下の順序で議論を進めていく。第1節では「最低7割、極力8割」の接触削減目標が決まった経緯や小池百合子東京都知事が具体的な接触削減策の実施を主導する過程を振り返る。次いで、この時期にも検査キャパシティーの制約が続く一方で、医療体制が逼迫したことを示す。第3節では、公明党の強い要求のために安倍首相が三〇万円を支給する案を、一〇万円を給付する案に変更せざるを得なくなる一方、十六日に緊急事態宣言の対象地域を全国に拡大、二つの決定を関連づけることにした経緯を分析する。最後に、安倍首相が緊急事態宣言の期限を延長したことを説明する。

1　安倍政権と小池都知事

世論調査の評価

安倍首相が緊急事態宣言を発令したタイミングについて、主要紙の世論調査で見る限り、国民は不満であった。毎日新聞社が四月八日に行った世論調査では回答者の七〇%が緊急事態宣言が出された時期が「遅すぎる」と考えている(2)。読売新聞社による四月十一日と十二日の調査でも、やはり調査に協力した人の八一%が「遅すぎた」と答えている(3)。朝日新聞社が十八日と十九日に実施した調査でも同様に、対象者の七七%が「遅すぎた」と回答している(4)。さらにこの調査では、内閣の対応を「評価しない」、首相が指導力を「発揮していない」という答えが全回答のうちそれぞれ五三%、五七%を占めている。

「最低7割、極力8割」

四月七日に安倍首相が緊急事態宣言を発出した際に、安倍政権は以後の新型コロナウイルス感染症への対応策も定める。すなわち、対策本部は三月二十八日に策定した新型コロナウイルス感染症対策の基本的対処方針を改定していた。基本的対処方針は接触機会を減らすことで感染を終息させることを図っており、「最低7割、極力8割程度の接触機会の低減」を目標として掲げていた。

八割という数値は厚生労働省のクラスター対策班の試算に基づいたものである(5)。前章で紹介したように、この数字は北海道大学教授の西浦博氏を中心とするグループによる試算として宣言の前から報じられ、注目されていた(6)。

首相が宣言を出すにあたり、安倍政権にとって基本的対処方針のなかにどのような目標値を設定するかが問題となった。専門家は接触機会の八割削減を目指すことを求めた。[7] しかし、菅官房長官らは「そこまでできますか」と消極的だった。[8] このため諮問委員会会長の尾身茂氏は六日に首相に面会した際には七割という数字を示す。これに対し、安倍首相はすでに西浦氏のグループの案に注目しており、「極力8割」という文言を入れることを求める。この結果、案は変更され、尾身氏が「最低7割、極力8割程度の接触機会の低減」を目標として書き込むことを、七日に開かれた基本的対処方針等諮問委員会に提案し、一任を取りつける。[9]

基本的対処方針と知事

新型インフルエンザ等対策特別措置法の枠組みでは、対処方針の目標の実現のために具体的な対策を講じるのは基本的に都道府県知事である。

安倍政権は基本的対処方針を改定し、感染対策を細かく規定することによって、都道府県知事が立案する政策に枠をはめようとした。安倍政権は感染の蔓延を防止する措置を、次のような形で実施していくことを想定していた。なお、基本的対処方針は緊急事態宣言の対象区域とする都道府県を特定都道府県と呼んでいる。

①まず、特定都道府県は期間および区域を示した上で、特措法四五条一項に基づいて、外出の自粛等について協力を求める。期間は三〇日程度を適当とする。

②次に、特定都道府県は二四条九項を根拠に休業要請を行う。

③その後に、特定都道府県はより強制力の強い四五条二項から四項までに基づいて、休業要請、指示等を実施する。ただ、特定都道府県は、国に協議の上、必要に応じ専門家の意見も聞きながら、外出自粛等の協力を促した効果を見極めた上で実行する。
④特定都道府県が外出自粛とは別に、二四条九項と四五条二項に基づき、イベントの開催の制限を要望する。
⑤特定都道府県は、クラスターが多数発生している繁華街の接客を伴う飲食店について強く外出の自粛を促す。

小池百合子都知事の意向

もともと安倍政権は、都道府県知事がまず外出自粛をそれぞれの都道府県民に求め、二週間程度様子を見た上で休業要請を行うことを想定していた[10]。

しかし、東京都の小池百合子知事の意向は違っていた。東京都は二四条九項に「新型インフルエンザ等対策の実施に関し必要な協力の要請をすることができる」と規定されていることを根拠に、広範な休業要請を実施する考えであった[11]。四月六日に開かれた東京都の対策本部会議では、外出自粛要請と二四条九項に基づく休業要請を行うことを前提に議論が交わされている[12]。

会議後に小池都知事は記者会見を開き、宣言が出された場合に「事業者の皆様方に対しましては、施設の使用、イベントの制限等の要請をすることになります」と明言する[13]。さらに小池都知事は「基本的に休業を要請する施設」「施設の種別によって休業を要請する施設」「社会生活を維持する上で必要な施設」に分けて、休業や感染防止措置を求める方針を明らかにしている。東京都は広範な業種に休業を促す考えで、大学、映画館、ライブハウスなどに加え、居酒屋、百貨店、ホームセンター、理髪店なども対象にすることを検討していた。[14] 東京都は宣言発令以前に対象業種を公表することを予定する。[15]

安倍政権と東京都の調整

しかしながら、安倍政権は休業要請を直ちに行うことや、その対象を広範とすることに慎重であった。このため基本的対処方針では営業の継続を認める業種をかなり広範囲に示している。このなかにはホームセンター、理髪店も含まれていた。

東京都は四月六日に休業要請の対象となる事業のリストを安倍政権に提示し、両者の間で協議が始まる。[16] 西村康稔新型コロナウイルス感染症対策担当大臣は七日に東京都に対し、休業要請を二週間先送りにすることを求めた。[17]

最終的に小池都知事と西村担当大臣が九日に会談して、調整が完了する。東京都はホームセンター、理髪店、居酒屋を除くことに同意する。[18] 一方、安倍政権は東京都が特措法二四条に基づいて特措法の施行令が対象とする業種については休業要請を行い、それ以外の小規模な業種には休業への協力をお願いすることを認めた。[19]

特措法の枠内で行動する限り、首相は二〇条一項に基づいて調整権限を持つ。この権限により実質的に都道府県に指示することを試みることはできる。しかし、調整権限を発動することはなかった。安倍首相が「私が足を引っ張っているとされるならバカバカしい。もう争わなくていい」と判断したことも妥協の要因の一つであった。[20]さらに東京都は国との調整が整わなかった場合、特措法に基づかない単独の要請も考えていた。[21]

休業要請

四月十日に小池都知事は広範な業種に対して休業要請を行う。[22]特措法二四条九項に基づき、映画館、ライブハウス、バーなどに休業要請を実施する一方、生活必需品に関連しない小売店舗などに対し、法律に基づかない休業への協力を依頼する。また飲食店に対して、営業時間を五時から二十時、酒類の提供は十九時までとすることを求めた。

また、休業要請に応じた中小の事業者や個人事業主に対して、最高一〇〇万円の感染防止協力金を支給することを公表する。その後、小池都知事は四月十五日の東京都の補正予算発表時に、営業時間の短縮に応じた飲食店も協力金支給の対象とすることを明確にする。[23]

安倍政権が早期に広範な業種を対象に休業要請を実施することに躊躇したのは、経済に悪影響を及ぼすことを恐れたためであった。一方、東京都は感染者の急増に危機感を覚えていた。宣言後も東京都の新規感染者は増えつづけ、八日にはそれまでの期間で最多となる一五六人の

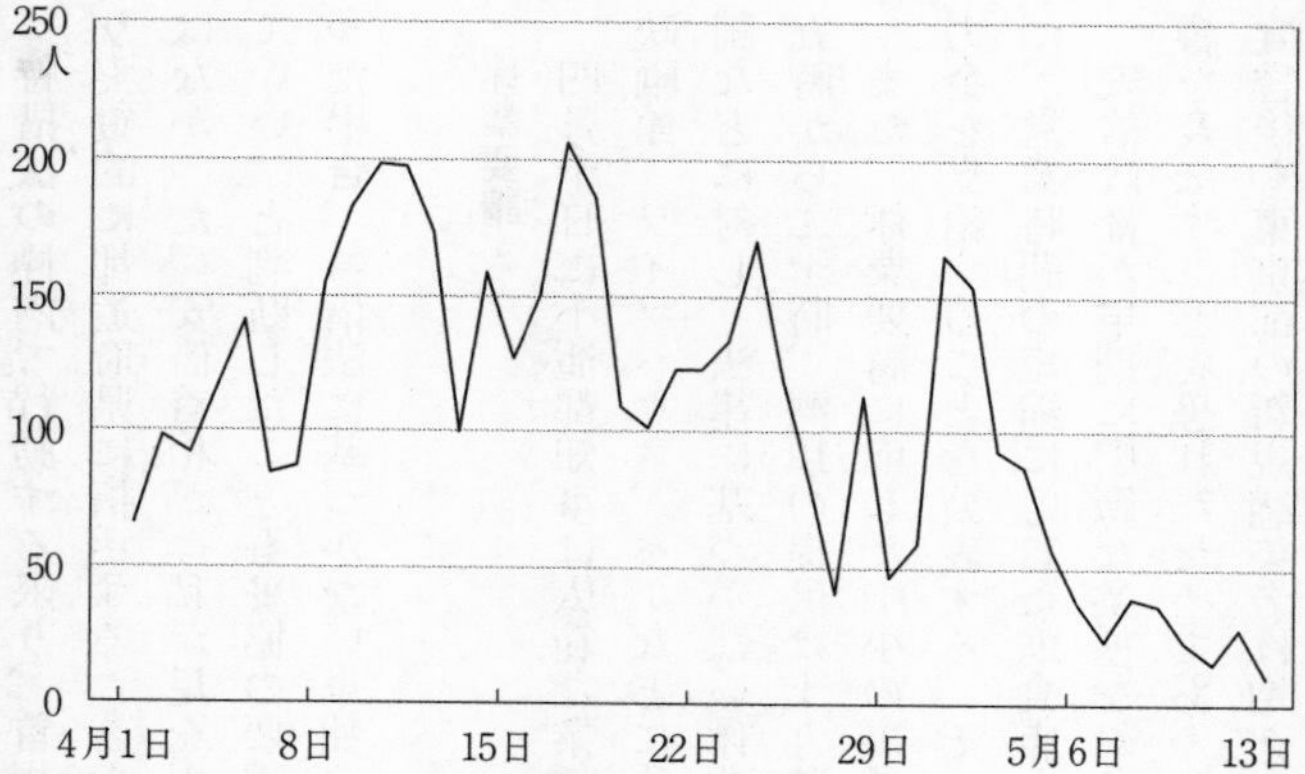

図4－1　東京都の1日の感染者数②
出所：東京都の公表資料から筆者作成.

陽性者が新たに判明し、十日には一九九人の新しい感染者が報告される（図4－1）。

また、陽性率も四月十日には三〇％を超える。また、緊急事態宣言後も東京都の帰国者・接触者電話相談センターの相談件数の七日間移動平均値は、検査数の七日間移動平均値の二割以下であることが多い。これは相談者の多くが検査を受けられなかったことを示唆している。

追随する府県

東京都の決定を踏まえ、緊急事態宣言の対象となった他の府県も追随し、東京都の影響力の大きさを示すことになる。神奈川県は四月十一日から東京都と同様の内容の休業要請を行う[24]。埼玉県と千葉県もそれぞれ十三日、十四日からの休業を求める[25]。ただ、埼玉県と千葉県は法律に基づかない協力を依頼することはなかった。また、当初、両県は飲食店の営業時間の短縮も要請しなかった。その後、埼玉県は十七日から、千葉県は十八日から酒類の提供を十九時までとすることを要望する。[26] 東京都からの客が流入することを恐れるとともに飲食店でクラスターが発生したためである。[27] 大阪府と福岡県は十四日から、兵庫県は十五日から、東京都とほぼ同一内容の休業要請に踏み切る。[28]

広範な休業補償

このようにある程度の差はあれ、各都府県は休業要請を実施した。差がついたのは実質的な休業補償の額である。東京都は中小企業や個人事業主に最大一〇〇万円の「感染防止協力金」を支払った。他の関東三県が配った額はより少なかった。神奈川県は四月十四日に、事業所を賃貸している中小企業と個人事業主を中心に、休業要請に応じた事業者に最大三〇万円の「新型コロナウイルス感染症拡大防止協力金」を支給することを発表する。[29] 千葉県は十六日に、中小企業・小規模事業者に対して最大三〇万円の支援金を提供する方針を示した。[30] 埼玉県も十七日に、中小企業が休業した場合、同様の「県中小企業者支援金」を給付することを明らかにしている。[31]

大阪府と市町村の負担分担

一方、大阪府と兵庫県は東京都と同規模の支給額を確保する。違ったのは県と市町村で負担を分担したことである。まず、大阪府は四月十五日に、四月の売上高が前年同月比で五〇％以上低下し、休業要請に応じた中小企業と個人事業主に、それぞれ一〇〇万円、五〇万円の支援金を支給することを発表する[32]。大阪府では府と府内の全市町村が支援金の負担を折半することで合意する[33]。兵庫県は十七日に、四月か五月の売り上げが前年同月比で五〇％減少し、休業要請に応じた中小企業および個人事業主に対し、それぞれ最大一〇〇万、五〇万円を「休業要請事業者経営継続支援金」として給付することを説明する[34]。その際、県が給付額の三分の二、市町が三分の一を負担する方針であることを示す。

福岡県も四月十七日に、減収となった中小企業や個人事業主に最大五〇万円を持続化緊急支援金として供与することを発表する。ただ、福岡県は支援金を国の持続化給付金を補完する資金として位置づけ、他の都道府県との違いを作った[35]。休業要請に応じたことは支給条件ではなかった。

その後、四月十六日に緊急事態宣言の対象が全国に拡大する。この結果、鳥取、島根、徳島以外の四四都道府県が休業要請を実施する[36]。このうち多くが実質的な休業補償策を講じる。ここで問題となったのは財源であった。兵庫県の井戸敏三知事や福岡県の小川洋《おがわひろし》知事らは、安倍内閣が補正予算に計上した「地方創生臨時交付金」一兆円を、実質的な休業補償に使えるようにすることを求める[37]。全国知事会も十七日に、交付金を休業した事業者への協力金に充当できるよう要求した[38]。西村担当大臣は当初難色を示す。しかしながら、高まる圧力の前に「もう

もたない。無理だよ」と態度を変え、十九日にこれを容認する。(39)

2　続く検査問題と医療体制の逼迫

感染者の動向

緊急事態宣言後も感染者の数は増える。その数は四月八日に五〇〇人を超え、十日にはそれまでで最多となる七〇八人を記録する（図4－2）。いったん減少した後に、十八日には六二七人にまで増加し、十九日に累計感染者数が一万人を上回る（図4－3）。重症者の数も増え、四月七日は八〇人だったのが、十日には一〇〇人以上となり、十七日に二〇〇人を超え、五月一日に緊急事態宣言の期間中で最高の値となる三二八人を記録する（図4－4）。一日の死者数も増え、四月八日に累計の死者数が一〇〇人を超え、十九日には二〇〇人以上となり、五月三日に五〇〇人を突破する（図4－5）。七日間移動平均値で見た場合、感染者が安定的に減るようになるのは四月二十日以降である。

同様に東京都や大阪府の感染者も増加を続ける。東京都の一日に判明する陽性者の数は、四月十七日に第一波のピークとなる二〇六人を記録する（図4－1）。十二日に累計の感染者数が二〇〇〇人を超え、十八日には三〇〇〇人を上回る（図4－6）。もっとも、増加数が落ち

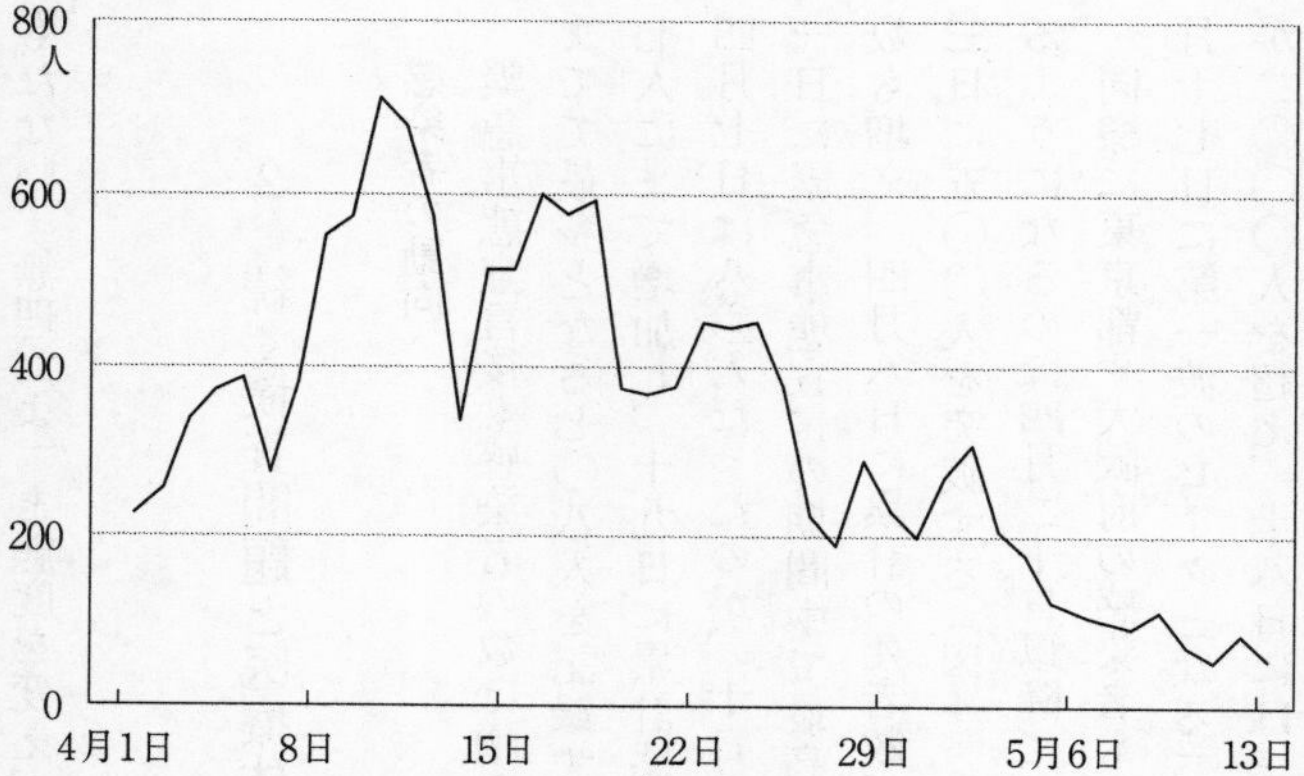

図４－２　全国の１日の感染者数④
出所：厚生労働省の「オープンデータ」から筆者作成.

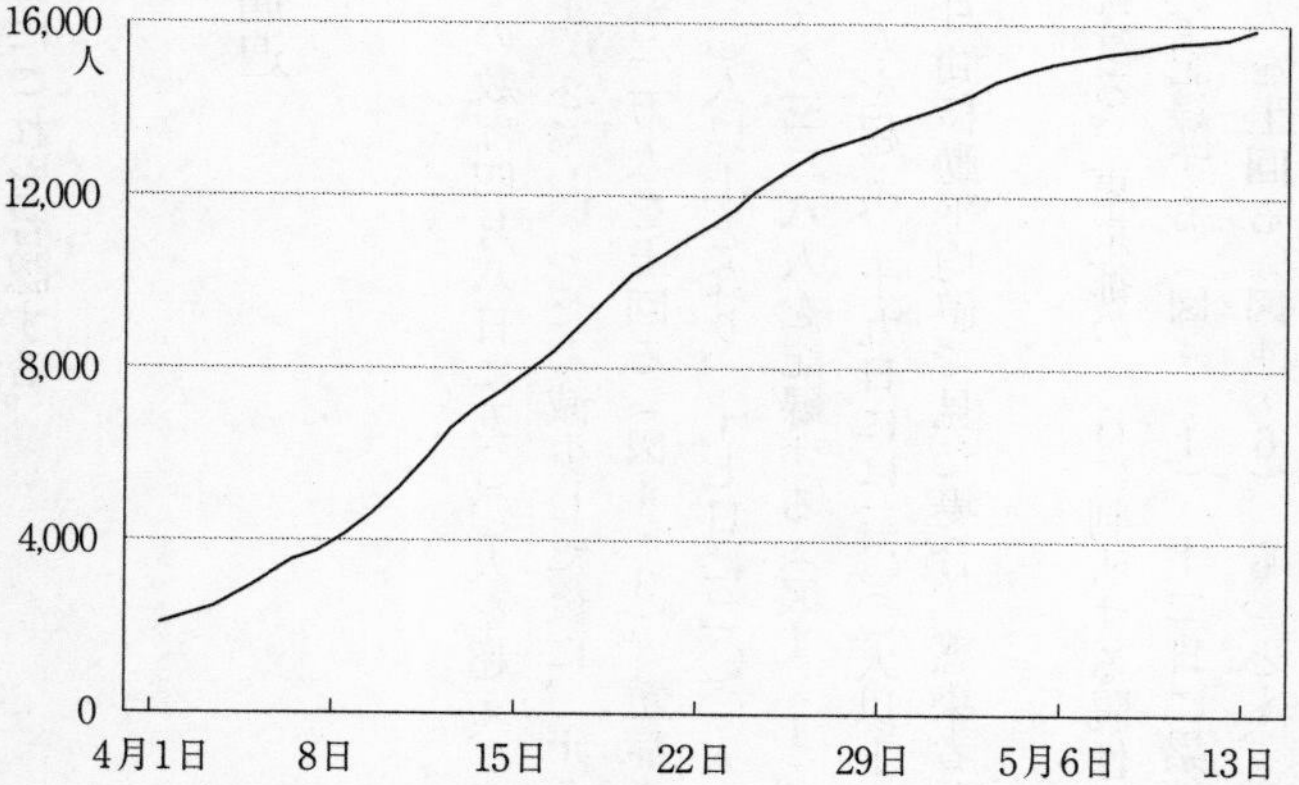

図４－３　全国の累計感染者数④
出所：厚生労働省の「オープンデータ」から筆者が計算し，作成.

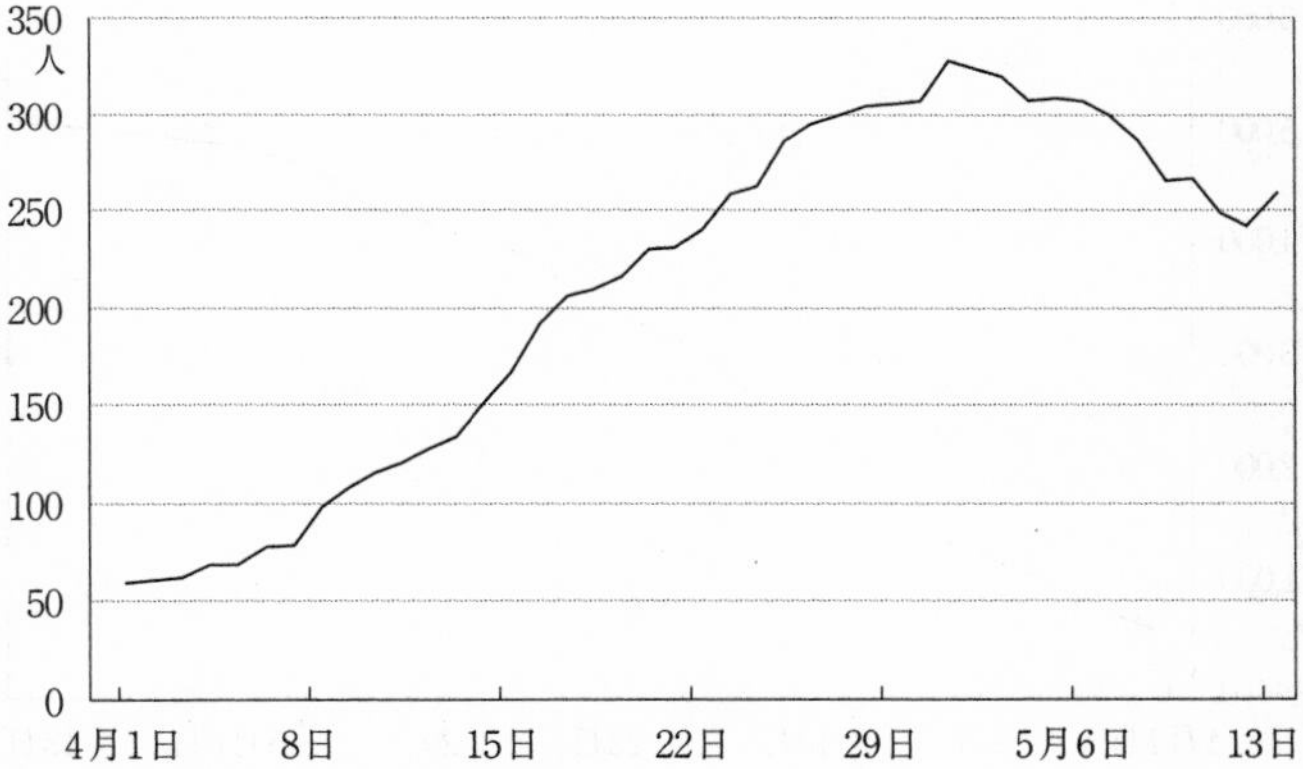

図 4 － 4　全国の重症者数
出所：厚生労働省の報道資料から筆者作成.

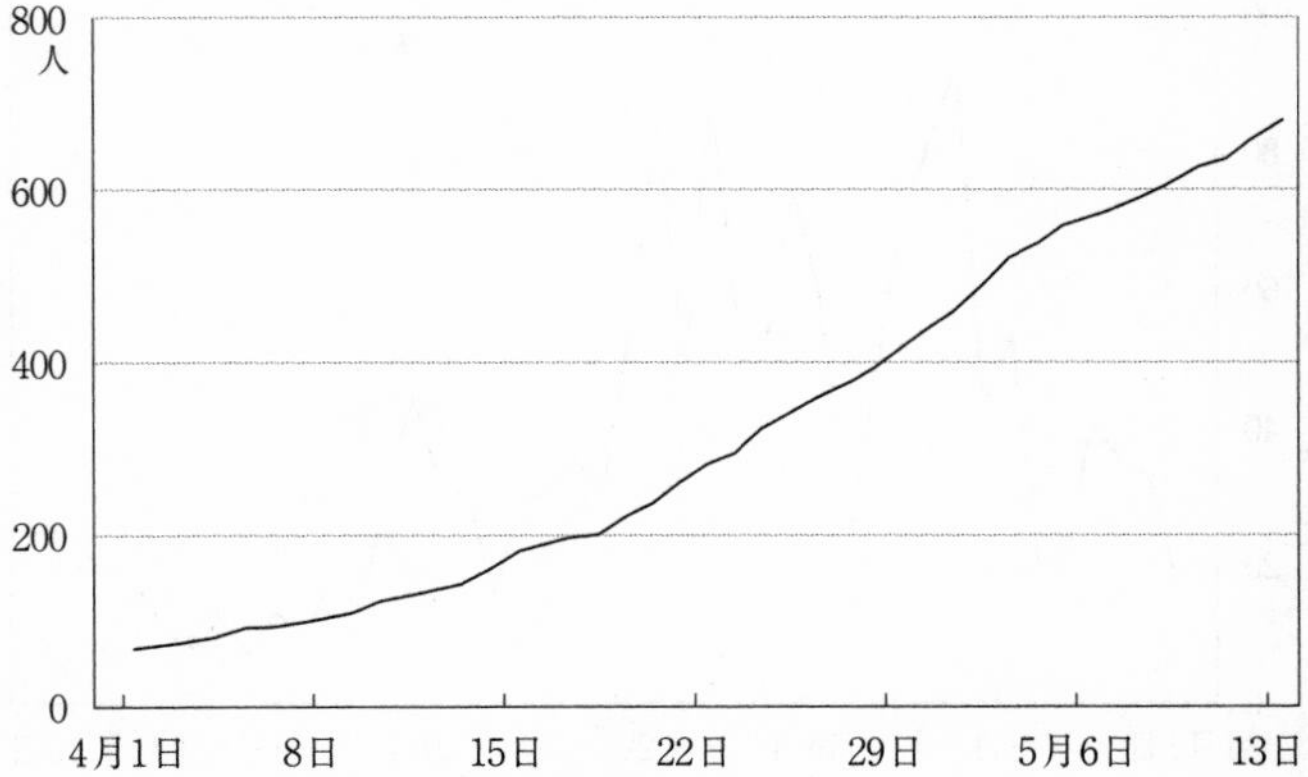

図 4 － 5　全国の累計死者数②
出所：日本経済新聞社の報道資料から筆者作成.

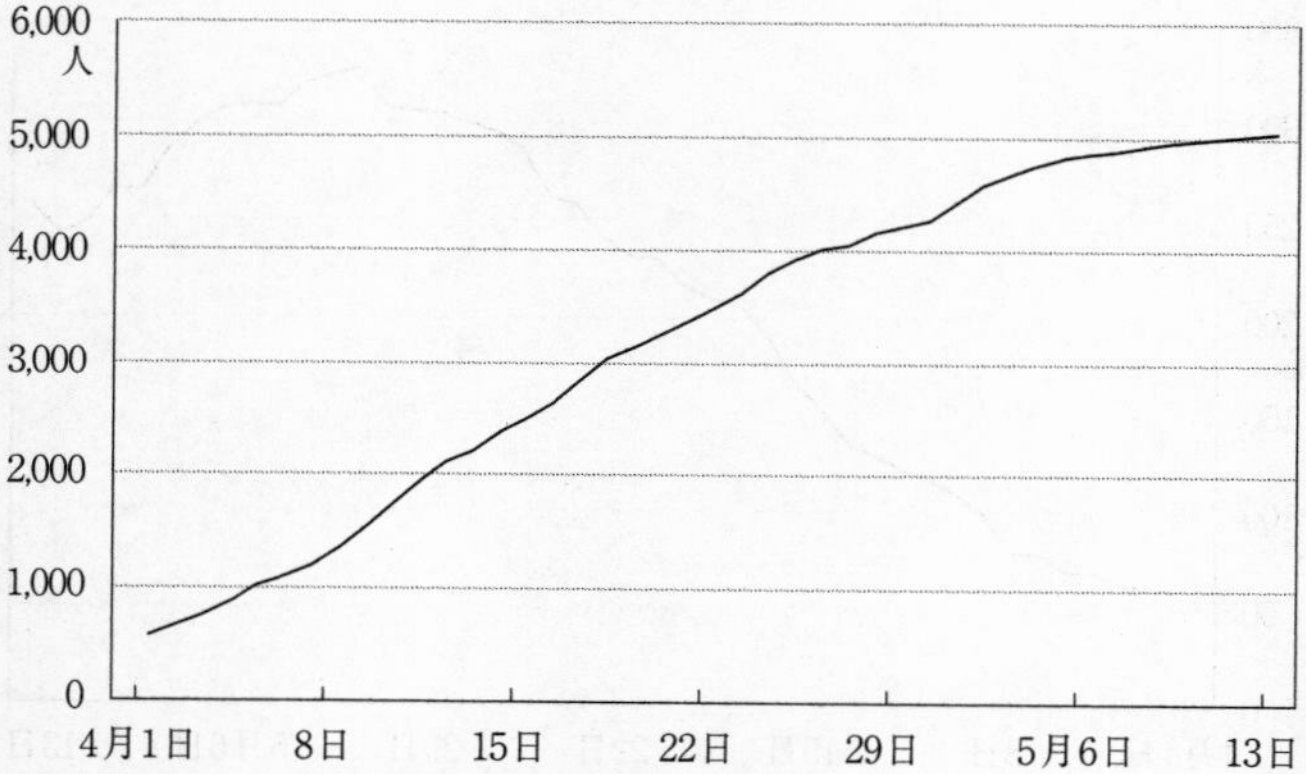

図4－6　東京都の累計感染者数②
出所：東京都の公表資料から筆者が計算し，作成.

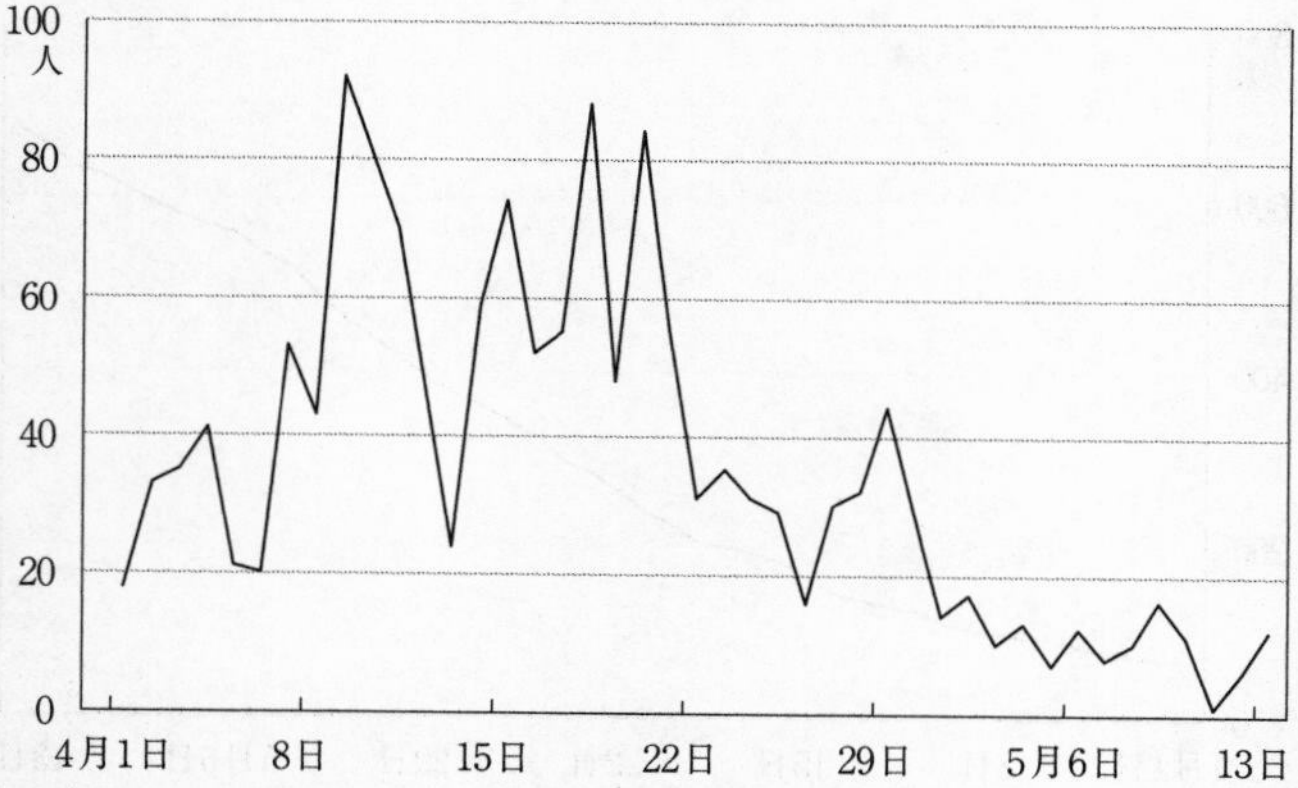

図4－7　大阪府の1日の感染者数②
出所：大阪府の公表資料から筆者作成.

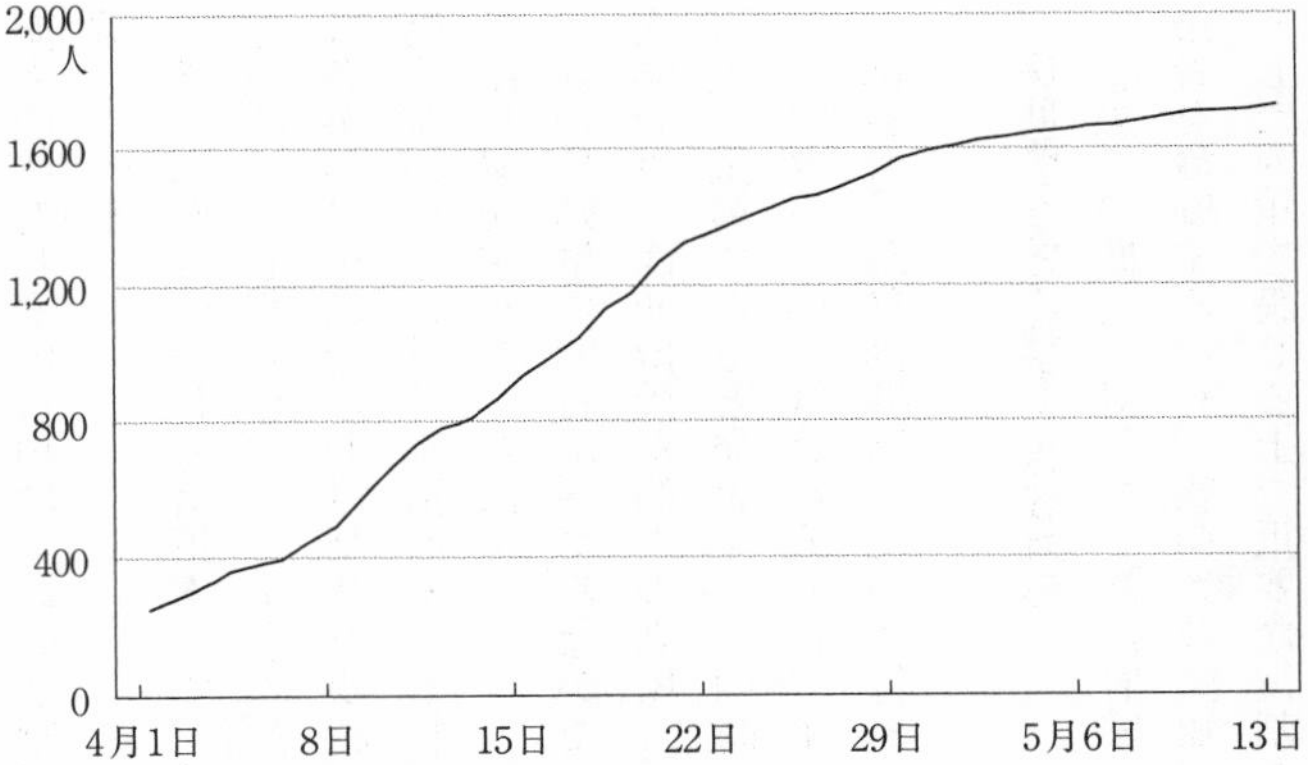

図4－8　大阪府の累計感染者数
出所：大阪府の公表資料から筆者が計算し，作成.

着くのは五月に入ってからで、緊急事態宣言の期間中に感染者の数が一〇〇人以上となるのは五月二日が最後となる。

一方、大阪府の一日に報告される感染者の数は四月九日にそれまでの最高となる九二人を記録し、十七日に累計感染者の数が一〇〇〇人を超える（図4－7、図4－8）。大阪府では四月三十日を最後に、緊急事態宣言の期間中に一日の陽性者数が二〇名を上回ることはなくなる。

移動制限

感染者の増大に安倍政権や地方公共団体はどのように対応したのだろうか。

一層の感染拡大を防ぐために、安倍政権は国民に移動制限を求めた。このため大目標として、基本的対処方針のなかで、最低七割、極力八割程度の接触機会の削減を掲げた。宣言翌日の八日にも記者団に対し安倍首相は「最低7割、極力8割」接触を減らせば、事態を打開できることを強調している。[40]

さらに四月十一日の対策本部で、首相は緊急事態宣言が出ている七都府県でオフィス出勤者を最低でも七割減らすことを求めた。[41] 首相の指示を踏まえ、十三日に経済産業省や国土交通省は各業界に出勤者の七割削減を要請した。[42] さらに十一日の対策本部は基本的対処方針を改定し、特定都道府県以外の都道府県にも特措法二四条九項に基づいて繁華街の接客を伴う飲食店への外出自粛を求めることにする。

人の移動量に関心が高まるなかで、四月十四日に厚生労働省クラスター班に所属する北海道大学教授の西浦博氏が個人の立場で、人の動きを削減できない場合には四二万人が死亡、八五万人が重篤になると発表する。[43] 同時に、八割に抑えることができれば一か月で流行を抑えることができるという試算も公表し、注目を集める。

都道府県が移動抑制のために行ったのは外出自粛の要請と、休業要請である。

保健所の疫学調査と相談対応

感染者の拡大に対して、都道府県や政令市、特別区などは一層の感染拡大を防ぐとともに感染者を治療するため、感染者の探知、入院・施設滞在措置、疫学調査を引きつづき行った。こうした対策を講じる上で重要な役割を、緊急事態宣言の発令後も保健所が担いつづけた。

すでに述べたように三月に保健所の状況は逼迫していた。緊急事態宣言発出後もこの状況は続く。共同通信社が四月十七日から二十三日にかけて、感染者の多い一六の都道府県にある三五か所の保健所に対し実施したアンケート調査の結果が参考になる。(44) このアンケート調査結果を中心に、この頃の保健所の様子を紹介する。

この調査では八保健所が「事実上、限界を超えている」、二四保健所が「限界ぎりぎり」と回答している。状況が厳しい理由として、最も多くの二八保健所が「感染者の聞き取りや接触者の追跡調査」を挙げている。

感染が拡大すれば疫学調査の負担が大きくなる。例えば、三月末から四月初めにかけて岐阜市のナイトクラブでクラスターが発生したことがわかると、追跡調査のため多いときには一人の職員が一日に一〇〇件以上の電話をかけたという。(45) なお、個別接客を伴う飲食店で感染者が判明した場合、追跡調査が困難な場合が多かった。(46) また、一部の保健所は受診相談と検査の手配のために疫学調査を十分行うことができなかった。(47)

共同通信のアンケートでは、二四保健所が「相談件数の多さ」を逼迫する理由として二番目に多く挙げている。感染が広まり、感染を疑う人が増えれば、それに伴って相談件数も増える。四月には各地の保健所で検査相談のために電話が鳴り止《や》まない状況が続く。

ここに感染者が多かった東京都世田谷区の世田谷保健所の例を紹介したい。この保健所では、二月末には相談窓口を当初二名で対応していた。四月上旬時点では六人が窓口に配置された。(48)

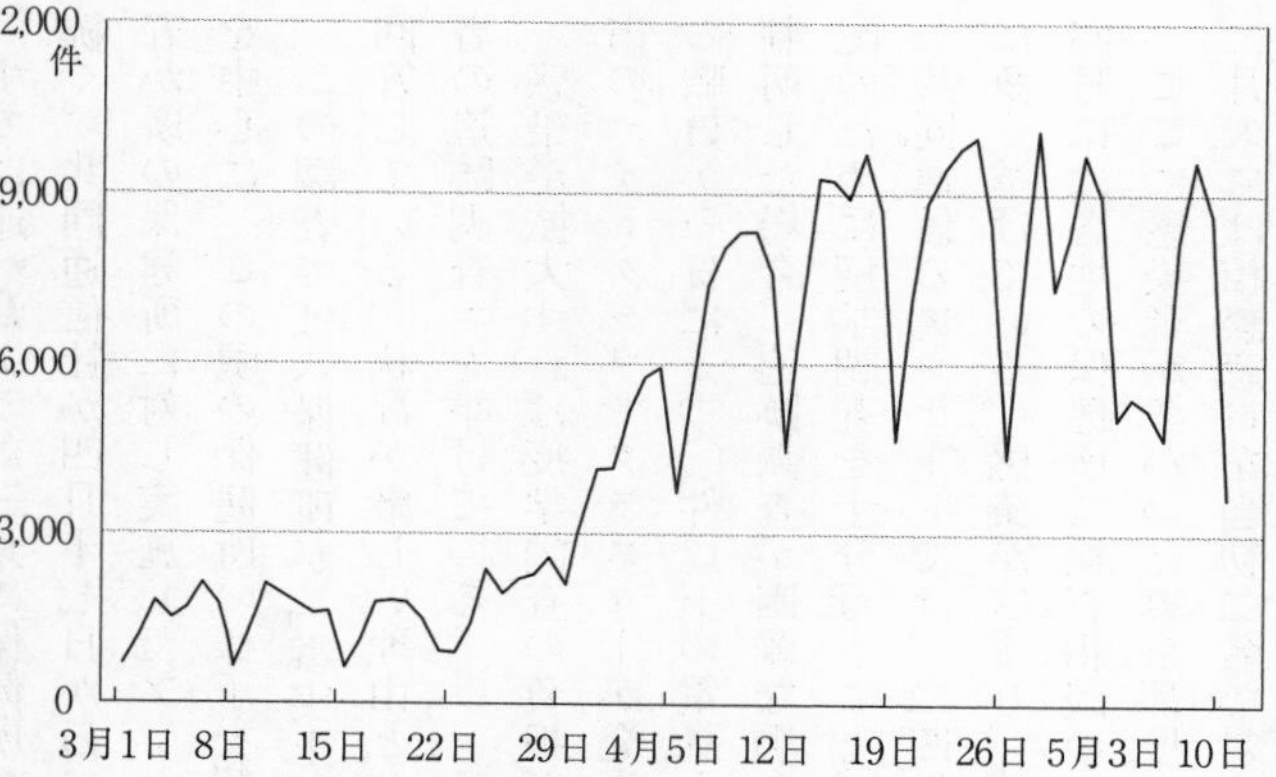

図4－9　全国の実施検査件数②
出所：厚生労働省の「オープンデータ」から筆者が計算し，作成.

これでも足りず、回線を倍にし職員を九名とする。[49]相談件数は三月九日に一六三件を記録し、[50]四月六日には二八三件となる。[51]

感染者の数が増えれば、検査の手配業務も膨らむ。また、入院先の調整業務も大きくなる。

保健所の激務状況は四月の残業時間に現れている。多くの保健所の職員が土日も勤務した。東京では、最長の残業時間は品川区保健所の場合、一七四時間、北区保健所で一七三時間、港区保健所で一六九時間、板橋区保健所で一五七時間であった。[52]福岡市保健所でも最大の残業時間は一五五時間を記録、[53]山形市保健所の職員のうち最長の残業時間は一六六時間となっている。[54]

ＰＣＲ検査問題

保健所の逼迫状況は続いたため、緊急事態宣言発令以前の時期と同様に、感染を疑う人がＰＣＲ

検査を受けられないという問題が継続した。

四月六日に安倍首相がＰＣＲ検査キャパシティーを一日二万件に引き上げると言明した後も、結局、当初予定されていた緊急事態宣言の期間中にＰＣＲ検査キャパシティーはその水準に到達しなかった。ＰＣＲ検査キャパシティーは四月十六日頃に一万二〇〇〇件程度、五月五日頃に一万六〇〇〇件程度であった。[55] この期間に実際に行われたＰＣＲ検査の最大の件数も一万程度である。（図4－9）

東京都において、受診相談窓口で相談した人が検査を受けることができた率は、緊急事態宣言前に比べれば高くなったものの依然として低かった。相談件数の七日間移動平均値と検査件数の七日間移動平均値をもとに検査率を計算すると、四月十九日まで二〇％以下の値である。大阪府の数字はより低く、四月十九日まで一五％を切っている。具体的事例としても、四月上旬に東京都で感染が疑われる症状が出ているにもかかわらず何度も保健所に電話しても繋がらなかったこと、四月中旬に症状があったにもかかわらず肺炎の症状が出ていないことを理由に検査が受けられなかったことが報じられている。[56]

全国的課題

検査が受けられない問題は大都市圏に限るものではなかった。四月中旬に鳥取市で陽性となった男性は、検査されるまでに二度にわたって保健所から、帰国者・接触者外来ではなく、一般の診療所の受診を指示されている。[57] また栃木市では、医師からの診断がないと検査に紹介しないという独自ルールが設けられていたため、六十代の男性が疑われる症状があったにもかかわらず、保健所からすぐに検査を手配してもらえなかった。[58]

こうした状況のなか、不幸な事件も起きる。東京都世田谷区では検査が遅れ、結果を待っている間に五十代の男性が急死する。この男性は四月三日に発熱し、相談センターに電話したものの繋がらず、検査を受けることができなかった。九日にようやく受けられたものの結果が出る前の十一日に死亡した状態で発見される。[59] 世田谷区の保坂展人《ほさかのぶと》区長は四月二十七日の定例会見で「つながらなかったことをおわびする。責任を感じている」と謝罪している。[60]

「新宿区新型コロナ検査スポット」

その後、一部の地方公共団体や医師会が独自に検査体制を整えることで、PCR検査へのアクセスが改善されていく。重要だったのは四月中旬から東京都の一部の特別区や医師会などが協力して、独自にPCR検査の数を増やす取り組みを始めたことである。十五日に東京都新宿区が東京医科大学などの病院と区の医師会と提携し、国立国際医療センター病院に委託し「新宿区新型コロナ検査スポット」を設置することを発表する。検査スポットには医師会などがスタッフを派遣、検体採取を行うことが予定されていた。[61] 同時に区内の病院で重症、中等症、軽症患者を振り分けることも発表する。この検査スポットは二十七日に検査を始める。[62]

新宿区の検査スポットは「モデル」となる。四月十七日には東京都医師会が、医師会と区市町村が連携して「ＰＣＲセンター」（仮称）を四月中に一〇か所程度開設し、保健所を通さず、医師の判断で検査を依頼できる仕組みを構築することを発表する。[63] 東京都は五月十五日に、五月末までにＰＣＲセンターを二十三区二一市に設置する方針を明らかにする。[64] ＰＣＲセンターが次々と設置され、五月二十二日までには二十三区全てで設置され、多摩地域でも整備が進む。[65]

「地域外来・検査センター」

厚生労働省も四月十五日に都道府県などに事務連絡を行い、都道府県等が都道府県や市区の医師会が運営する「地域外来・検査センター」にＰＣＲ検査を委託できることを伝える。[66]

三月以降、千葉県柏市、愛知県豊田市、宮崎市など一部の地方公共団体は、保健所などにある検査装置を使って独自にＰＣＲ検査を開始していた。[67] ただ、厚生労働省が明確な方針を示したため、以後、地域外来・検査センターの開設が各地で進む。設置箇所が増えるにつれ、感染が疑われる症状を持つ人のＰＣＲ検査へのアクセスは改善する。

増える患者数

感染者が拡大すると、医療体制を維持し、病床を用意するということが課題となる。

治療体制は緊急事態宣言後、緊迫した状況が続く。二つの理由がある。一つは患者数が増えためである。入院治療が必要な患者数は、緊急事態宣言時には三四七二名だったのが一週間でおよそ二倍となり、四月十四日には六九六一人を記録し、二十二日には一万人を超える。[68] 東京都では宣言時に入院患者数は一一一二名であったがやはり一週間でほぼ倍増し、十四日には二二一九名となる。[69] 大阪府では入院および入院等調整中の患者数が四月七日には三六四人であったが、やはり十五日に倍以上の七三七人となる。[70] 二十一日に入院および入院等調整中の患者数は緊急事態宣言の期間中最多となる九一〇人を記録する。[71]

外来診療と救急診療の停止

治療体制が緊迫した第二の理由は、各地で医療機関の職員や入院患者が新型コロナウイルスに感染し、病院の外来診療の停止や救急診療の中止が相次いだためである。

いくつかの医療機関では大規模な集団感染が起き、活動を休止する期間が長期化することになった。例えば、東京都では四月半ばに中野江古田《えごた》病院、総合東京病院、下旬には練馬光が丘病院、都立墨東《ぼくとう》病院、山田記念病院で集団感染が起きる。[72] こうした病院は長期間、外来の受け付けを取りやめ、あるいは大幅に縮小した。また、中野江古田病院、総合東京病院、練馬光が丘病院、都立墨東病院は救急外来の受け入れを中止、あるいは大幅に制限した。特に都立墨東病院は全国に三〇〇ある三次救急病院の一つであり、救急医療センターが患者の受け入れを限定的に行ったことは地域の医療体制に影響を及ぼすことになった。

大阪市でも四月中旬に第二大阪警察病院で集団感染が起き、長期にわたって外来診療と救急医療を休止した。また神戸市でも四月中旬に三次救急病院の神戸市立医療センター中央市民病院で集団感染が起き、外来診療や救急の受け入れを縮小した。[73]

救急医療体制の動揺

医療体制が不安定になるなかで特に深刻だったのは救急医療体制が動揺したことである。いくつもの病院が院内感染以外に次の二つの理由で救急診療を停止した。第一の理由は、重症患者に対応する治療室を確保するためであった。例えば、大阪市立総合医療センターの場合、重症患者に対応する集中治療室（ＩＣＵ）を全て新型コロナウイルス感染症患者専用としたため、四月七日以降重症者の救急受け入れを行わなかった。[74]

第二の理由は、新型コロナウイルス感染症患者受け入れに対応する医療従事者を確保するためであった。多くの病院は感染した患者を受け入れながらも通常の診療業務も継続した。しかしながら、新型コロナウイルス感染症の患者の治療には通常よりも多くの医療従事者が必要である。通常の病院の場合、このために機動的に活用できるのは救急部の従事者であった。日本経済新聞社の調べでは、四月末時点で東京都、大阪府、兵庫県で九つの三次救急病院が救急患者の受け入れを制限している。[75]

たらい回し

またこの頃、救急患者の受け入れを断られる例が「たらい回し」として注目されるようになる。[76] ここに救急搬送に時間を要した状況を示すデータがある。総務省消防庁によれば、全国的に見ると、二〇二〇年四月二十日からの一週間で救急隊が医療機関に患者の受け入れを三度以上拒まれ、また三〇分以上搬送先が決まらなかった事例の数が前年の同期比で倍増している。[77] また、東京都消防庁によれば、東京都でも二〇二〇年四月一日から二十五日にかけて、医療機関に患者の受け入れを五度以上拒まれ、また二〇分以上搬送先が決まらなかった事例が前年の同期比でほぼ四倍に増えている。[78] 右の総務省消防庁の調査によれば、大阪市消防局では数字は一・四五倍になっている。[79]

なぜたらい回しは起きたのか。新型コロナウイルス感染症の患者が増加したために、救急出動の依頼そのものが増えたのだろうか。しかしながら、利用可能なデータは救急出動の件数自体はこの時期に減少していたことを示唆する。すなわち、長野県、千葉市、仙台市などにおける救急搬送の要請件数は二割程度減っている。[80] したがって、救急患者の受け入れ先を見つけることが困難になったのは、救急搬送の要請が増えたためではないと考えられる。

たらい回しの理由

日本救急医学会の代表理事と日本臨床救急医学会の代表理事が発表した「COVID-19に関わ

る救急医療の現状と課題」という文書は搬送が困難になった理由を説明している。[81]

この文書によれば、次のような経緯で救急医療に問題が生じた。まず、発熱や呼吸器に症状がある患者は、普通の医療機関での診療を断られることが多くなった。こうした患者の多くは救急搬送を要請した。しかし、同時に、発熱や呼吸器に症状があることを訴える患者の救急搬送を受け入れる病院は減少していた。このため肺炎の疑いがある患者はほとんど救急・救命センターで受け入れざるを得なくなる。この結果、新型コロナウイルス感染症以外の重症患者の受け入れが難しくなった。

重要なのは発熱や呼吸器の症状がある患者を受け入れる病院が少なくなっていたことである。大きな理由は病院側が院内感染を恐れたためと考えられる。[82]なお、新型コロナウイルス感染症以外の重症者の受け入れが困難になった背景には、すでに述べたように一部の三次救急病院が新型コロナウイルス感染症の重症者に注力するため救急受け入れを停止したこともあった。[83]

安倍政権の対応

それでは、医療体制、救急医療体制の動揺に対して安倍政権や地方公共団体はどのような対応をしたのか。

安倍政権は三月二十八日の基本的対処方針で医療体制について次の二つの考えを示し、四月七日の方針でも維持している。第一は医療機関の役割分担を明確にすること。これは厚生労働省が三月十九日に、各都道府県に「重点医療機関」設置を求めたことを踏襲するものであった。また、すでに述べたとおり、厚生労働省は都道府県に調整本部を設けて、患者を振り分けることも求めていた。

第二は、軽症者、無症状者を自宅で療養させ、自宅療養により基礎疾患を持つ人を感染させ、重症化する恐れがある場合には宿泊施設で療養させることである。しかしながら、四月二十一日に埼玉県で自宅待機中の軽症者が死亡する。[84] このため二十三日に厚生労働省は方針を再度変更し、宿泊施設での療養を基本とし、その旨を都道府県などに連絡している。[85] 救急医療については、厚生労働省は四月十八日に各都道府県などに対して院内感染への対策などを取った上で救急患者の受け入れを求めている。[86]

進まない宿泊施設の利用

実際に病床を確保するのは都道府県である。読売新聞社の調べによれば、感染者の増加に伴い、一部の都道府県では病床の利用率が八〇%を超え、状況は切迫する。[87] また四月二十一日までに軽症者・無症状者のために一五都道府県が宿泊施設の利用を始めている。[88]

しかしながら、宿泊施設を確保しても利用はそれほど進まなかった。厚生労働省の調べによれば、方針の転換にもかかわらず四月二十八日時点で自宅療養の人は一九八四人で、宿泊施設の利用者の八六二人を上回っている。[89] 大きな要因は感染者が自宅療養を望む場合、宿泊施設への移行を強制できないためである。宿泊施設では部屋に止まることを求められ、食事の選択も制約される。このため、多くの感染者はより便利な自宅療養を望んだ。

また、全国レベルでみると重点医療機関の整備が進んだのは神奈川県、京都府、兵庫県など一部であった。[90]

菅官房長官と東京都特別区

次に東京都の対応を見ていきたい。この時期に東京都は深刻な問題を抱えていた。医療体制の逼迫と東京都の特別区との連携である。厚生労働省は東京都内の入院者数と感染者数が合っていないことを疑問に感じていた。[91] 数が一致しないのは入院していない感染者が入院先不足のため自宅待機になっていたためであった。[92] 特別区の保健所はこのことを認識していたが、東京都と情報が共有されているかどうかは定かでなかった。第1章で確認したとおり、東京都と東京都の特別区は別個の独立した地方公共団体である。

東京都と特別区の連携不足の問題を懸念し、強化することを働きかけたのは菅義偉官房長官であった。菅氏は「都庁と二三区とは距離がある」と振り返っている。[93] 菅長官は二月から三月にかけて東京都からPCR検査数の報告がなされていないことから、東京都と特別区の保健所の連携が不十分であることを把握する。[94]

そこで菅長官は厚生労働事務次官に指示し、四月十日に厚生労働省と東京都、特別区の保健所長を集める会議を設ける。[95] 厚生労働省が自宅待機の問題を認識したのはこの会議の場である。[96] この会議で東京都から保健所に二人の連絡役の職員を派遣することを決める。[97] この結果、東京都と特別区の保健所の間で情報が共有されるようになる。

東京都の病床確保状況

利用可能な公開情報はこの頃、東京都が一時的に必要な病床数を確保できず、医療体制が逼迫していたことを示している。東京都は四月十三日までに二〇〇〇人分の病床を確保していた。[98] 一方、厚生労働省の資料では、十四日正午時点での「入院等」が必要な感染者は二〇九五人となっており、確保している病床数を上回る。[99] 東京都は十六日時点で感染者のための病床を確保できず、二〇〇人ほど入院できていないことを認めている。[100] また、朝日新聞社の問い合わせに対し、東京都は二十二日時点での病床数は把握できていないと回答している。[101]

東京都は患者の急増に対して、四月十六日に一定の場合、軽症者や無症状者を入院させず自宅療養してもらうことを発表する。[102] 同時に東京都は、軽症者、無症状者が滞在するための宿泊施設を確保する。四月七日から利用を始めていたホテルに加えて、十五日から二〇〇人収容可能な二棟目のホテルでの滞在が始まる。[103] さらに、十七日から四五〇人収容可能な三棟目のホテルが宿泊施設として稼働する。[104]

しかしながら、やはり、東京都でも自宅療養者の数が宿泊施設の滞在者を上回る。東京都は二十七日時点で一五五八室を確保したものの、二十八日時点での入室数は一九八人である一方、自宅療養者は六三五人にのぼった(105)。結局、利用された宿泊施設の部屋は確保した総数の二割にも満たなかった。

機能別病院の設置については、東京都は機能別に病院を分けることをせず、四月三日に開いた会議で、主要な病院に対して、各病院に専用病床を設置することを求めた(106)。緊急事態宣言の発令後もこの方針を変えたことを示す報道、資料を見つけることはできない。また東京都は三月三十一日に調整本部を設置していた。しかし、患者の急増に対し、病床数が不足したため、調整は難航することが多く、「機能するようになったのは4月下旬頃」であった(107)。

一方、救急医療については東京都の医師会と東京消防庁はより実効的な解決策を見出す。四月十七日に発熱やせきのなどの症状がある救急患者は「帰国者・接触者外来」がある病院で一元的に受け入れることで合意する(108)。

大阪府の対応

大阪府でも感染者の数が確保した病床数を上回る。すでに紹介したように、四月二十一日における大阪府の入院中、あるいは入院等調整中の感染者の数は九一〇人であった(109)。一方、二十一日時点での読売新聞社の調査によると利用可能な病床数は約六八〇床であった(110)。

すでに述べたとおり、感染者の増加に対応するため、大阪府も軽症者などのための宿泊施設の準備を進めた。まずホテル一棟を借り上げて四〇〇室を確保、四月十四日から運用を始める。[111]最終的に大阪府は二十七日時点で一五六五室を用意していた。[112]しかし、大阪府でも同様に軽症者や無症状者の宿泊施設の利用は進まなかった。大阪府の公表資料によれば、四月二十七日の時点で自宅療養者の数は三三二人であるのに対し、宿泊施設の滞在者数は一三五人にとどまっている。[113]この数は準備した部屋の一割以下である。

一方、大阪府は機能別の病院の設置を進める。松井一郎《まついいちろう》大阪市長は四月十四日に、市立十三《じゅうそう》市民病院を中等症の患者を優先的に受け入れる新型コロナウイルス感染症用の専門病院とすることを発表する。[114]もっとも、大阪府でも調整本部にあたるフォローアップセンターは三月中旬以降は効果的に機能したものの、[115]患者の急増に追いつかず、四月には切迫した状況になる。[116]

3 安倍政権批判と医療資材確保問題

マスクと「うちで踊ろう」

一方、緊急事態宣言発令後も安倍政権に対する批判は続く。首相が配布を表明した布製マスクは引きつづき関心を集めていた。四月九日に安倍政権が野党に配布にかかる総額を四六六億円と伝えるとこの額が批判的に報道される。[117]十四日には四月十一日と十二日に実施された読売新聞社の世論調査の結果が報じられる。それによれば、回答者の七三％が布マスクの配布を評価しないと回答している。[118]

安倍政権は十四日から地方公共団体に向け妊婦用のマスク五〇万枚の発送を始める。十六日以降、一部に汚れのあることが報告され、配布を一時中断する。[119] 全世帯を対象とする布マスクの配布は十七日から東京都で始まる。しかし、こちらも汚れや虫の混入が判明し、二十三日に担当企業が未配布分の回収を発表する。[120]

また、宣言後の最初の日曜日となる四月十二日、安倍首相のツイッターの内容が非難の的になった。この日、歌手の星野源《ほしのげん》氏がインスタグラムに載せた「うちで踊ろう」という動画に合わせて自身が自宅で過ごす動画を投稿する。これは一部から「危機下の現実と少々遊離」「優雅」な雰囲気」などと批判された。[121] 首相自身その後「賛否両論」あったと振り返ることになる。[122]

雇用調整助成金

「新型コロナウイルス感染症緊急対応策―第二弾」で、雇用を維持するための雇用調整助成金が拡充された。しかし、助成金に対しても欠点の指摘や批判が相次いだ。

雇用調整助成金については主に三つの問題が注目された。[123] 一つは必要な書類や記載項目が多く、手続きが複雑であるということ。二つ目は出勤簿や給与台帳などの法廷書類が必要であること。この関連で多くの小規模の事業者は法定書類を作っておらず、申請書類に偽りがある場合には社会保険労務士が連帯責任を問われる可能性があることも支障となっていた。三つ目は申請から支給にかかる時間が二か月と長いことであった。

このため申請件数が伸びなかった。「外食・サービスの零細企業から毎日10件以上の相談を受けるが、ほとんど断ってしまっている」(124)。ある社会保険労務士は日本経済新聞社の取材にこう答えている。

厚生労働省は指摘される問題に対応し、四月十日に手続きの簡素化を発表する。必要記入項目を七三から三八まで減らす一方、出勤簿や給与台帳の代わりに手書きのシフト表や給与明細の提出を認める(125)。また申請から支給までの期間を一か月に短縮することを目指す(126)。

滞る支払い件数

それでも、四月下旬での支払い件数は少なかった。二十八日の衆議院予算委員会で、加藤勝信厚生労働大臣が大西健介《おおにしけんすけ》衆議院議員の質問に答えて明かした数字によれば、二月十四日以降、四月二十四日までの累計の相談件数は一九万一七〇二件、申請件数は二五四一件、支給決定件数は二八二であった(127)。

こうした実績の乏しさについては自民党も懸念を表明する。同じ審議のなかで岸田文雄政調会長は「これは余りにひどいのではないか」と感想を述べている(128)。

この問題についていくつかの新聞も批判的であった。『読売新聞』は社説で「使い勝手の悪さ」を指摘し、[129]『朝日新聞』も社説で「助成金を活用しやすくする一層の工夫」を求めている。[130]厚生労働省は利用を促進するため、四月三十日には社会保険労務士の連帯責任を解除する。

医療用物資の不足

安倍政権は特にマスクの配布について厳しい批判を浴びた。ただ、一般用マスクの不足は徐々に解消されていく。それは四月二十四日以降、一般用マスクの価格が低下していることに示されている。[131]布マスクの配布やメーカーの増産、輸入品の増加によって需給バランスが回復したと考えられる。

一方、医療用資材の不足も課題であった。医療用マスクが早くから品薄になっていたことはすでに紹介したとおりである。消毒液、防護服などの医療用物資が足りないことは緊急事態宣言以前の時期から顕在化していたが、さらに深刻になっていく。

医師に対する調査結果

医療機関に医療用物資が十分に行き渡っていないことは、医療情報サービスを提供する株式会社eヘルスケアの医師への調査に現れている。三月十七日から二十三日にかけて行ったアンケートでは、医療資材について回答者八一七人のうち二九%が「全く足りていない」、三二%が「あまり足りていない」と答えている。[132]eヘルスケア社は二回目の調査を四月十六日から二十一日に実施している。[133] アンケートに協力した医師五二二人のうち三九％が「全く足りていない」、三九％が「あまり足りていない」と回答している。

また一部の県の保険医協会の調査結果も物資が欠乏していたことを裏づけている。例えば、三月十二日から十八日に行われた香川県保険医協会の調査では、消毒用アルコールと使い捨て手袋について「足りない」「余裕なし」という回答がそれぞれ八五％、六四％となっている。[134] また三月二十七日から四月三日にかけて兵庫県保険医協会が実施した調査によれば、病院・医科診療所の八割近くで防護服が、半数以上でゴーグルや消毒用アルコールが不足していた。[135]

資材が十分供給されていなかったことは次のような事例に象徴されている。例えば四月中旬には、大阪大学病院で防護服が不足したためにポリ袋で代用品を作っていることが報じられている。[136] また、大阪市の松井一郎市長が四月十四日に防護服の代わりとして新品の雨合羽《あまがっぱ》の無償提供や買い取りを呼びかけたところ、十六日までに約一〇万枚の無償提供があった。[137]

N95マスクの不足

eヘルスケア社の調べで、医療機関が特に十分確保できていないことが明らかになった物資はサージカルマスク、N95マスク、消毒液、ガウン・エプロン、感染防護服であった。四月の調査によれば、医療資材が「全く足りていない」「あまり足りていない」「どちらとも言えない」「まあ足りている」と回答した人が不足を訴えた資材のなかで、一番多いものがサージカルマスク、二番目がN95マスクである。N95マスクは重要で、このマスクがない場合、感染者と接した医療従事者の感染の危険性が高まってしまう。

別の調査もこの二つのマスクの不足が深刻であったことを示している。ある医師グループがアンケート調査を三月末から四月二十日にかけて行っている。これによれば、新型コロナウイルス感染症の患者を受け入れているか、受け入れる可能性のある七五の医療機関のうち、医療従事者あるいは事務職員がサージカルマスクを一日一枚しか使用できていない機関が三四、二〜三日に一枚が二三、四日以上に一枚が一二であった[138]。N95の場合は一日一枚しか利用できていない機関が二五、二〜三日に一枚が三、四日以上に一枚が二五であった。

多くの医療機関で医療従事者や職員がマスクの使い回しを余儀なくされていた。もちろんアンケート主体が医療用物資の不足に対応するグループであったため、不足を訴える機関が回答する傾向にあったであろう。しかし先の調査と合わせて考えると、サージカルマスクやN95マスクが一部で非常に不足していたことは明らかである。

N95マスクの不足は厚生労働省が四月十日に「N95マスクの例外的取扱いについて」という題名で、都道府県などに対して本来使い捨てが前提のN95マスクを消毒し再利用することを呼びかける連絡を行っていることにも象徴されている[139]。

増産支援

医療用物資が不足した要因は、これまで輸入に依存してきたためである。日本衛生材料工業連合会のデータによれば、二〇一九年度に家庭用マスクも含めてマスクの国内需要量の七七%を輸入で賄ってきた[140]。医療用サージカルマスクの七割か八割は輸入に頼っている[141]。防護服もほぼ一〇〇%を輸入し、ガウンも大部分を輸入していた[142]。感染症の拡大により世界的に需要が増えたため需給が逼迫した上、国内の需要も急増したため、医療用資材が不足することになった。

四月七日に梶山弘志《かじやまひろし》経済産業大臣と加藤厚生労働大臣は日本経済団体連合会(経団連)の中《なか》西宏明《にしひろあき》会長、経済同友会の桜田謙悟代表幹事と会談し、医療用物資の増産に対する協力を求めた[143]。さらに安倍首相は四月十五日と十六日、医療用資材の生産に関係する企業の幹部とテレビ会議を開き増産への協力を要請した。売れ残りを心配する企業に対し「売れ残るようなら国が備蓄用として買い上げる」ことを約束している[144]。安倍内閣はマスクやアルコール消毒液を増産するため二〇二〇年度補正予算で一一七億円の資金を措置し、企業の設備増設に必要な資金を補助する。

企業の協力

企業もこうした要請に応じる。すでにユニ・チャームは一月中旬以降、マスクの生産量を倍増させ、月一億枚生産していた。また興研《こうけん》は四月十六日に神奈川県の設備増強を発表、八月からN95マスクの生産能力を六〇万枚拡大する。(145) ＸＩＮＳ《シンズ》も三月中にサージカルマスクの生産設備を導入、その後さらに設備を拡充し、七月から月産三〇〇〇万枚以上のサージカルマスクの生産を開始している。(146)

アルコール消毒薬の増産も急ピッチで進む。経済産業省の発表によれば、国内メーカーによるアルコール消毒液の生産量は、四月は前年同月比の四・七倍になる。(147) 例えば、健栄《けんえい》製薬は消毒液の生産を増産し、三月から通常の三倍、四月からは四倍の生産を行う。(148) 花王も四月九日に、四月下旬から国内四工場で消毒液の生産を開始し、生産能力を二〇倍以上に増強することを発表する。(149) 花王は増産のために経済産業省の補助金を受け、(150) ボトルの一部内製化まで行って五月には月産二〇〇〇万リットルの生産を実現した。(151) 資生堂も四月十五日に、五月以降、国内四工場で一〇万リットルの消毒液を生産することを発表する。(152)

また、帝人は医療用ガウンの生産を四月に開始、国内で月五万着、海外の協力会社で数百万着生産し、六月末までに九〇〇万着を供給することを予定する。(153)

医療用マスク配布の継続

また、安倍政権は医療用マスクの配布を継続する。四月十一日の対策本部における安倍首相の説明によれば、安倍政権は四月十三日の週までにサージカルマスクを一五〇〇万枚、追加で配り、緊急事態宣言の対象となっている七都府県の医療機関には別枠で一〇〇〇万枚届けることを予定していた。[154]

安倍政権はその後、さらに四月中にサージカルマスクを一八〇〇万枚送付した。また最終的にN95・KN95マスクを一六五万枚、医療用ガウンを一四六万着配布する。

直送システム

しかし、当初、安倍政権は、地方公共団体を介して医療マスクなどの医療用物資を配布していたために、医療資材が「速やかに届かない」場合もあった。[155] そこで、菅官房長官が和泉洋人《いずみひろと》首相補佐官に指示し、内閣官房のIT総合戦略室の職員にも作業を担わせて、医療機関が資材の不足状況をウェブサイトに登録し、国が病院などに必要な物資を届ける「直送システム」を構築する。[156]

四月二十四日に厚生労働省はインターネットを活用し、医療資材の保有状況を確認し、在庫が一週間を切る場合には医療機関からの要請に応じて国が緊急配布する体制を作ったことを発表する。[157] 対象となったのは病院およびPCR検査を行う診療所、合わせて約八〇〇〇施設である。また配るのはサージカルマスク、N95マスク、医療用ガウン、フェイスシールドであった。

こうして以前に比べ、国が医療機関に円滑に資材を届けられるようになる。

改善するも続く不足

安倍政権の対策によって医療機関における医療用資材の状況が改善したことは確かである。しかし、需要を完全に満たすことができたかどうかは疑問である。

先に紹介した株式会社eヘルスケア社が五月二十日から二十五日にかけて行った三回目の調査では、医療資材が「全く足りていない」と応じた人が調査に協力した人の二〇%、「あまり足りていない」と応答した人が四一%となっている。[158]この結果は日本の医療機関においては、四月より状況が改善したものの、依然として医療資材が不足していたことを示唆する。

この頃、もっとも不足していたのはN95マスクであった。資材が「全く足りていない」「あまり足りていない」「どちらとも言えない」「まあ足りている」と回答した人のうち六四%が足りない資材としてN95マスクを挙げている。四月の調査で一番欠乏していたのはサージカルマスクであった。五月の調査では状況は少し好転し、サージカルマスクが不足していると回答した人の割合が四月の七五%から五一%に減っている。

また勤務医で作る労働組合「全国医師ユニオン」が四月二十四日から五月六日に実施したアンケート調査によると、回答者一七二人のうちN95マスクが「十分に確保されている」と答えたのは約一五%で、約三一%が「使い回しをしている」と返答している。[159]

4　動揺する安倍政権

二階幹事長の乱

安倍内閣は布マスクの配布、雇用調整助成金の支給の遅れ、医療資材の不足などさまざまな批判にさらされた。しかし、四月中旬に安倍首相は一連の非難よりもさらに深刻な難題に直面することになる。首相は緊急経済対策の柱である三〇万円の給付金を見直し、補正予算を組み替えることを余儀なくされるからである。

きっかけは、二階俊博《にかいとしひろ》自民党幹事長の意見表明と公明党の圧力のためであった。表向きには四月三日の安倍首相と岸田政調会長との会談で給付額は確定した。しかしながら、すでに紹介したように、支給する金額はもともと決まっていたものの、岸田氏の発案で三〇万円とすることを決めた形にした。[160] このため、幹事長の二階氏や公明党には十分知らされておらず、二階氏や公明党は不満をためていた。[161] また、給付の対象者も限られており、自民党内や公明党支持者の間で不評だった。[162]

四月十四日に二階幹事長は党本部で、所得制限をつけた上で「経済対策では一律10万円の現金給付を求めるなどの切実な声がある。速やかに実行に移すよう政府に強力に申し入れる」と記者団に突如、表明する。[163] 翌十五日朝、公明党は二階氏の動きに呼応し、緊急役員会を開き一律一〇万円給付を要求することを決める。(164) 三〇万円支給案は公明党の支持者の間で評判が悪かった。「受け取れない人が多すぎる」「制度が複雑だ」という苦情の意見が公明党に数多く届いていた。(165)

連立離脱示唆

公明党役員会の後、山口那津男《やまぐちなつお》代表は直ちに首相官邸で首相と会談する。「一律一〇万円、求めたいのはこの一点です。決断しないと政権が厳しい(166)」山口氏は「これまで見せたことのない形相で(167)」、連立からの離脱の可能性も示唆して政策変換を迫った。(168) 会談後、安倍首相は「組織で積み重ねてきた議論を無視する手法だ」と怒りを見せた。(169) 山口代表はその日の午後にも首相に電話して補正予算の組み替えを要求し、「２次補正では駄目です」と求める内容を明確にする。(170) そこで、首相は山口氏に対し、自民党と公明党の協議を要請する。

その日の夕方に行われた自民・公明両党の幹事長・政調会長を中心とする協議で、自民党側は二次補正に盛り込むことを提案するが、公明党側はこれを拒否した。(171)

首相の譲歩

四月十六日午前、山口代表は首相に電話でまた連絡する。そして、あらためて連立離脱を滲《にじ》ませながら譲歩を促した(172)。

「連立政権として大きな分岐点に来ている。私自身も首をかけて、恥を忍んでお願いをしている。私も総理も決断をしないと危ない。共倒れになりかねない(173)」

この日、公明党はさらに補正予算の審議日程を協議する衆議院予算委員会の理事懇談会や衆議院議院運営委員会の理事会に理事を欠席させて、協議を不可能にし、安倍首相を揺さぶる(174)。こうして、首相は要求に応じることを余儀なくされる。すなわち、首相は補正予算を組み替え、三〇万円の給付金の代わりに国民一人あたり一律に一〇万円を支給することを決断する。

首相は昼前に麻生太郎副総理兼財務大臣に官邸で補正予算の修正を指示する。

「一〇万円をばらまくことに意味はない。ただ、総理の指示には従います」

麻生氏は異論を述べつつも首相の求めに応じる(175)。その後、首相は二階幹事長や岸田政調会長に公明党の意見を受け入れることを伝える(176)。

公明党の重要性

公明党はもともと補正予算案や緊急経済対策案に賛成していた。にもかかわらず首相はなぜ公明党の要求を受け入れなくてはならなかったのか。

最大の要因は参議院にある。参議院で自民党は過半数議席を割っていた。このため、公明党の協力がないと法案を成立させることは難しかった。公明党の連立離脱の脅しが本気だったかどうかはわからない。だが、本当に連立離脱されると失うものがあまりに大きい。首相はリスクを冒すわけにはいかなかった。

さらに一九九九年から連立を組むなかで、多くの自民党議員は創価学会から支援を得るようになっている。学会票が自民党に来るか、それとも他党に行くかは自民党議員の当落に直結する。連立離脱はやめてほしいというのが自民党議員の願いでもある。首相の力は強くなった。しかし、多くの自民党議員がこぞって反対するようなことは首相もできない。

二階幹事長の思惑

もっとも、公明党が要求を行うきっかけを作ったのは二階幹事長であった。もともと二階氏と岸田氏の関係は微妙であった。二〇一九年九月に首相が党執行部と内閣改造人事を行ったときに、首相は岸田氏を幹事長に起用することを一時検討した。[177] つまり二人はポストをめぐるライバルだったということである。

さらに二階派と岸田派が選挙区で対立することもあった。例えば、二〇一七年十月の総選挙の際に山梨県第二区で二階派と岸田派が対決した。選挙前からこの選挙区では、前回の総選挙で比例復活した岸田派の自民党現職と、二階派の無所属の現職議員が公認をめぐり争っていた。最終的に二階幹事長の意向を反映し、無所属議員の復党を認める一方、両議員に公認を与えず、当選したほうに追加公認を与えることになる。[178] 選挙では岸田派の前職が勝利した。

三〇万円の給付金を決定する際に二階氏への連絡はなかった。[179] このことについて二階氏は不満に思っていた。[180] この顚末《てんまつ》の後、二階氏は「30万円は事前に岸田政調会長から相談がなかった。おれ個人ではなく、幹事長というポストを軽んじてはいけない」と語ったという。[181]

緊急事態宣言対象地域の拡大

首相は公明党の要求を受け入れたものの、一〇万円給付案に変更するためには補正予算の組み替えが必要であった。しかし、すでに閣議決定した補正予算の内容を変更することは極めて異例のことであった。理由づけがあることが望ましかった。そこで、首相は緊急事態宣言の対象地域の拡大と一〇万円給付策への変更を組み合わせることにする。

四月七日以降、宣言地域の拡大が検討課題となっていた。背景には感染の拡大に加え、愛知県と京都府が緊急事態宣言の対象地域とすることを求めたこと、[182] 対象となっていない地域への人々の移動を懸念したことがあった。[183]

「だったら全国でやったほうがいいんじゃないか」

四月十二日に官邸で開いた関係閣僚との新型コロナウイルス感染症対策に関する協議で安倍首相はこう発言する。[184] 感染症対策担当者が感染拡大を踏まえると地方にも宣言の対象を広げる必要のあることを説明したことへの反応だった。[185]

安倍首相は十四日には、感染の拡大防止を最優先に対象地域を全国に拡大することを決めていた。[186] しかしながら、菅官房長官や加藤厚生労働大臣などは反対だった。[187] 首相は彼らを説得して拡大にこぎつける。[188]

四月十六日に安倍首相は緊急事態宣言の対象地域を正式に拡大する。また、対策本部は基本的対処方針を改定し、四月七日に対象地域とした七都府県に、北海道、茨城、石川、岐阜、愛知、京都を加え、一三都道府県を特定警戒都道府県と総称する。さらに全ての都道府県が、もともと対象地域が実施することになっていた感染抑制策を講じることが求められることになる。

拡大決定と給付変更の連関

安倍首相は四月十七日に記者会見を開き、緊急事態宣言の対象地域を広げたことについて説明する。[189] この会見で拡大の決定と給付額の変更を結びつける。

首相はゴールデンウィークに地方への「人の流入を防ぐため、各地域が所要の緊急事態措置を講じることができるよう」対象地域を拡大することにしたと語る。その上で、「国民の皆様と共に乗り越えていく」ために全国民を対象に一〇万円給付を行うことにしたと釈明する。そして、首相は政策決定過程が混乱したことについて「心からおわびを申し上げたい」と述べる。

首相は三〇万円給付策を一〇万円給付策に変えたことを「公明党に押し切られた」ことを理由にするわけにはいかなかった。[190] このため、首相や主要閣僚は緊急事態宣言の対象地域を全国に拡大することと関連づけ、政策変更の理由としたのであった。[191]

四月十六日に宣言の対象地域拡大に関する諮問を受けるため、基本的対処方針等諮問委員会がもともと予定されていた十七日より一日早く開催された[192]。このことは、一〇万円給付案への切り替えとの連関が急に決まったことを強く示唆する。ある委員は「いきなり今日になった」と語っている[193]。予算を組み替えるなら一日でも決定は早いほうが望ましく、決定そのものを前倒しにしたということである。

補正予算の成立

四月二十日に安倍内閣は内容を改めた補正予算を閣議決定する。三〇万円給付案を一〇万円給付案に組み替えたため、総額は一六兆八〇五七億から二五兆五六六五億円に増える。四月二十七日に補正予算の審議は始まる。国会は二十九日の祝日も審議し、三十日に成立する。

四月十七日の会見でも、四月七日の会見同様に首相は感染拡大を抑えるために人と人との接触を「最低7割、極力8割」削減することが重要であることを強調している。四月二十二日には専門家会議が新たな「状況分析・提言」を発表する[194]。このなかで、感染を抑制するために人と人との接触機会を八割削減する必要性のあることを強調する。削減するための具体策として「一〇のポイント」を提示する。テレワークのほか、オンライン帰省、オンライン飲み会などを挙げている（図4-10）。

1 ビデオ通話で オンライン帰省
2 スーパーは１人 または少人数で すいている時間に
3 ジョギングは 少人数で 公園はすいた時間、場所を選ぶ
4 待てる買い物は 通販で
5 飲み会は オンラインで
6 診療は遠隔診療 定期受診は 間隔を調整
7 筋トレや ヨガは自宅で動画 を活用
8 飲食は 持ち帰り、宅配も
9 仕事は在宅勤務 通勤は医療・インフラ・物流など社会機能維持のために
10 会話は マスクをつけて
3つの密を避けましょう
1. 換気の悪い密閉空間
2. 多数が集まる密集場所
3. 間近で会話や発声をする密接場面
手洗い・咳エチケット・換気や、健康管理も、同様に重要です。

図４－10 「人との接触を８割減らす、10のポイント」
出所：第11回新型コロナウイルス感染症対策専門家会議（2020年４月22日）参考資料１．

5 緊急事態宣言延長

感染の縮小

緊急事態宣言の発令や接触機会の削減に向けた呼びかけが功を奏し、宣言後、人の流れは大きく縮小する。読売新聞社の報道によれば、二月三日と四月十七日の朝の人の流れを比較すると、東京駅の利用者は七割減となっている[195]。また、同じ日付の夜の人の流れを比較すると、渋谷センター街では八五％減となっている[196]。内閣官房の資料によれば、全国の多くの主要駅で、前年比で平日の人の移動量は七割から八割近く減少している[197]。

新規感染者の数は四月十日には七〇〇人を超えていた。しかし、外出自粛や休業の要請などが功を奏し、四月下旬には日によって二〇〇人を切るようになる。

延長の決断

緊急事態宣言の期限は五月六日であり、四月下旬から宣言が延長されるのかどうかについて関心が高まる。四月二十九日に全国知事会はテレビ会議を開き、その場で多くの知事は延長を求める意見を表明した。[198] 全国知事会は翌日に安倍政権に、延長する場合は「全都道府県を対象地域とすることを視野に検討」することを求める。[199]

すでに首相は四月二十七日に一か月程度、延長する方針を決めていた。[200] 理由は医療現場で切迫した状況が続いていることに加え、新規感染者の減少ペースが緩慢なためであった。「5月7日から日常に戻ることは困難だ。ある程度の持久戦を覚悟しなければならない」

首相は四月三十日に緊急事態宣言を延長する意向をこう明言する。[201] この表明に先立って、二階幹事長、林幹雄《はやしもとお》幹事長代理と会談、期限を延長する方針を伝える。[202] 翌五月一日に首相は専門家会議の結果について西村担当大臣から報告を受け、宣言を一か月程度延長することを中心に調整するよう指示する。[203]

「新しい生活様式」

この日、専門家会議は新たな提言を発表する。[204] このなかで人々の接触頻度が場所、時間帯、年齢層によっては八〇%以上減少したことを示している。また、実効再生産数が全国で〇・七、東京都では〇・五まで低下していることを明らかにする。しかしながら、全国、東京ともに発症者が拡大したペースに比べれば、減少ペースはより緩やかであると分析する。また特定警戒都道府県では医療状況が逼迫していることを指摘している。

提言は具体的対策として、特定警戒都道府県ではこれまで同様の「徹底した行動変容の要請」が必要であると明言する。つまり、緊急事態宣言の延長が必要であるということである。さらに感染拡大が緩やかになった地域については「新しい生活様式」を打ち出し、これまで同様に「三つの密」の回避を求める一方、業界ごとに感染防止策のガイドラインの作成を検討することが重要であるという考えを示している。

感染症対策の今後の見通し

この提言で重要なのは、感染終息後の考えを「新型コロナウイルス感染症対策の今後の見通し」という図で示していることである（図４－11）。これは基本的に、二月二十五日に発表した「新型コロナウイルス感染症対策の基本方針」の考えを発展させたものである。

この図は三つの重要な考えを示している。第一に、感染拡大を予防する行動＝「新しい生活様式」を取ることやクラスター対策により、感染拡大を抑制すること。次に、その一方で医療体制の充実を図ること。第三に、それでも感染が拡大した場合には「徹底した行動変容の要請」、すなわち、緊急事態宣言などを通じて外出の自粛や休業要請を行うことで感染を抑制す

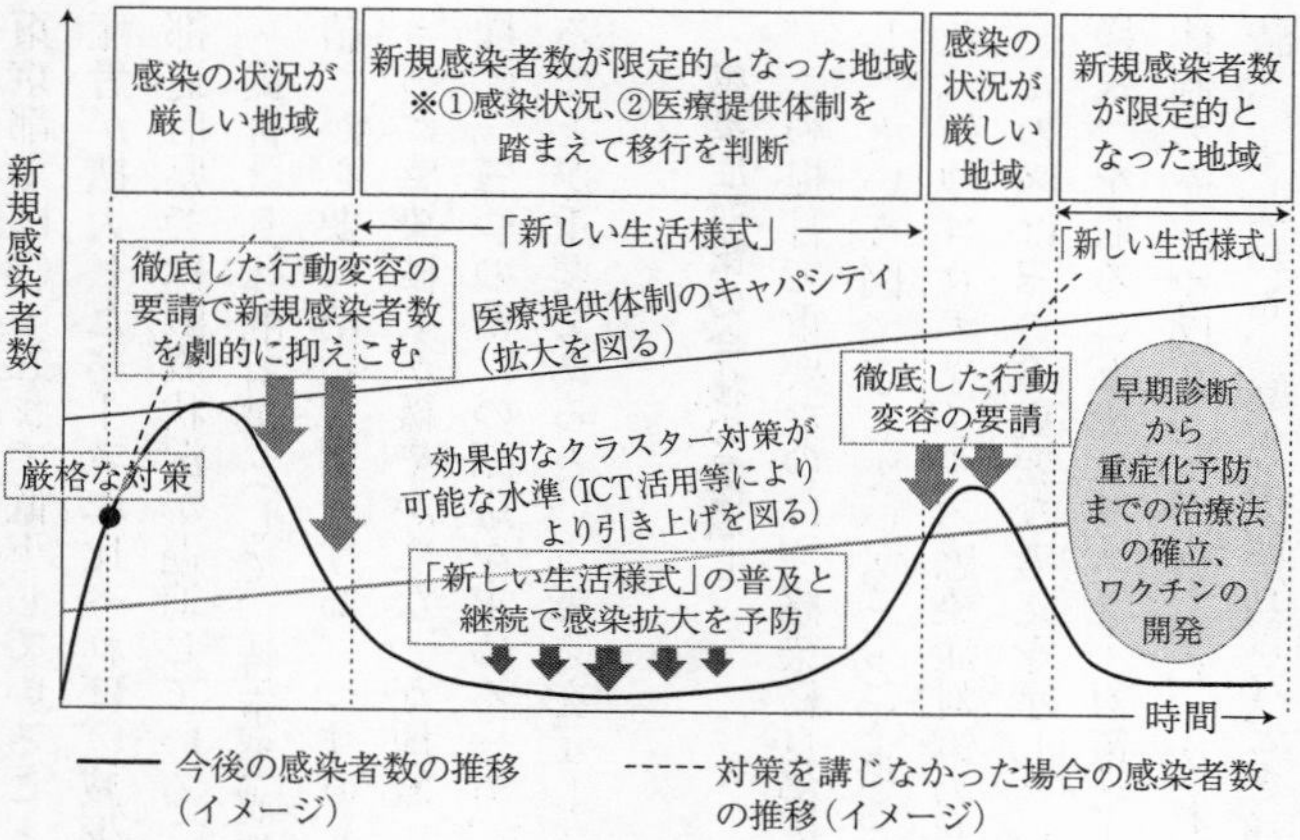

図４－11　「新型コロナウイルス感染症対策の今後の見通し（イメージ）」
出所：新型コロナウイルス感染症対策専門家会議「新型コロナウイルス感染症対策の状況分析・提言」（2020年５月１日）.

るということである。

緊急事態宣言の延長

五月四日に西村新型コロナウイルス感染症対策担当大臣は基本的対処方針等諮問委員会に、五月三十一日まで緊急事態宣言を延長することや基本的対処方針を改定することなどを諮問する。その上で、安倍首相は緊急事態宣言を五月三十一日まで延長することを発表する。

対策本部は基本的対処方針も改定し、これまで同様に、特定警戒都道府県とそれ以外の県で異なる対応を求める。特定警戒都道府県に対しては外出自粛や休業要請、通勤の七割削減など強力な対策を求める。それ以外の地域に対しては小規模イベントの開催を許容するほか、休業要請についても地域の状況に応じた施策を求めている。また検査については、検査体制の一層の強化、地域外来・検査センターの設置を進めることが盛り込まれている。

安倍首相は同日十八時から会見を開き、緊急事態宣言の延長を正式に発表する。[205]首相はこれまでの対策の結果、感染者が減少したことを認めつつも、医療現場の状況が厳しいことを最大の理由として、延長を決断したことを説明する。

「全国で1万人近い方々がいまだ入院などにより療養中です。この1か月で人工呼吸器による治療を受ける方は3倍に増えました。こうした重症患者は回復までに長い期間を要することも踏まえれば、医療現場の皆さんが過酷な状況に置かれている現実に変わりはありません」

具体的な目標

また首相は特定警戒都道府県の居住者に「極力8割」の接触回避を求めている。また、新たな具体的な目標として新規感染者の数を一〇〇人以下に抑えることを示す。病院からの一日の退院者数はこの頃、平均一〇〇人程度であり、新規感染者の数を一〇〇人以下に止めることができれば、医療現場の状況が悪化しないよう歯止めをかけられると考えられたためである。

「医療現場の過酷な状況の中において、更なる努力が必要である。1日の新規感染者を退院、回復される方、100人の水準以下に抑える必要があると、そのように判断をしたということであります[206]」

同時に五月を「終息のための1か月」と捉え、五月十四日までにあらためて評価を行い、解除できる地域については解除する方針を示した。また家賃支援、雇用調整助成金拡充、学生支援について新たな経済支援策を立案することも表明する。

こうして緊急事態宣言の期間は延長された。延長決定後は安倍政権にとって、解除を判断する基準の設定や緊急経済対策に追加する政策の策定などが課題となる。

第5章　緊急事態宣言の解除

はじめに

「本日、緊急事態宣言を全国において解除いたします[1]」

二〇二〇年五月二十五日十八時から、官邸二階の大ホールで安倍晋三首相は記者会見を始め、緊急事態を終わらせることを明言する。十九時十五分から、首相は新型コロナウイルス感染症対策本部を開き、緊急事態の終了を宣言した。こうして残されていた北海道、東京、神奈川、埼玉、千葉四都県においても緊急事態が終わる。

四月七日に安倍首相は緊急事態宣言を発令し、五月四日には期限の延長を決定した。本章では、五月四日に首相が宣言の期間を延長してから、六月十九日に飲食業などに対する休業要請や移動制限がほぼ全面的に解除されるまでの期間に、安倍政権や地方公共団体が新型コロナウイルス感染症に対応する過程を振り返る。

この時期には緊急事態宣言を解除する基準に対する関心が高まる。大阪府の吉村洋文知事が休業要請を緩和する条件を設定し、これに続くように安倍政権は宣言を解除する基準を示す。一方、安倍内閣は検察官の定年の延長を可能にする国家公務員定年延長関連法案を提出し、厳しく非難される。結局、安倍首相は法案の成立を断念し、その後、緊急事態宣言の解除を急ぐ。

本章は以下の順序で議論を進めていく。第1節では、安倍政権が緊急事態宣言を解除する基準の策定をいかに進めたのかを議論する。その際、大阪府の吉村知事が休業要請を取りやめる条件を設定しようとしたことが大きな意味を持ったことを示す。次に五月以降、国家公務員定年延長関連法案をめぐり、安倍政権に対し批判が高まり、法案の成立を諦《あきら》めたことを論じる。第3節ではそうしたなかで、安倍政権は緊急事態の解除を段階的に行い、二十五日に全面解除する経緯を振り返る。次いで、第4節では、東京都が休業要請などの緩和を進め、六月十九日に全国的に休業要請や移動制限がほぼ全面的に解除されたことを説明する。最後に、安倍政権が家賃支援策などを柱とする第二次補正予算を編成、成立させる過程を紹介する。

1　解除基準

解除の条件

もともと緊急事態宣言の期限は二〇二〇年五月六日までであった。この期日が近づくにつれて、宣言を解除する基準に対する関心が高まっていった。安倍政権は徐々に解除基準の具体化を進める。

全国知事会は四月三十日に緊急提言を発表し、宣言を延長する場合には基本的に全都道府県を対象にすることを要望する一方、「発動・継続・解除の基準」を明らかにした上で、「今後の終息に向けた見通しを早急に示す」ことも安倍政権に求めていた。(2) この日に行われたテレビ会議で、全国知事会会長の飯泉嘉門《いいずみかもん》徳島県知事は西村康稔新型コロナウイルス感染症対策担当大臣に、出口戦略を公表することについての希望を伝えている。(3)

前章で述べたように五月一日に専門家会議は提言を発表している。このなかで、感染終息後の感染症への基本的な対応方針と合わせて、解除の条件を示している。(4) それは次の二つであった。

①新規感染者の水準が十分に抑えられていること。
②医療提供体制が構築されていること。

また解除した場合に事業者が感染対策を講じることが必要であると明記する。その上で、業種ごとに作成する感染防止策のガイドラインに関する基本的考え方を次の会議であらためて示すことを説明している。

考慮する要素

こうした提言を踏まえて、五月二日には西村新型コロナウイルス感染症対策担当大臣が記者会見で、経済活動の再開についての基本的な考え方を四日に提示すると説明する。(5)

しかしながら、五月四日に対策本部が延長を決めた際に、数値に基づく明確な基準を示さなかった。その後に行った会見で、安倍首相は一部の地域は十四日に解除する考えを明らかにする。(6)その際、参考にする条件として地域ごとの感染者の動向数や医療体制の逼迫状況を挙げた。

また、西村担当大臣はこの日、国会で、解除を考える上での具体的な要素として、直近二～三週間の累計感染者の数、感染経路が不明な人の割合、陽性率、医療提供体制、重症者の受け入れ体制などに言及する。その上でこうした指標について専門家に分析してもらい、解除の基準、目安を作っていきたいという考えを示している。(7)

一方、全国知事会は五月五日に新たに提言を発表し、安倍政権にあらためて解除の基準について「具体的に明らかに」することを要望している。(8)

「大阪モデル」の提示

大阪府の吉村知事は五月一日に「客観的出口戦略がないと何を目指したらよいかわからない。

国がやらないのならば、府として客観的な数値基準を決める」と述べ、大阪府が解除基準を作る考えを明らかにする。[9] この日、吉村府知事は「出口戦略を考えてほしい」と大阪府庁の幹部たちに休業要請を解除する基準の策定を求めた。[10]

五月四日に延長が正式に決まると、吉村府知事はテレビ朝日系の『報道ステーション』に出演し、安倍政権を批判する。

「トンネルの出口が見えないと。出口の見えないトンネルを走り続けろというのは無責任。それを決めるのは政治家の仕事。数値基準で見せてほしい」[11]

翌日の五日にも、吉村府知事は第一五回大阪府新型コロナウイルス対策本部会議でこう語る。

「今回本来国で示していただきたかったですが、国では示されないという事になりましたので、大阪府としてのモデル、大阪モデルを本日、決定をしたいと思います」[12]

この会議で解除の基準を決定する。具体的には新規陽性者で感染経路不明者が七日間移動平均値で一〇人未満、陽性率が七日間移動平均値で七％未満、重症病床使用率六〇％未満という条件を一週間連続で満たすことであった。[13] 吉村府知事は会議後、五月十五日以降、この基準に基づいて段階的に休業要請などを緩和していく考えを示す。

一方、東京都の小池百合子知事は二日の西村担当大臣や吉村府知事とのテレビ会議で「都としての出口戦略を検討していきたい」と発言する。[14] しかし、東京都が解除基準を示すのは一〇日程度先のことになる。

西村担当大臣の反論

吉村府知事の動きは安倍政権を数値基準の設定に向かわせる。吉村知事の批判に西村担当大臣は五月六日に記者会見で「何か勘違いをされているのではないか」と反論する。[15] すなわち大阪府が示したのは、大阪府が行った休業要請の解除基準の設定であり、国が行う事務ではないので「ご自身で（中略）説明責任を果たすのは当然であります」と言い切っている。[16] これに対し吉村知事は「休業要請の解除は知事権限」であることを認め「休業要請の解除基準を国に示して欲しいという思いも意図もありません」とツイッターで応答する。

確かに休業要請を実施する権限を持つのは都道府県知事である。首相は緊急事態宣言を発令する権限を有するものの、内閣や首相は休業を求める権限自体を保持しているわけではない。ただ、安倍政権が宣言を解除する基準を提示しないため、吉村知事は権限が及ぶ範囲内で接触機会の抑制策を緩和する基準を示そうとしたということである。

もっとも、西村担当大臣は五月六日に吉村知事に反論する際に、解除を判断する指標について「しっかりと数値、基準、こういったものをお示しをしたいと考えています」と明言し、[17] 安倍政権として数値基準を提示することにコミットすることになる。

感染抑止と経済再開の両立

安倍政権にとって、解除する場合には基準の設定と合わせて、感染拡大の防止策と経済活動の再開策のバランスをどう取るかということも重要な課題となった。

専門家会議は五月四日の提言で、今後、宣言が解除される場合を念頭に置いて「感染拡大の予防と社会経済活動の両立」に初めて言及する。[18] その上で、業種ごとに感染拡大を予防するガイドラインの策定を求める。また、ガイドラインに盛り込むべき留意事項について詳しく述べている。例えば、二メートルの対人距離を確保すること、施設の換気などを注意する条件としてあげている。一連の注意点を「「新しい生活様式」の実践例」としてまとめている（図5-1）。

対策本部は五月四日に改定した基本的対処方針で、「新しい生活様式」を定着させながら次第に感染蔓延の防止と社会経済活動の両立を図っていく方針を示す。また基本的対処方針は、事業者や関係団体が業種ごとに、感染拡大防止に向けたガイドラインを専門家会議の提言を参考にしながら策定することを要望している。

さらに安倍政権は十二日に、基本的対処方針等諮問委員会の委員に新たに経済学者四名を加える。[19] 西村担当大臣は「蔓延防止策と経済活動等を両立させていくということで、双方からのご意見を頂ければと思っています」とその狙いを説明している。[20]

（1）一人ひとりの基本的感染対策

感染防止の３つの基本：①身体的距離の確保、②マスクの着用、③手洗い
□人との間隔は、できるだけ２m（最低１m）空ける。
□会話をする際は、可能な限り真正面を避ける。
□外出時や屋内でも会話をするとき、症状がなくてもマスクを着用。
□家に帰ったらまず手や顔を洗う。できるだけすぐに着替える、シャワーを浴びる。
□手洗いは30秒程度かけて水と石けんで丁寧に洗う（手指消毒薬の使用も可）。
※高齢者や持病のあるような重症化リスクの高い人と会う際には、体調管理をより厳重にする。

移動に関する感染対策
□感染が流行している地域からの移動、感染が流行している地域への移動は控える。
□帰省や旅行はひかえめに。出張はやむを得ない場合に。
□発症したときのため、誰とどこで会ったかをメモにする。接触確認アプリの活用も。
□地域の感染状況に注意する。

（2）日常生活を営む上での基本的生活様式

□まめに手洗い・手指消毒
□咳エチケットの徹底
□こまめに換気
□身体的距離の確保
□「３密」の回避（密集、密接、密閉）
□毎朝の体温測定、健康チェック。発熱又は風邪の症状がある場合はムリせず自宅で療養

（3）日常生活の各場面別の生活様式

買い物
□通販も利用
□１人または少人数ですいた時間に
□電子決済の利用
□計画をたてて素早く済ます
□サンプルなど展示品への接触は控えめに
□レジに並ぶときは、前後にスペース

娯楽、スポーツ等
□公園はすいた時間、場所を選ぶ
□筋トレやヨガは、自宅で動画を活用
□ジョギングは少人数で
□すれ違うときは距離をとるマナー
□予約制を利用してゆったりと
□狭い部屋での長居は無用
□歌や応援は、十分な距離かオンライン

公共交通機関の利用
□会話は控えめに
□混んでいる時間帯は避けて
□徒歩や自転車利用も併用する

食事
□持ち帰りや出前、デリバリーも
□屋外空間で気持ちよく
□大皿は避けて、料理は個々に
□対面ではなく横並びで座ろう
□料理に集中、おしゃべりは控えめに
□お酌、グラスやお猪口の回し飲みは避けて

冠婚葬祭などの親族行事
□多人数での会食は避けて
□発熱や風邪の症状がある場合は参加しない

（4）働き方の新しいスタイル

□テレワークやローテーション勤務　□時差通勤でゆったりと　□オフィスはひろびろと
□会議はオンライン　□名刺交換はオンライン　□対面での打合せは換気とマスク

図５－１　「「新しい生活様式」の実践例」
出所：新型コロナウイルス感染症対策専門家会議「新型コロナウイルス感染症対策の状況分析・提言」（2020年５月４日）.

休業要請の延長

解除基準に関心が集まるなか、五月四日に安倍首相が緊急事態宣言の期間を延長したことを踏まえ、東京都や大阪府など一三の特定警戒都道府県は休業要請を継続した。[21]一方、五月六日に岩手県、山口県、香川県など一七県が休業要請を全面的に、あるいは部分的に終了する。[22]一部の都道府県は休業要請を続けたことに伴って、実質的な休業補償金を上乗せする。東京都は五月五日に当初の期間と同様に、中小企業や個人事業主等に最大一〇〇万円の「感染拡大防止協力金」を支給する方針を発表する。[23]神奈川県も五日に、休業要請に引き続き応じた中小企業や個人事業主等に「新型コロナウイルス感染症拡大防止協力金」を追加で一〇万円給付することを決める。[24]同様に千葉県と埼玉県も七日に、すでに設けていた中小企業や個人事業主等を対象とする支援金を一〇万円増額することを決定する。[25]

一方、大阪府は休業要請の延長に伴う協力金自体の増額は行わなかった。しかし、大阪府は五月十四日に、休業要請の対象とならなかった中小企業や個人事業主等を支援するため「中小企業休業要請外支援金」を設け、最大一〇〇万円支給することを発表する。[26]条件は二〇二〇年四月の売り上げが前年同月比に比べて五〇%以上減少していることであった。

感染者数の減少

一日に発生する新規感染者の数は、五月二日に三〇〇人を超えるものの その後、低下する傾

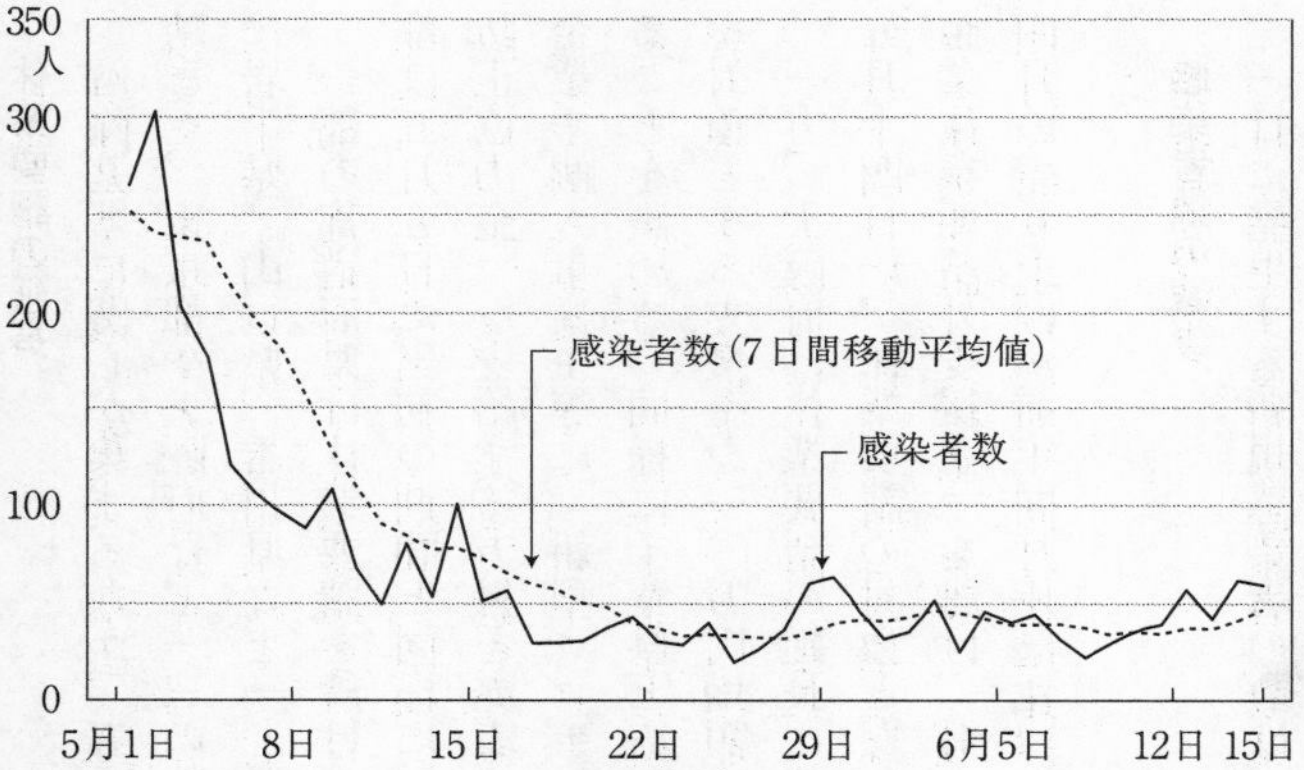

図5－2　全国の1日の感染者数⑤および全国の1日の感染者数（7日間移動平均値）②

出所：厚生労働省の「オープンデータ」から筆者が計算し（7日間移動平均値），作成．

向を示す。七日間移動平均値で見ると五月十一日以降、一〇〇人を切る（図5－2）。東京都も緊急事態宣言期間中は五月十五日以降、新規感染者の数が二〇人を下回る（図5－3）。大阪府でも緊急事態宣言期間中に新規陽性者の数が一〇人を超すのは五月十三日が最後となる（図5－4）。

もともと、特定警戒都道府県以外の三四県では、宣言の延長前から感染状況は深刻ではなかった。四月三十日以降の数字で見ると、三〇県で一週間ごとの感染者は五人以下で、一四県では〇人であった。[27] 特定警戒都道府県の一部でも感染は収まっていく。例えば、岐阜県は五月三日以降、同県が対象地域から外れる十四日まで新規感染者が発生していない。

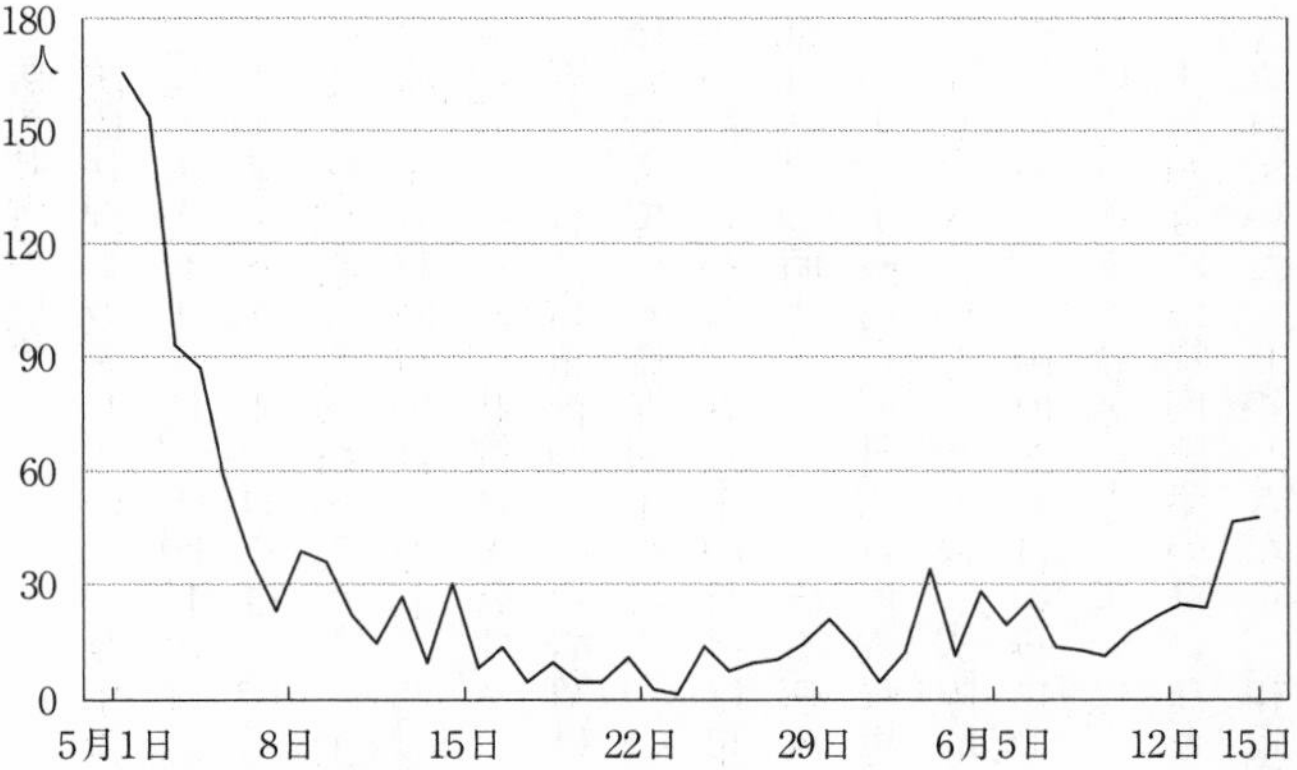

図５－３　東京都の１日の感染者数③
出所：東京都の公表資料から筆者作成.

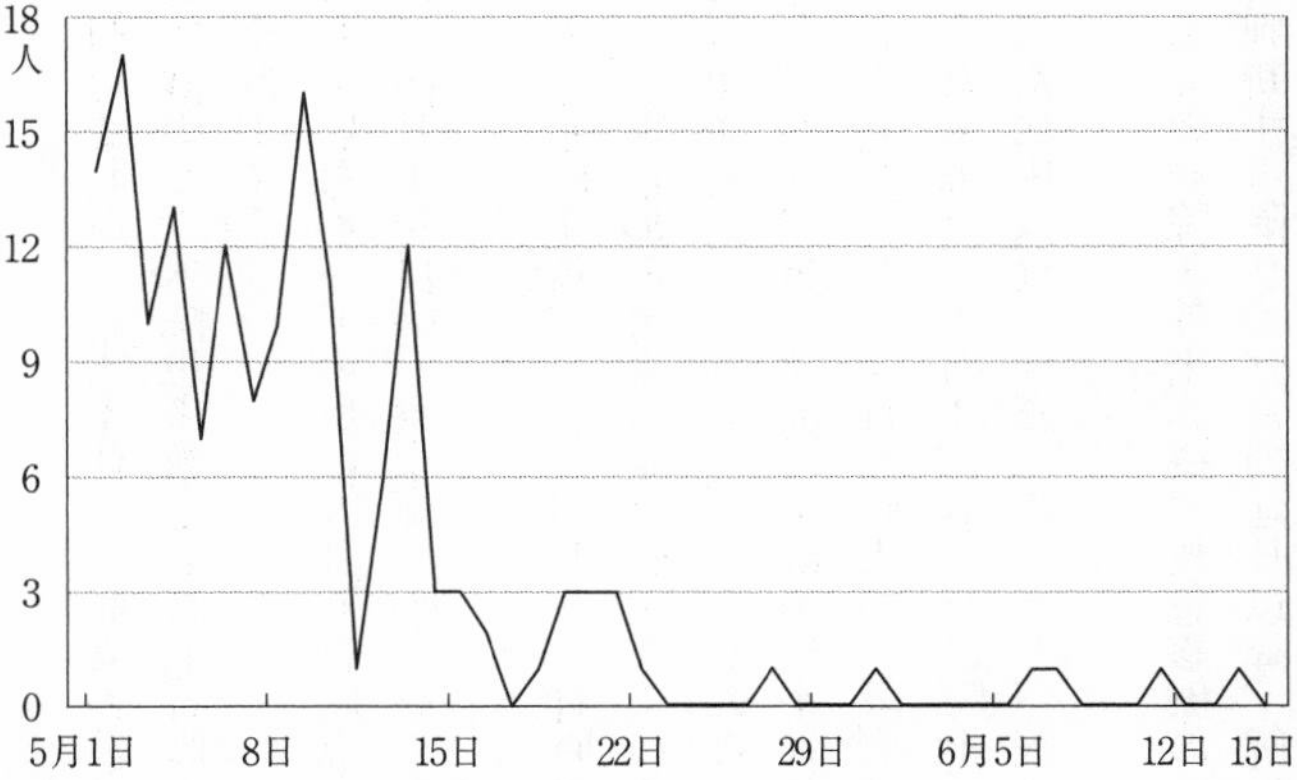

図５－４　大阪府の１日の感染者数③
出所：大阪府の公表資料から筆者作成.

医療状況の改善

医療状況も改善していく。厚生労働省の資料によれば、日本全体の重症者の数は五月一日の三二八人をピークに、十四日には二四五人まで減少し、入院患者数も五月七日時点では四四三六人であったが、十三日には三四二三人にまで低下する。(28)

また病床数にも余裕ができる。全国で確保していたベッドの数は五月八日時点で一万六三五二床、十五日時点では一万七二九〇床だった。(29) 四月中旬以降、東京都や大阪府で病床の状況が逼迫していたが、状況は改善する。

五月六日に東京都の入院患者数は二九七四人を記録する。(30) これに対し、一日時点で東京都が確認できている確保病床数は二〇〇〇であった。(31) 東京都の医療体制が安定しているとは言い難かった。しかし、五月十四日には東京都の入院患者数は一一九九人に減少したのに対し、東京都は八日の時点で三三〇〇床も病床を確保できており、医療状況に余裕が生まれていた。(32)

一方、大阪府の五月六日の入院患者数は四六二人だった。(33) 一日の時点で大阪府は一〇七四床を用意できていた。(34) その後、大阪府の入院患者数も減り、五月十四日には三三七人となっていたのに対し、大阪府が八日の時点で確保していた病床数は一一三三床もあり、医療体制にさらにゆとりがある状態になっていた。(35)

また四月には院内感染の疑いなどのため、多くの病院が外来診療や救急診療の制限を余儀なくされていた。しかしながら、報道資料から判断する限り、宣言の延長以降、解除されるまで

の期間に院内感染の疑いのため診療制限を行った病院はごくわずかである。(36)

三七・五度発熱条件の除外

医療状況が改善するなか、厚生労働省は五月八日に、コロナウィルスへの感染が疑われる場合やPCR検査を受ける際の「相談・受診の目安」を改定し、「息苦しさ(呼吸困難)、強いだるさ(倦怠感)、高熱等の強い症状」のいずれかがある場合には相談するよう求めている。以前入っていた「三七・五度以上の発熱が四日以上」という条件をようやく外したのであった。(37)

一部解除と解除基準

このように、緊急事態宣言の期間の延長後、全国的に新規感染者の数が減る傾向にある一方、医療状況が改善していく。こうした状況を踏まえて、安倍首相は五月十四日に新型コロナウィルス感染症対策本部を開き、特定警戒都道府県以外の三四県と特定警戒都道府県のうち茨城、愛知、岐阜、石川、福岡の五県を宣言の対象地域から除くことを決定する。

この日、専門家会議は提言を発表し、解除について次のような判断材料を示す。(38) ①一週間の新規感染者数がその前の一週間を下回ること。②直近一週間の一〇万人あたり新規感染者の報告数が〇・五人未満程度であること。③重症者数が減少傾向にあり、医療提供体制が逼迫していないこと。

対策本部は提言を踏まえて基本的対処方針を改定し、次の三つの事項を勘案して解除について判断するという考えを示す。①感染状況として直近一週間の累積報告数が一〇万人あたり〇・五人程度以下であることを「目安」とすること。なお、一人程度以下の場合はクラスターや院内感染の発生状況も含めて総合的に判断すること。②医療提供体制として、重症者数が継続的に減っていること。③監視体制として、PCR検査などが遅滞なく行える体制が整備されていること。

一〇万人あたり〇・五人程度

このなかで重要なのは一週間の累積報告数が一〇万人あたり〇・五人程度以下という指標が盛り込まれたことであった。専門家会議はこの数字を東京都の三月の状態を参考に算出した[39]。もっとも、専門家会議が当初検討したのは「10万人あたり感染者が2週間で1人以下」という案だった[40]。

これに対し、菅義偉官房長官が「これではいつまでたっても解除できない」と反対した[41]。クラスターが発生する恐れがあったからである。このため期間を短縮し、一週間で〇・五人以下という案になった。一週間で〇・五人という数字は安倍首相自身、「聞いた時、「えっ」と思った[42]」という。安倍政権のなかには「10万人あたり1人」という基準を求める意見もあった[43]。しかし、専門家会議はこれを受け入れず、東京都の感染者の水準が低下したために、安倍首相はこの案を認めた(44)。ただ、安倍政権は数字に縛られることを恐れたため、「目安」という言葉を加え、一週間で一人以下の場合には「総合的に判断」できる余地も残した(45)。

また、十四日の基本的対処方針は、四日の方針と同様に「新しい生活様式」を定着させる必要のあることや、事業者などがガイドラインを作成することを引きつづき求めている。

関西三府県の休業要請解除

五月十四日の対策本部の決定では、大阪府は緊急事態宣言の対象地域に残った。しかしながら、この日、大阪府の状況は大阪モデルの基準を満たす。そこで大阪府の吉村知事は映画館、デパート、大学などに対する休業要請を十六日から緩和することを発表する(46)。飲食店も、要請する終業時間を二十時から二十二時までに延長する。もっともナイトクラブ、ライブハウス、カラオケ店への休業要請は継続する。

兵庫県の井戸敏三知事も十四日に、大阪府と対象範囲を同様にして、十六日に休業要請を部分的に解く方針であることを明らかにする(47)。京都府の西脇隆俊《にしわきたかとし》知事もやはり十四日に、十六日に休業要請を一部緩和することを明言する(48)。両知事の会見時には飲食店の営業時間の短縮要請の緩和については不明であった。しかし、最終的に兵庫県、京都府ともに要請する営業終了時間を二十二時まで延長する(49)。

大阪府、兵庫県、京都府は六月一日までにすべての業種への休業要請を解除する。

東京都の解除基準

このように安倍政権による緊急事態宣言の解除が本格化し、大阪府などが休業要請を緩和していく。こうしたなかで、五月十五日に東京都の小池知事は第二三回東京都新型コロナウイルス感染症対策本部会議を開催する。その後、会見を開き、緊急事態宣言終了後の解除の進め方についての基本的な考え方を「新型コロナウイルス感染症を乗り越えるためのロードマップ（骨格）」として示す[50]。三つの柱があった。

第一は感染状況、医療提供体制、モニタリングに関する次の七つの指標を考慮することである。七つの指標とは、①新規陽性者数が一日二〇人以下であること、②新規陽性者における接触歴等不明率が五〇％未満であること、③週単位の陽性者増加比が一以下であること、④重症患者数、⑤入院患者数、⑥PCR検査の陽性率および⑦受診相談窓口における相談件数であった。東京都は、①から③が全て基準を満たした場合に、他の指標を「総合的に判断」して専門家の判断も参考にしながら、緩和を進める方針を取った。

第二はステップ1、ステップ2、ステップ3という三つの段階を経て徐々に緩和していくことであった。各ステップでの緩和対象となる施設は次のとおりである。

①ステップ1――博物館、美術館、図書館など文化的、健康的生活を維持する上で必要性が

高い施設。

②ステップ２――劇場や飲食店などクラスター歴がなく「３密」になりにくい施設。

③ステップ３――入場制限などを前提に、クラスター歴があるか高リスクの施設を除く全施設。

第三は感染状況が悪化した場合には「東京アラート」を発動し、あらためて休業要請などを行うことであった。

小池都知事は翌週にさらに具体的な進め方について公表すると説明する。

2　国家公務員定年延長法案

国家公務員の再任用

安倍首相は五月に入って、新型コロナウイルス感染症に対処する一方、新たな課題に直面する。安倍内閣は通常国会で国家公務員定年延長法案を成立させようとした。だが、この法案の一部が検察官の定年延長を可能にする検察庁法の改正案であったことが世論の強い批判を浴び、首相は苦しい立場に立たされる。

問題の発端は、国家公務員の定年延長が政策課題となったことである。国家公務員の六十歳定年制は一九八五年三月末から導入されていた。その後、二〇〇〇年に年金制度改革が行われ、厚生年金や国家公務員共済年金などの報酬比例部分の支給開始年齢が、二〇一三年から二〇二五年にかけて、六十歳から六十五歳まで引き上げられることが決まる。

二〇一三年三月に第二次安倍内閣は、定年を迎えた国家公務員が報酬比例部分の年金が受給できなくなることへの対策として、退職者が希望すれば年金支給開始年齢に達するまで再任用を各省に義務づけることを閣議決定する。(51)

国家公務員の定年延長

その後、第三次安倍第二次改造内閣は二〇一七年六月に「経済財政運営と改革の基本方針2017」を決定、そのなかに高齢者の就業促進策の一環として公務員の定年引き上げについて検討を進めることを盛り込む。この方針を踏まえ、同月末に安倍政権は「公務員の定年の引上げに関する検討会」を設置し、定年引き上げについて議論を進める。

検討会の議論に基づいて二〇一八年二月に安倍政権は関係閣僚会議を開き、六十五歳まで定年を延長する方向で検討することを了承し、人事院に検討を要請する。人事院は二〇一八年八月に内閣と国会に対して意見を提出し、六十五歳までの引き上げの必要性を認め、給与水準は七割程度が妥当であることや、役職定年を導入することが適当であるという考えを示す。

この意見に基づき、その後、内閣人事局は国家公務員法などの改正案の策定作業を進める。

こうして、安倍内閣は二〇二〇年三月十三日に国家公務員定年延長関連法案を閣議決定する。法案が成立すると、国家公務員の定年は二〇二二年度から二年ごとに一歳ずつ延長され、二〇三〇年度に六十五歳となる予定であった。法案は管理職を対象に、基本的に六十歳で役職定年を導入することを定めていた。ただし、役職定年の期限を延長する余地も残していた。

検事の定年延長規定

関心を集めたのは、安倍内閣が検察庁法を合わせて改正しようとしたことであった。改正案は六十三歳となっている検事の定年を、二〇二二年度から二年ごとに一歳ずつ延長することを予定していた。また、検事についても役職定年を導入し、次長検事および検事長については六十三歳で定年になることを定めた。しかしながら、内閣が認めれば役職定年を最長で三年間延長することを可能にしていた。延長規定を利用して内閣が恣意《しい》的に検察の幹部人事を行う可能性が指摘され、安倍政権は非難された[52]。

黒川検事長の定年延長

すでに安倍内閣は二〇二〇年一月に、東京高等検察庁検事長の黒川弘務《くろかわひろむ》氏の定年を延長したことで厳しい批判を浴びていた。安倍内閣は一月三十一日に、二月に定年を迎え退職する予定だった黒川氏の定年を八月まで延長することを閣議決定していた。検察庁法には定年延長の規定はなく、国家公務員法の定年延長の規定に基づいてこの決定を行った。

問題となったのは、国家公務員法の定年延長規定を検察官に当てはめることができるのかということであった。予算委員会における質疑で、一九八一年四月の衆議院内閣委員会における審議で人事院の政府委員が、検察官の定年を定める検察庁法があるため、検察官には国家公務員の定年制は「適用されない」と答弁していたことが明らかになる。[53] このため規定を適用したことが適当だったのかということへの疑いが増すことになった。

これに対し安倍首相は二月十三日に、検察官にも一般法の国家公務員法が適用されるという解釈変更を行ったと明言した。[54] 以後、森まさこ法務大臣もこの立場をとる。[55] 野党やマスメディアの一部は定年延長決定を「人事介入」[56]「恣意的」[57]と評価し、解釈変更を行ったという説明を「ドタバタ劇」[58]「苦肉の策」[59]などと批判してきた。

法案審議開始

四月十六日に衆議院で法案審議が開始され、五月八日から内閣委員会における議論が始まる。これに伴って、法案に対し「政治介入の余地が残ってしまう」[60]「検察の政治的中立性や独立性に懸念を抱かせる」[61]などの厳しい指摘が野党や一部の報道機関からなされる。

五月八日にツイッターに「#検察庁法改正案に抗議します」という投稿がなされると三日で

五〇〇万ツイートされるようになり注目を集める。[62] 同じハッシュタグを用いたツイートも無数になされるようになる。

五月十一日には日本弁護士連合会の荒中《あらただし》会長が、国家公務員定年延長法案の検察官の定年延長関連部分に対し「内閣ないし法務大臣の裁量により役職延長や勤務延長が行われる」ことになるという意見を表明し、反対する声明を発表する。[63] 五月十五日には松尾邦弘《まつおくにひろ》元検事総長をはじめ元検察官一四名が、改正案が「検察人事への政治権力の介入を正当化」していると批判し、反対する意見書を法務省に提出した。[64]

法案成立断念と賭け麻雀

こうしたなか、五月十八日に安倍首相は突然「国民の理解なしに前に進められない」と法案成立の見送りを表明する。[65] 決定の背景にあるのは世論の批判の高まりであった。成立を強行した場合、編成を進めていた第二次補正予算の審議への悪影響も考えられた。[66]

その後、黒川検事長が賭け麻雀を行っていたことが報道される。五月二十日配信の「文春オンライン」は、黒川氏が五月一日と十三日に『産経新聞』記者二人と『朝日新聞』元記者一人とともに賭け麻雀に興じていたことを伝えた。[67] 賭け麻雀は刑法の賭博《とばく》罪に当たる可能性もあり、黒川氏は取り締まる側である。

黒川氏は二十一日に辞表を提出し、訓告処分を受ける。首相は「定年延長の閣議請議をしたのは私なので、責任を痛感している」と述べる。[68]

国家公務員定年延長法案の成立断念や賭け麻雀の発覚により、安倍政権は打撃を受ける。これは世論調査における内閣支持率の低下に現れている。五月二十三日に毎日新聞社が行った調査によれば、支持率は二七％と、五月六日に行われた調査の四〇％から低下する。[69] 不支持率は六四％を記録する。また二十三日と二十四日に朝日新聞社が実施した調査によると、支持率と不支持率はそれぞれ二九％、五二％となる。[70]

3　緊急事態終了宣言

全面解除へ

国家公務員定年延長法案への批判と検察庁幹部の不祥事に揺れるなか、五月二十一日に安倍首相は新型コロナウイルス感染症対策本部を開く。残る対象地域のうち、前回の対策本部開催後、大阪府では新規感染者は一〇人以下の日が続き、京都府は十五日以降、兵庫県は十八日以降、新規感染者の報告数がゼロであった。このことを踏まえて、対策本部は兵庫、大阪、京都の三府県を緊急事態宣言の対象地域から解除することを決定する。

安倍首相はこの日の対策本部で、一都三県と北海道について「二十五日にも専門家の皆様に状況を評価していただき、可能であれば、三十一日の期間満了を待つことなく、緊急事態を解除する考えです」と述べ、週明けの二十五日に緊急事態宣言を解除できることへの期待を表明する。(71)

五月二十五日に西村担当大臣は基本的対処方針等諮問委員会に、緊急事態の解除宣言を行うことを諮問する。北海道と神奈川県の二十四日までの一週間の人口一〇万人あたり感染者の数は、それぞれ約〇・七六人、約〇・七〇人で、基準値を満たしていなかった。尾身茂会長や事務局は、北海道と神奈川県の感染者が多いのはクラスター発生のためであること、病床の状況には大きな余裕のあることなどを説明し、解除することについて同意を得る。

諮問委員会の開催後、安倍首相は対策本部で緊急事態の解除を宣言する。

五月二十二日の決断

首相が全面解除を決定したのは五月二十二日だった。この日、東京都の直近一週間の累積陽性者数が一〇万人あたり約〇・四二人となり基準を満たす。

「これで当確ですね」

加藤勝信厚生労働大臣が首相官邸で開かれた協議の場で呟《つぶや》いた。(72)東京都の新規感染者の数が三人と報告されたからである。これは宣言後もっとも低い数字であった。

「隣の票田が空いてないよ」

安倍首相は冗談気味に答えた。[73]この頃、神奈川県の感染者の数の低下のペースが遅く、五月二十一日までの一週間の新規感染者数の累計は、一〇万人あたり〇・八六人だったからである。結局この日も神奈川県と北海道は基準を満たさなかった。しかし、安倍首相はこの日、緊急事態宣言の終了を決断した。[74]

急いだ解除

もともと緊急事態宣言の期限は五月三十一日まであった。さらに西村担当大臣は五月十四日の記者会見で、二十一日の解除が難しい場合、二十八日頃にあらためて判断する意向を示していた。[75]しかし、安倍首相は緊急事態の終了を急ぎ、予定を前倒しして対策本部を二十五日に開催した。

首相周辺では五月中の全面解除が既定路線であった。[76]安倍首相は五月四日や十四日の会見で、条件が整えば期限より前に緊急事態宣言を解除する考えであることをすでに説明していた。安倍政権のなかでも、菅官房長官が二十日に、八都道府県一括解除を主張していた。[77]ただ、この時点では東京都、北海道、神奈川県が基準を満たしていなかった。結局、二十一日の解除は関西三府県に止まった。

解除を急いだ理由に経済状況への懸念があった。強い移動抑制策を講じれば、経済に悪影響が出る。内閣府が十八日に発表した二〇二〇年一～三月期のGDP速報では、一～三月期の実質GDP成長率はマイナス〇・九%、年率換算でマイナス三・四%と悪かった(78)。首相は二十五日の会見で、感染・医療状況について判断し、解除を決定したと説明しながらも、経済や国民生活の状況については「常に私の頭にあります」と述べている。

さらに政治的要因もあったのではないかという想像もなされた。国家公務員定年延長法案や賭け麻雀問題により、政権への風当たりが強まり、支持率が低迷している状況を打開する期待もあったのではないかという疑問である(79)。

検査キャパシティーに限界があり、三月下旬から四月にかけて医療体制も動揺するなかで、全面解除にこぎつけたのは安倍政権の一つの成果であった。しかし、この成果は国家公務員定年延長関連法案に対する批判と不祥事により曇《くも》ることになってしまった。読売新聞社が六月五日から七日にかけて実施した世論調査では、新型コロナウイルスを巡る政府のこれまでの対応を「評価しない」と答えた人が回答者の四九%を占める一方、「評価する」と応じた人は四二%であった(80)。

段階的緩和

対策本部は緊急事態の終了と合わせて基本的対処方針を改定する。対処方針は今後の感染拡大防止策として、いわゆる「3密」の回避と合わせて、おおむね三週間おきに行動自粛の要請を緩和する計画を示す。

<table>
<tr><th rowspan="2">時期</th><th colspan="2">外出自粛</th></tr>
<tr><th>県をまたぐ移動等</th><th>観光</th></tr>
<tr><td>【移行期間】
ステップ⓪
5月25日～</td><td>△
＊不要不急の県をまたぐ移動は避ける（これまでと同じ）．</td><td rowspan="2">△
＊観光振興は県内で徐々に，人との間隔は確保．</td></tr>
<tr><td>ステップ①
6月1日～</td><td>○
＊一部首都圏（埼玉，千葉，東京，神奈川），北海道との間の不要不急の県をまたぐ移動は慎重に．</td></tr>
<tr><td>ステップ②
6月19日～
＊ステップ①から約3週間後</td><td rowspan="3">○</td><td rowspan="2">△
＊観光振興は県をまたぐものも含めて徐々に，人との間隔は確保．
＊Go To キャンペーンによる支援（7月下旬～）．</td></tr>
<tr><td>ステップ③
7月10日～
＊ステップ②から約3週間後</td></tr>
<tr><td>【移行期間後】
感染状況を見つつ，
8月1日を目途
＊ステップ③から約3週間後</td><td>○
＊Go To キャンペーンによる支援．</td></tr>
</table>

図５－５　「外出自粛の段階的緩和の目安」
出所：新型コロナウイルス感染症対策本部第36回（2020年５月25日）配付資料．

<table>
<tr><th rowspan="2">時期</th><th colspan="2">クラスター発生施設等への外出自粛・休業要請等</th></tr>
<tr><th>接待を伴う飲食業，ライブハウス等</th><th>カラオケ，スポーツジム等</th></tr>
<tr><td>【移行期間】
ステップ⓪
5月25日～</td><td rowspan="2">×～△
＊知事の判断．
＊業界や専門家等による更なる感染防止策等の検討．</td><td>×～△
＊知事の判断．
＊業種別ガイドラインの作成．</td></tr>
<tr><td>ステップ①
6月1日～</td><td rowspan="4">○
＊人数管理・感染防止策を徹底し，厳密なガイドライン等を遵守．知事の判断．
＊クラスターが発生した場合等には休業要請等を検討．</td></tr>
<tr><td>ステップ②
6月19日～
＊ステップ①から約3週間後</td><td rowspan="3">○
＊感染防止策を徹底し，厳密なガイドライン等を遵守．知事の判断．
＊クラスターが発生した場合等には休業要請等を検討．</td></tr>
<tr><td>ステップ③
7月10日～
＊ステップ②から約3週間後</td></tr>
<tr><td>【移行期間後】
感染状況を見つつ，
8月1日を目途
＊ステップ③から約3週間後</td></tr>
</table>

図５－６　「クラスター発生施設等に係る外出自粛や休業要請等の段階的緩和の目安」
出所：同前．

まず、移動については、五月二十五日から三十一日までは不要不急の都道府県間の移動を避けることを呼びかけている。さらに、六月一日から十八日までは、埼玉県、千葉県、東京都、神奈川県、北海道と他の府県との間の不要不急の移動に慎重な対応を求めている。対処方針は観光についても触れ、六月十八日までは県内観光を振興し、六月十九日以降、都道府県間の移動自粛を全面的に解除し、県外からの観光客の来訪の奨励に努めることを示している（図５‐５）。

また、対処方針はこれまでにクラスターが発生した接待を伴う飲食業、ライブハウスなどへの対応についても考え方を示している（図５‐６）。感染防止策をとることを前提に、六月十九日以降、すべての業態に対する休業要請を解除する方針を採る。さらに、イベント開催については六月十八日までは屋内は参加人数最大一〇〇人以下、屋外は最大二〇〇人以下とすることを求め、十九日以降、参加人数の上限を徐々に緩和していく方針を打ち出した。

経済活動再開に向けたガイドライン

また五月二十五日の基本的対処方針は業種ごとに感染予防のガイドラインを策定し、これを実践することの重要性を説いている。五月十四日の時点で一二六の業界団体が八二のガイドラインを策定済みで、二十五日には一六〇団体が一〇四のガイドラインを作っていた[81]。経済社会活動と感染拡大防止を両立させる上では、経済社会活動をする際に感染防止に最善の策を講じることが望ましく、ガイドラインの策定は重要な意味があった。

例えば、五月十四日に一般社団法人日本フードサービス協会と一般社団法人全国生活衛生同業組合中央会は「外食業の事業継続のためのガイドライン」を公表している。そのなかには次のようなことが推奨されている。

・テーブルをパーティションで区切るか、できるだけ二メートル（最低一メートル）以上の間隔を空けて、横並びで座れるように配置すること。
・真正面の配置を避けるか、またはテーブル上にアクリル板等のパーティションを設けるなど工夫すること。
・個室を使用する場合に十分な換気を行うこと。

東京都のロードマップ

小池都知事は、五月二十二日の午前中に西村担当大臣と会談した後に、首相が二十一日に二十五日の全面解除を示唆したことについて歓迎する。「(もともと予定されていた)三十一日というその日付の重要性よりも、実際にどこまで感染症が防止されているかということを判断されての前倒しじゃないかと。それは喜ばしく」と感想を述べる。[82]

小池都知事が解除に前向きな姿勢を示した背景には、東京都の経済活動の低迷があった。[83]二十一日に開かれた小池知事と中小企業団体などとのテレビ会議では、中小企業団体などが経営の窮状を訴えている。[84]小池知事はこの日の午後、記者会見を開く。この場で十五日に発表していた解除の進め方を具体的にしたものを「新型コロナウイルス感染症を乗り越えるためのロードマップ」として発表する。[85]

小池知事は緊急事態宣言の下の現状をステップ0として捉え、二週間単位で緩和を進め、次のステップに移る考えを明らかにする。移行させる基準として七つの指標を用いることには十五日の発表から変わりがなかった。各ステップの内容も基本的には同じであった。ただ、飲食店に求める営業時間を明確にした。ステップ1とステップ2では飲食店の営業時間を二十二時まで緩和し、ステップ3では飲食店に求める終業時間を二十四時まで延長することを予定していた。

また、小池知事は新規陽性者数、新規感染者における接触歴不明率、週単位の陽性者の増加比のいずれかが緩和する基準を上まわった場合、「東京アラート」を発動し、都民に警戒を呼びかける予定であることも説明する。

ステップ1からステップ3へ

緊急事態が解消されると、東京都は二十六日からステップ1に進み、飲食店に要請する終業時間を二十時から二十二時に改め、図書館、美術館の再開を認める。当初の予定どおり、二週間ごとに休業要請の内容を緩和する場合、東京都では国が目指す六月十九日までの全面解除が実現しない可能性があった。

しかし、その後、六月一日に東京都はステップ2に移る。事業者から早期緩和を求める声が多かったために、予定を早めた(86)。だが、その翌日に週単位の増加比が二を超え、緩和基準の一以上となったことから、東京都は東京アラートを発令する(87)。ただ、六月十一日に再びすべての指標が緩和基準を満たしたために、東京都は東京アラートを解除し、ステップ3に移った(88)。

東京アラートの廃止と全面解除

六月十二日午後に小池都知事は記者会見で、感染者のモニタリングの指標については「専門家の方々のご意見も伺いながら考えていきたい」と発言、東京アラートという仕組みやロードマップで示した休業要請の基準を見直すことを明らかにする。その理由としてあげたのは、医療体制が改善してきていることや検査体制を強化することであった。

検査数が増えれば感染者数の増加が予想され、これまでの基準が過剰となるのは明らかであった。また緊急事態宣言時に比べれば確保できる病床数にも余裕が生まれており、より多い数の感染者を許容できるようになっていた。

この日の夕方、小池都知事は十八日に公示される東京都知事選挙への出馬を表明している。

その後、東京都は六月十九日に国に合わせる形で、接待を伴う飲食店などに対する休業要請を解除、飲食店への時短営業の依頼も撤廃する。

六月十九日に、東京都以外に北海道、神奈川県なども接待を伴う飲食店などに対する休業要請を取りやめる。またこの日、安倍政権は予定どおり一部の首都圏および北海道と、そのほかの府県との間の移動の自粛の呼びかけを解除する。大規模イベントの開催に対する制約は依然として残ったものの、この時点で安倍政権や地方公共団体による経済活動を抑制するような自粛の呼びかけや休業の要請はほぼなくなった。

4　第二次補正予算

追加対策

安倍政権は緊急事態宣言の解除基準の設定や宣言の段階的解除を進める一方で、緊急経済対策への追加策を立案する。

五月四日に安倍首相は、緊急事態宣言の期限の延長を発表した際に、緊急経済対策に政策を追加することを明言する。このとき、首相が言及したのは①家賃補助、②雇用調整助成金の拡充、③学生支援であった。

この背景には、与野党や世論からさらなる対策を求める強い声があった。四月二十七日から三十日に行われた二〇二〇年度予算補正予算の審議過程では、与野党を問わず、予算の拡大、追加の政策、第二次補正予算を求める声が相次いだ。例えば、日本維新の会の馬場《ばば》伸幸《のぶゆき》衆議院議員は「二次補正を視野に」追加的な対策を求めている。[89] また自民党の丸川珠代《まるかわたまよ》参議院議員は家賃について「もう一段踏み込んだ支援」を求めている。[90] 五月一日には自民党の若手議員が一〇〇兆円規模の補正予算を新たに編成することを求める提言を発表している。[91]

また新聞論調でも四月三十日に首相が宣言の期限を延長したことを踏まえ、追加対策を求める声が多かった。例えば、『日本経済新聞』は五月一日の社説で「延長すれば、経済活動の正常化も想定より遅れそうだ。追加の経済対策は避けられまい」と述べている。[92]『朝日新聞』も「政府は速やかに追加対策を詰め、国民に示す必要がある」と断じている。[93]

家賃問題

具体的な課題として早くから注目を集めていたのはテナントの賃料の支払いである。三月中旬以降、大阪府、兵庫県、東京都などから不要不急の外出、移動の自粛要請がなされる。これに伴い埼玉県、神奈川県、東京都で一部大型商業施設が休業や時短営業する。[94] 大阪府でもミナミで休業や営業時間を短縮する店があった。[95] 外出自粛により人出が減り、休業や営業時間の短縮が行われれば、店舗や飲食店の売り上げは減少する。これに伴い大型の商業施設ではテナントの賃料の軽減に踏み切る。(96)もっとも、賃料の減免を行うのは大手企業の場合が多く、中小の不動産業にとって家賃の引き下げは必ずしも簡単なことではなかった。(97)

四月に入ると賃料の問題は国会でも取り上げられるようになる。例えば、四月二日に立憲民主党の逢坂誠二《おおさかせいじ》衆議院議員が家賃の支払い猶予を求めている。(98)

四月七日には緊急事態宣言が発令され、多くの店舗に休業要請がなされる。休業しても家賃の支払いを行わなくてはならず、この問題への関心がさらに高まる。(99)全国知事会も四月十七日に行った国への緊急提言のなかで、賃料の支払い猶予の法制化を求めている。(100)

賃料支払い猶予要請

安倍政権は当初、不動産会社に賃料の支払い猶予を要請することでこの問題に対処しようとする。三月三十一日に国土交通省は、不動産関連の業界団体に、賃料の支払いが困難である場合には支払いの猶予など「柔軟な措置の実施」の検討を求めていた。(101)その後、安倍政権は三月十日の「緊急対応策第二弾」や四月七日に緊急経済対策などに盛り込んだ一連の税制措置、無利子・無担保融資、持続化給付金によって家賃問題に対応する考えを示す。

四月十三日に菅官房長官は記者会見でこう語る。

「飲食店の方々からずっとお話を伺うなかで一番、負担感があるのは、事実上の固定費である「人件費」と「賃料」だという声を多く聞いている」(102)

その上で、すでに国土交通省が賃料の支払いの猶予などを検討することを求めていることを紹介する。そして、売り上げが半減した場合には固定資産税を全額免除する措置が盛り込まれたので、賃貸業者がこの制度を活用して、賃料引き下げや猶予することを期待していることを明らかにする。[103] さらに四月十五日には赤羽一嘉国土交通大臣が衆議院国土交通委員会で、実質無利子無担保融資や持続化給付金を通じて「テナントの皆さんが賃料をちゃんと払っていけるような応援をするというのがまず第一」という見解を示している。[104]

野党の共同提案

一方、野党は独自の対策を提案する。国民民主党の玉木雄一郎《たまきゆういちろう》代表は四月十一日にツイッターで「家賃支払いモラトリアム法」制定の提案をする。[105] 主眼は不動産のオーナーが確実に賃料の支払いを受け取れるようにすることにあった。この構想では住宅金融支援機構がテナントにかわって不動産業者に賃料を支払い、住宅金融支援機構はコロナ危機が収まった後にテナントに賃料を請求することになっていた。

その後、四月二十八日に国民民主党は立憲民主党、共産党、社会民主党、日本維新の会と、飲食店などの賃料支払いを支援する法案を共同提出する。[106]

自民党案──借り手の直接支援

自民党も独自の対応策の検討に乗り出す。四月十九日に岸田文雄政務調査会長がテレビ番組で、家賃支払いを猶予するための法制度を整備する考えを示し、その後、自民党は党内で検討を進める。[107] 自民党の案は借り手の賃料支払いを直接支援することに重点を置いていた。四月二十八日の衆議院予算委員会で岸田氏は首相に対し、次のような対策案を披露する。借り手が無利子無担保融資を受けた場合、融資のうち家賃などの固定費に使った部分については給付金などの形で将来、国が負担するというものであった。[108]

これに対し安倍首相は「党における御検討の結果は政府としてもしっかりと受けとめていかなければならない」と自民党が検討する案を取り入れる考えを示す。[109] ポスト安倍を目指す岸田氏への配慮があったことは間違いない。[110]

プロジェクトチーム

四月三十日に自民党は家賃支援策を検討するプロジェクトチームを設置する。岸田氏は支援策のとりまとめに力を入れる。自らが主導した三〇万円給付案の撤回からの失地回復を試みたことは明らかである。

「助けてくれないか」

岸田氏は関係の近い石原伸晃《いしはらのぶてる》元幹事長に電話で座長就任を依頼する。[111] また座長代理に岸田派事務総長の根本匠《ねもとたくみ》氏を就ける。[112]

五月七日にプロジェクトチームが家賃支援策を取りまとめる。内容は次のようなものであった。まず国は無利子無担保融資などを通じて家賃支払いを支援する。さらに、中堅・中小企業を対象に「特別家賃支援給付金」を設け、給付する。給付の条件を、三か月で売り上げが三〇%以上減少するか、単月で五割以上の減収とし、条件を満たす場合に家賃の三分の二に相当する額を半年間助成する。(113)月ごとの給付額に上限を設け、中堅・中小企業については五〇万円、個人事業主に対しては二五万円とする。

七日の会合では五〇万円を上限とすることに異論も出たが、岸田氏と石原氏が一任を取りつけ、決着させる。(114)岸田氏は幹事長の二階俊博氏にも根回しをした。(115)

一方、公明党も家賃支援策を取りまとめる。公明党案は地方公共団体の家賃支援策に国が臨時交付金や予備費で支援するものだった。(116)

自民・公明両党は五月八日に支援策を協議、両党の案を組み合わせて与党案とし、五月八日に岸田政務調査会長と石田祝稔《いしだのりとし》公明党政務調査会長が安倍首相に提案する。(117)公明党は強い主張を控えた。岸田氏は五月十二日には麻生太郎財務大臣に家賃支援策を中心とする第二次補正予算案についての要望を示し、協力を要請している。(118)

第二次補正予算の編成

五月十四日の新型コロナウイルス感染症対策本部で、安倍首相は第二次補正予算の編成を発表する。その後、安倍内閣は五月二十七日に総額三一兆八一七一億円の第二次補正予算を閣議決定する。主な内容は企業の資金繰り支援策、家賃援助を含めた給付金による中堅・中小企業などへの支援策、地方公共団体への交付金の拡充策および医療体制の強化策であった。

企業の資金繰り支援策は政策金融公庫や民間金融機関からの実質無利子融資や劣後ローンなどからなっており、総額一一兆六三九〇億円が計上された。

次に、給付金による中堅・中小企業などの支援策には三つの柱があった。

第一は持続化給付金の拡充である。第一次補正予算で二兆三一七六億円計上された持続化給付金が、さらに一兆九四〇〇億円用意された。二番目は家賃支援給付金である。総額は二兆二四二億円であった。家賃支援給付金の限度額は与党案から引き上げられている。だが、最終案では中堅・中小企業、小規模事業者では月額一〇〇万円、個人事業主では五〇万円に改められた。

最後は雇用調整助成金の拡充のための四五一九億円であった。雇用調整助成金の支給上限額を八三三〇円から一万五〇〇〇円に増額し、助成率も引き上げた。従来の制度であれば助成率は中小企業で三分の二、大企業で五〇%であったが、解雇などを行わない場合の助成率を、中小企業の場合には一〇〇%、大企業の場合は七五%に引き上げた。

すでに雇用調整助成金に対しては前章で紹介したような批判がなされていた。安倍政権が講じた改善策を背景に支給件数は伸びる。相談件数は全国で三六万件を超え、五月二十五日時点で申請件数は四万五三八九件、支給件数は二万三五六三件となる(119)。しかしながら、一部の企業は雇用調整助成金を利用しなかったため、安倍政権は新たな給付金の創設に踏み切る。勤務先から休業手当を受け取れない勤労者のために給付金を設け、休業する前の賃金の八〇%を休業日数に応じて支払うことにする。安倍内閣はこのために雇用保険法の改正を六月八日に閣議決定する。六月十二日に法案は国会で成立する。

地方公共団体向けの交付金拡充と医療体制の強化策

また、地方公共団体の新型コロナウイルス感染症への対応を後押しするために、第一次補正予算で一兆円が用意された地方創生臨時交付金が拡充され、二兆円が計上された。

さらに、医療体制を強化するために、二兆九八九八億円の予算が確保された。この予算には主に次のような内容が盛り込まれている。①新型コロナウイルス感染症に対応する重点医療機関の空床確保料の補助。②感染症患者を診療した機関の医療従事者や職員への最大二〇万円の給付金。③医療用マスクなど個人防護具の支給。④PCR検査など検査体制の強化策。

その上で、一〇兆円の予備費が設定された。

巨額の予備費

第二次補正予算の編成後、経済対策については二つのことが問題になった。一つは巨額の予備費が計上されたことである。憲法八七条によれば、内閣が予備費を使った場合、内閣は国会の承諾を得なくてはならない。ただ、国会による事前の統制が効かないことが問題視された。[120]

国会審議でもこの規模が取り上げられる。例えば、国民民主党の源馬謙太郎《げんまけんたろう》衆議院議員は「十兆円という予備費の規模は果たして妥当なのか」と麻生太郎財務大臣に問いただしている。[121]六月三日に立憲民主、国民民主、共産、社会民主の野党四党は予備費一〇兆円の減額要求を行うことで合意する。[122]

安倍政権はこうした批判に配慮し、一〇兆円のうち五兆円分の使途を明示する。具体的には雇用調整助成金などに一兆円程度、持続化給付金や家賃支援給付金に二兆円程度、医療体制の強化に二兆円程度支出することを説明した。[123]

持続化給付金の委託費問題

もう一つは持続化給付金の委託費問題であった。五月下旬に経済産業省が持続化給付金の支給手続き業務を一般社団法人サービスデザイン推進協議会に七六九億円で委託し、同協議会が七四九億円で電通に再委託していることが明らかになる。与野党議員がともにその必要性、委託先の決定方法、差額の二〇億円の内容について安倍政権に確認し、注目を集める。[124]

電通が再委託を選んだのは、「多額の公金を会社のバランスシートに反映させること」を「適切でない」と判断したためであった。[125]二〇億円のほとんどは持続化給付金の振込手数料約一五・六億円であった。この他の内容は人件費一・二億円、振込業務に係る専門人材の確保〇・七億円、旅費、事務補助要員の人件費、消耗品費や事務機器リース料等約〇・六億円であり、税金が一・九億円であった。

この問題には余波があった。安倍政権はGoToキャンペーンの実施業務も民間企業に委ねることを予定していた。しかしながら委託問題が関心を集めたために、GoToキャンペーンの委託も注目され、その費用が三〇九五億円と巨額であることが批判される。[126] 当初の計画では経済産業省が一括して委託することになっていた。批判を踏まえて、安倍政権は実施済みだった事業者選定を中止、旅行振興策のGoToトラベルは国土交通省、飲食店振興策のGoToイートは農林水産省が、商店街とイベント進行のGoToイベントは経済産業省が、それぞれ委託先を選ぶことになる。

六月八日に第二次補正予算の審議は始まり、十二日に成立する。

安倍首相は五月二十五日に緊急事態宣言の終了にこぎつけ、六月十九日の時点で大規模イベントを除き、安倍政権や地方公共団体が経済社会活動の自粛や休業を求めることはほぼない状況を回復させた。また六月十二日には第二次補正予算を成立させる。

そうしたなか、当時は秘せられていたものの、安倍首相が六月十三日に受けた定期検診で持病の再発の兆しが判明していた。[127] その一方で六月下旬から感染者の増加が再び始まり、安倍政権や地方公共団体は対応を迫られることになる。

第6章　安倍内閣の終焉

はじめに

「総理大臣の職を辞することといたします(1)」

二〇二〇年八月二十八日十七時から、官邸一階の記者会見室で安倍晋三首相は会見を始め、今後の新型コロナウイルス感染症対策について説明した後、持病の再発を理由に辞任を表明する。この日の午後、首相は自民党の幹部に辞意を伝え、十五時からの臨時役員会でも辞職する考えを明らかにしていた。

こうして第四次安倍第二次改造内閣は突然終焉《しゅうえん》することになった。

本章では、地方公共団体による自粛や休業の要請がほぼなくなる六月十九日頃から、第四次安倍第二次改造内閣が退陣し、菅義偉内閣が成立するまでの時期を対象に、安倍政権や地方公共団体の新型コロナウイルス感染症への対応について分析する。

記者会見での首相の説明によれば、七月の中旬から体調がかなり悪化し、八月上旬に持病の潰瘍《かいよう》性大腸炎の再発が確認された。

首相の健康状態が悪くなる時期は新型コロナウイルス感染症の再拡大が進む時期と重なった。六月中旬から東京都で報告される感染者数が増え、次第に全国でも増加する傾向になる。ただ、第一波との大きな違いは検査体制、医療体制がより整備され、検査キャパシティーや医療機関のキャパシティーが拡大していたことである。また若年層の感染者の割合が高く、重症者の占める割合も一波のときに比べて低かった。このため安倍政権や地方公共団体は社会・経済活動を一波のときほど大幅に抑制することはなかった。また検査キャパシティーが増強されたために新たな感染症対策も実施できるようになった。

この時期の特徴は、都道府県知事が主体となって地域ごとに感染症への対策を立案したことである。その過程では経済の再開を重視する安倍政権と、感染の抑止に重きを置く知事との考えの違いも露《あら》わになる。

本章では以下の順序で議論を進める。第1節では、第一波が終息した後の安倍政権や地方公共団体の感染症に対応する体制について説明する。第一波が到来したときに比べ、検査キャパシティーや医療機関の受け入れキャパシティーが拡充されていたことを示す。第2節では、第二波が広がるなかで新たに実施されるようになった対策も紹介しながら、安倍政権や都道府県知事が新型コロナウイルス感染症の再拡大にいかに対応したのかを議論する。議論のなかでは、経済活動の再開について安倍政権と知事たちの姿勢が違ったことを示す。最後に安倍首相が辞任を決断する経緯について簡単に触れる。

1　感染再拡大への備え

安倍政権の考え

前章で説明したように、六月十九日に都道府県間の移動が解禁され、休業要請がほぼ全面的に解除される。この時期に全国で報告される感染者の数は、休業要請が解除される頃まで五〇人から六〇人程度に止まり、その多くが東京都で報告された事例であった。東京都では休業要請直前の六月十四日に、ほぼ一か月半ぶりに一日に報告される感染者の数が四〇人を超えて注目される。しかし、これは繁華街における接待を伴う飲食店の従業員や客が集中的に検査を受けたことを反映していると考えられていた。

この頃、安倍政権は新型コロナウイルス感染症への対応をどのように考えていたのか。安倍政権は感染予防策としては、「3密」の回避などを柱とする「新しい生活様式」を定着させることや、事業者が業種ごとに作った感染を防ぐためのガイドラインを守ることを重要視していた(2)。

六月十九日以降、イベントの収容人数制限を除けば、国や地方公共団体による経済社会活動への制約はほぼ完全になくなった。そこで、安倍首相は「感染予防策を講じながら、社会経済活動を本格化」していくことを期待していた(3)。つまり、感染拡大の防止と経済活動の回復を両立させるということである。特に安倍政権は経済活動の再開を強く望んでいた。

もっとも、安倍政権が目に見える形で経済活動の梃子入れをするのは七月の中旬以降であった。そこで、以下の部分では安倍政権や地方公共団体の感染再拡大に対する備えについて見ていきたい。

専門家会議の廃止

安倍政権は自粛と休業要請が解除された後に、新型コロナウイルス感染症への対策を立案する仕組みに変更を加える。七月三日に新型コロナウイルス感染症対策本部は、対策本部の下に置かれていた専門家会議を廃止する。

西村康稔新型コロナウイルス感染症対策担当大臣は六月二十四日に、専門家会議を廃止し、それにかわる組織として新型コロナウイルス感染症対策の分科会を新型インフルエンザ等対策有識者会議の下に置くことを発表する。西村担当大臣は二つの理由を挙げた(4)。一つは専門家会議の法律上の位置づけが明確でなく、新型インフルエンザ等対策特別措置法との関係をより明確にするため。もう一つは感染症の専門家だけで決めることのできない事柄を地方公共団体の代表やコミュニケーションの専門家も加えて議論するためであった。

検査キャパシティーの拡大

ところで、感染が再び拡大した場合に安倍政権や地方公共団体はどのような対応キャパシティーを備えていたのだろうか。この頃、対応キャパシティーは二月から三月にかけて感染が拡大したときに比べ高まっていた。まず検査体制が拡充され、検査するキャパシティーが高まっていた。これは三つの側面がある。

第一は、これまでの鼻の粘膜を拭《ぬぐ》って検体を採るPCR検査以外の方法が開発されたこと。第二は第一とも関連するが、民間検査会社の活用などを通じてより多くの検査を実施できるようになったこと。第三は、新型コロナウイルスに感染した疑いのある患者を診察する医療機関の数が増えたことである。

検査方法の多様化

まず検査方法から見ていこう。五月以降、従来の鼻の奥に綿棒をさして検体を採るPCR検査以外の検査手法が導入された。

まず、厚生労働省は五月十三日に抗原検査の簡易キットを薬事承認する。これは鼻の奥を拭って検体を採取し、新型コロナウイルスのタンパク質を検出する手法であった。富士レビオが開発し、四月に申請していた。

この方法の長所はPCR検査よりも短い時間で、三〇分程度で結果が出ることであった。陽性の場合に感染者として確定診断できる。PCR検査と比べ必要なウィルス量が多いため、陰性反応が出た場合にはあらためてPCR検査を行う必要があった。(5)陽性判断が出た場合にはPCR検査をする必要がなくなるので、PCR検査機関の負担を軽減できることが期待できた。(6)この頃、富士レビオには週二〇万件分提供する能力があった。(7)

唾液PCR

さらに厚生労働省は六月二日に、発症から九日間は唾液《だえき》によるPCR検査を認めることを発表する。(8)これまでPCR検査を行う場合には鼻や喉《のど》の奥に綿棒を付着させて検体を採取してきた。患者が綿棒を挿入されるときにせきやくしゃみをすると医師や看護師が飛沫《ひまつ》を浴びて感染するリスクがあり、検査が進まない要因になった。(9)唾液を利用する場合には感染の危険性がないため、検査件数を増やすことを期待できた。

その後、厚生労働省は定量抗原検査を六月十九日に承認したことを発表する。これは症状の有無を問わず、綿棒で鼻の奥を採取して検体を採取し、専用の機械を使って検査する手法である。この方式も富士レビオが開発した。症状のある場合、発症から九日以内であれば唾液を検体とすることも可能である。

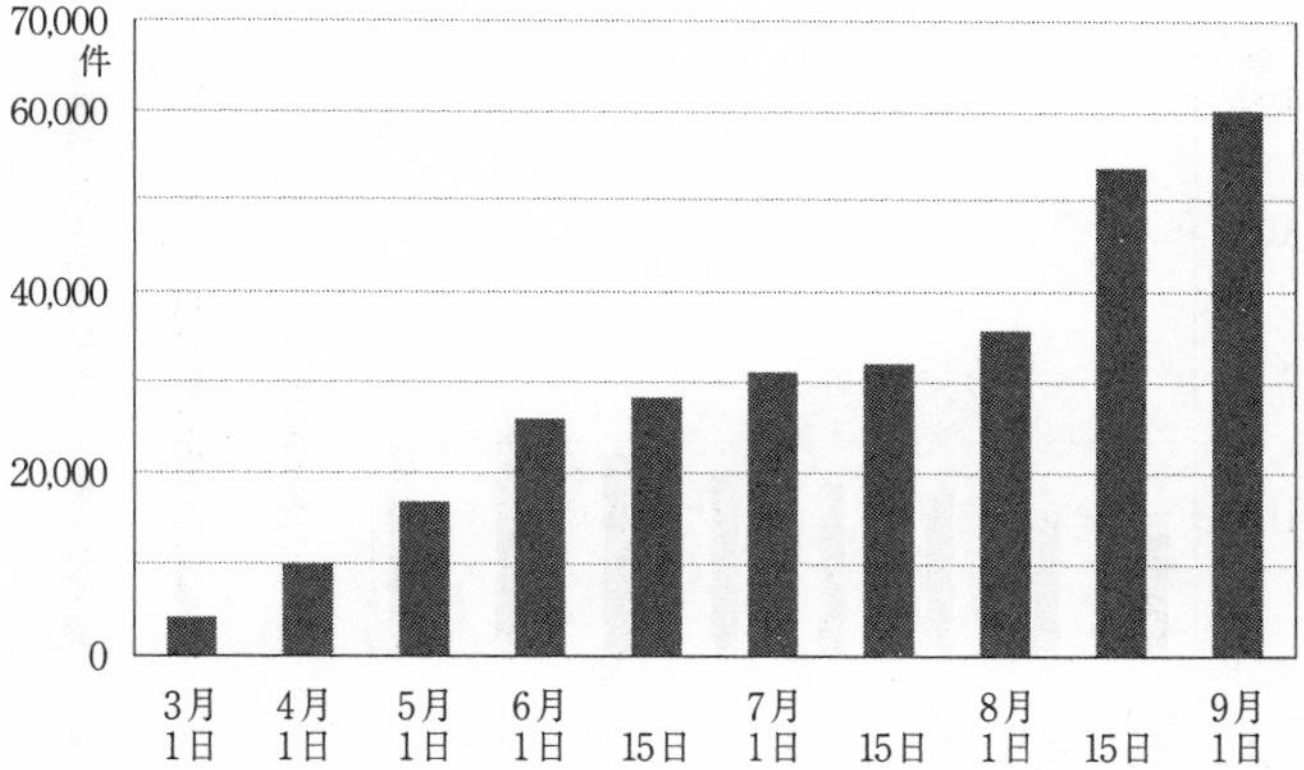

図６－１　全国の PCR 検査実施可能件数①
出所：新型コロナウイルス感染症対策分科会第１回（2020年７月６日）資料および厚生労働省報道資料「新型コロナウイルス感染症の現在の状況と厚生労働省の対応について」から筆者作成.

検査に必要な時間は三〇分と短く、ＰＣＲ検査より短時間で結果が出ることが特徴である。簡易キットより精度が高く、ＰＣＲ検査と同様の使い方ができる(10)。

さらに厚生労働省は七月十七日に、無症状の人にも唾液を用いたＰＣＲ検査と定量抗原検査を利用できることを発表する(11)。こうして第一波のときと比べ簡易かつより迅速に行える検査手法が整う。

ＰＣＲ検査の実施可能件数

また民間検査会社の活用を通じて、一日に実施できるＰＣＲ検査の数が拡大していた。一日に行えるＰＣＲ検査の数は四月一日時点で約一万件程度、五月一日時点でも約一万七〇〇〇件程度であった。しかし、六月十五日時点では二万八〇〇〇件に増強されており、

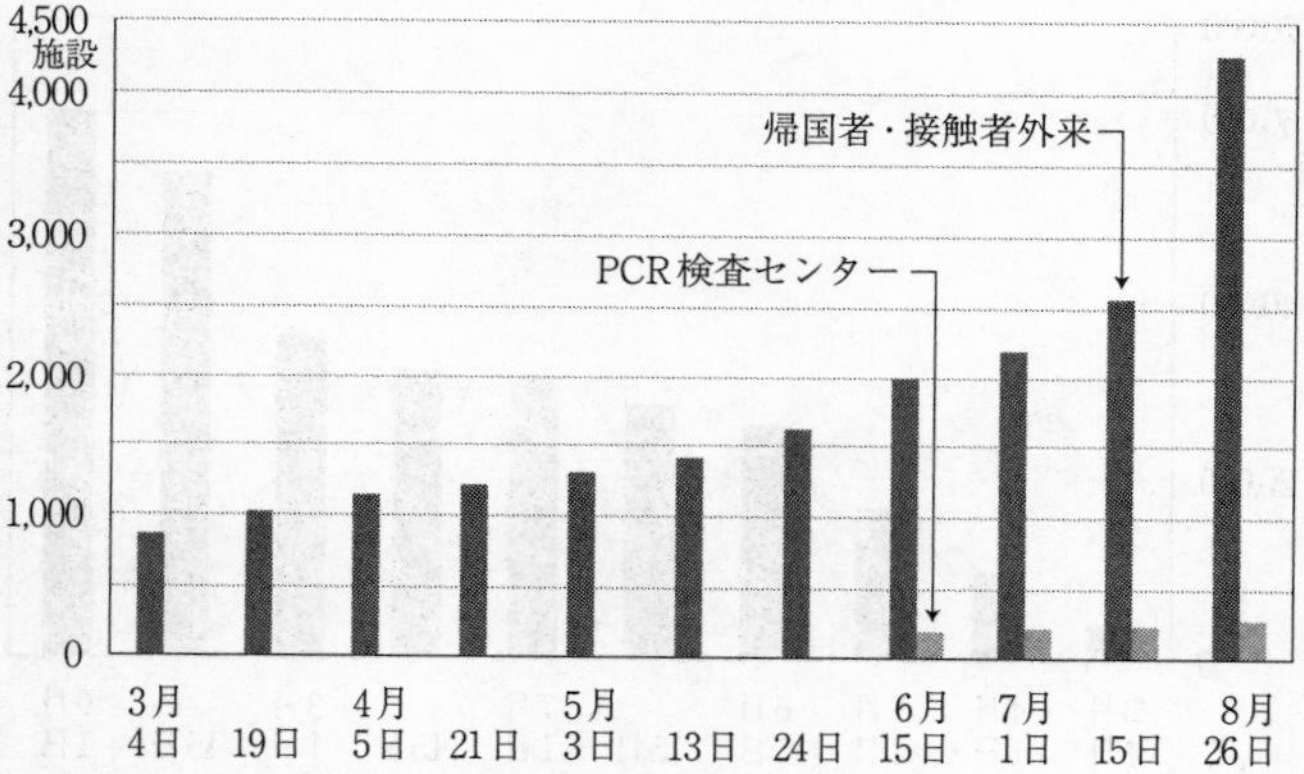

図6－2　全国の帰国者・接触者外来等の設置数
出所：新型コロナウイルス感染症対策本部配付資料から筆者作成.

六月末には三万件を超える。八月五日には五万件を上回る（図6－1）。また七月上旬時点では簡易キットによる抗原検査は一日あたり二・六万件が実施可能であった[12]。

さらに、三月以降、都道府県は検査を受けることのできる帰国者・接触者外来の設置数を増やす一方、五月以降、PCR検査センターの開設も進めた。この結果、検査を受けることのできる医療機関の数が、六月下旬から感染が再拡大した時期には相当増えていた（図6－2）。PCR検査センターの数を含め、帰国者・接触者外来の数は四月上旬には一一〇〇程度であった。六月中旬には倍増し、二〇〇〇か所を超え、七月中旬には二五〇〇か所に達する。このうちPCR検査センターの設置数は六月中旬には一九三か所、七月中旬では二二四か所となる。

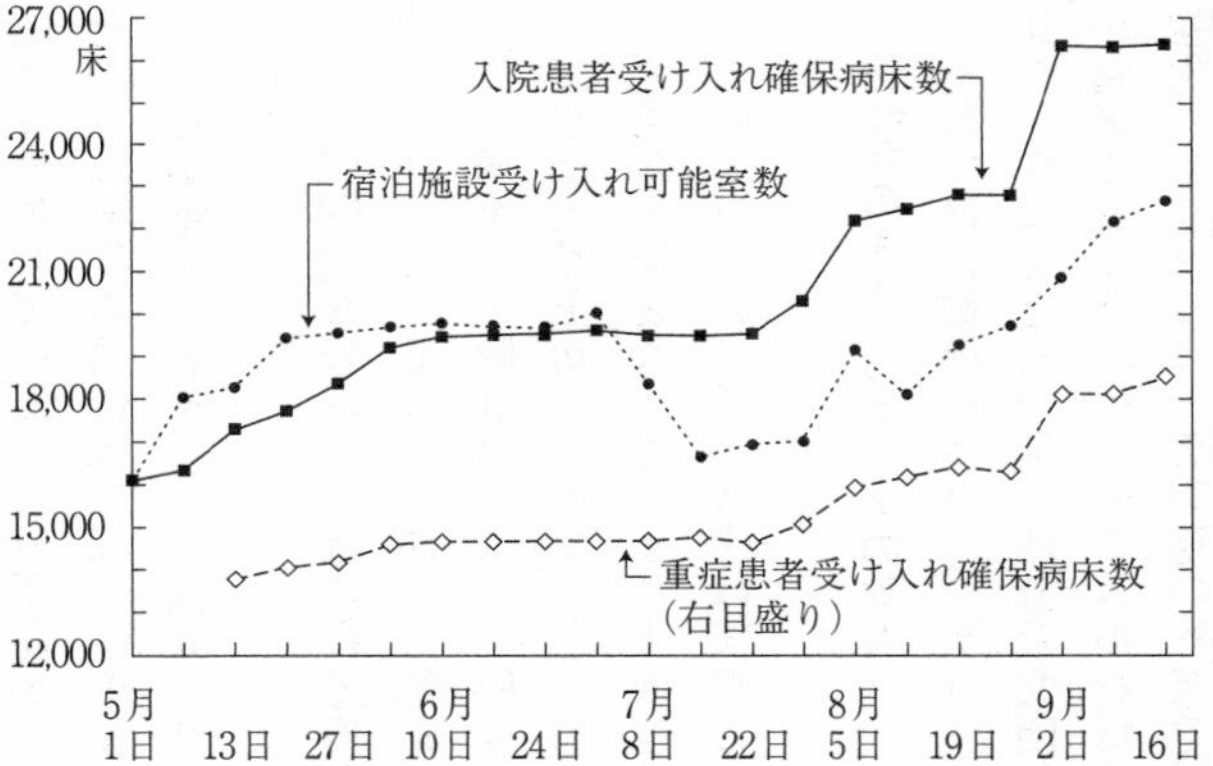

図6－3　全国の入院患者受入確保病床数，重症患者受入確保病床数，宿泊施設受入可能室数
出所：厚生労働省「療養状況及び入院患者受入病床数等に関する調査について」から筆者作成.

医療機関のキャパシティーの拡大

医療機関のキャパシティーも第一波のときに比べれば拡大していたと考えられる。一部の都道府県は第一波のときには感染者が増えるのに追われるように病床を確保することを迫られ、厚生労働省も全体として新型コロナウイルス感染症患者のために用意されている病床数を確認するのに苦労した。

この状況は五月上旬までに解消する。三月や四月の時期に比べると、六月以降の時期は医療体制がより整備され、医療機関のキャパシティーは拡大していた。

厚生労働省は五月一日には感染者用に確保されている病床数と宿泊施設の部屋数を資料として示すようになり、その後、中旬以降は重症者用の病床の数の公表も行う[13]。感染者全体用の病床数および重症者用の病床数は基本的には増加している。六月下旬から七月にかけて感染者全体のためには二万床程度が確保され、そのうち重症者用には二五〇〇床程度の備えがあった。無症状者、軽症者用の宿泊施設も二万室近くが整えられていた（図6-3）。また、入院先を調整する部局も全都道府県に設置されていた。

ただ、問題なのは、一部の都道府県では実際に利用できたベッドの数は厚生労働省が示す数値を下回っていることである。例えば、右の厚生労働省の資料によれば六月以降、東京都は三三〇〇病床、大阪府は一二〇〇程度の病床を準備できていたことになっている。しかしながら、東京都は七月上旬の時点で一〇〇〇床を確保していたに止まる。七月下旬に入り、二四〇〇床の利用が可能となった。また大阪府が七月下旬に使用できた病床数は六二〇程度であった。一方、埼玉県と愛知県の数字は実際にすぐに利用可能な病床数と合致していた[14]。

保健所のキャパシティーの改善

それでは保健所のキャパシティーはどのような状態にあったのであろうか。第一波のときに比べ、少なくとも一部の地方公共団体で、保健所の体制が改善したことは確かである。第二波が到来するまでに保健所の負担を軽減するために主に二つのことが行われている。一つは人員強化。もう一つは一部業務の外部委託である。人員強化は主に保健所を所管する都道府県や市区の他の部局から保健所に人員を配置することや、新たに保健所に勤務する職員を採用することによって行われた。

例えば、大阪府、愛知県などは他部署から府や県の管轄の保健所に職員を派遣した。[15]大阪市の場合、四月までに保健所の人員を増やすために保健福祉センターの保健師を保健所に勤務させている。[16]茨城県、山口県、千葉県などでは新たに保健師を採用している。[17]また兵庫県、山梨県などは退職した保健師や看護師を臨時に雇用した。[18]また多くの地方公共団体が保健所の業務を軽減するために、新型コロナウイルスに関する電話相談の窓口を一つの部局か外部委託するコールセンターに一本化している。[19]

こうした負担軽減策は保健所の新型コロナウイルス感染症に対処するキャパシティーを向上させたはずである。しかしながら、こうした措置が保健所のキャパシティーの大幅な増強につながったと考えることは難しい。七月十六日の新型コロナウイルス感染症対策分科会で保健所の機能強化策が話しあわれ、七月三十日に開催された厚生労働省の新型コロナウイルス感染症対策アドバイザリーボードで保健所の逼迫が論題になっている。このことは、引きつづき保健所のキャパシティーが十分なものではなかったことを示唆している。

2　第二波

新たな感染症対策――COCOAアプリ

安倍政権は六月以降、以前の時期には実施していなかった二つの感染拡大防止策の実施するようになる。一つは接触通知アプリCOCOA（Covid-19 Contact-Confirming Application）の投入である。このアプリを導入すると次のような形で導入した人が新型コロナウイルスの感染者と接触したかどうかがわかるようになっている。このアプリの利用者が新型コロナウイルスに感染した場合にその事実を入力すると、アプリの他の利用者が感染者と過去二週間のうちに一メートル以内に一五分以上いた場合、通知が届くのである[20]。

厚生労働省は八月二十一日以降、接触した連絡を受けた場合、希望者が無料で検査を受診できることにする[21]。多くの国内の居住者が導入し、接触者が外出を控えるようになると感染抑止効果を期待できることになった[22]。

「夜の街」の感染対策

もう一つは繁華街の接待を伴う飲食店の従業員に、PCR検査を受けてもらうことである。これは、安倍政権、東京都知事、一部の特別区の区長が協力して始めた感染拡大抑制策であった。この方策は飲食店からの二次感染を防ぐことを主眼としていた。

この抑制策のモデルを作ったのは東京都新宿区である。六月上旬頃から新宿区は接待を伴う飲食店の従業員に対する検査を行った。

新宿区の吉住健一《よしずみけんいち》区長は六月に新宿区歌舞伎町の接待を伴う飲食店の経営者の協力を得て、「新宿区繁華街新型コロナ対策連絡会」を発足させた。[23] 事業者の理解を得て、ホストクラブの従業員、さらにその客を中心に、PCR検査を集中的に実施する。また新宿区は区内の住民で感染した人に一〇万円を見舞金として八月から支給することを決める。[24] この結果、新宿区で判明する感染者の数は増え、東京都の陽性者数も増加していく。

接待を伴う飲食店の従業員や利用した客の間で感染が拡大しやすいことは、政策担当者や専門家の間では課題として新型コロナウイルス感染症の拡大が始まった初期の頃から認識されてきた。すでに紹介したように、三月に東京都の記者会見で、西浦博北海道大学教授が「夜の街」という表現で、接待を伴う飲食店で感染する事例がかなりあることを指摘していた。六月七日に東京都の小池百合子知事と西村担当大臣が会談し、接待を伴う飲食店の従業員がPCR検査を受けることや感染症対策を講じる店を支援していくことで合意する。[25] その後、検査が続いたため新宿区では感染者の判明が続く。

東京都豊島区の池袋でも七月一日にホストクラブから集団感染が判明する。[26] このことを踏まえて、三日には、豊島区の高野之夫《たかのゆきお》区長は全ホストクラブにPCR検査を実施することを決める[27]。

その後、西村担当大臣は小池都知事や吉住新宿区長、高野豊島区長と、四日と十日に会談する。会談後、西村担当大臣は接待を伴う飲食店における感染を防ぐための対策を発表する[28]。その柱は感染の可能性が高い地域において、無症状者や陽性者が出ていない店舗に対してもPCR検査を戦略的に行うことであった。

PCR検査を広く実施することを可能にするため、七月十七日に加藤勝信厚生労働大臣は行政検査を認める要件を広げることを発表する。具体的には、特定の地域や集団、組織等において検査を行う必要性が高く、かつ、またクラスター連鎖が発生しやすいと考えられる場合には地域や集団、組織関係者に行政検査を行うことを認めることを明らかにした。こうして保健所が感染発生の可能性が高いと判断するだけで検査が行えるようになり、繁華街における飲食店に対し、幅広く検査を行うことに道が開かれた。

また、安倍政権は風俗営業法による警察による立ち入り調査も活用して、感染拡大を抑制しようとする[29]。

その後、東京都新宿区に続き、千葉市、さいたま市などが繁華街のホストクラブやキャバクラの従業員に協力を求め集中的に検査することを始める[30]。

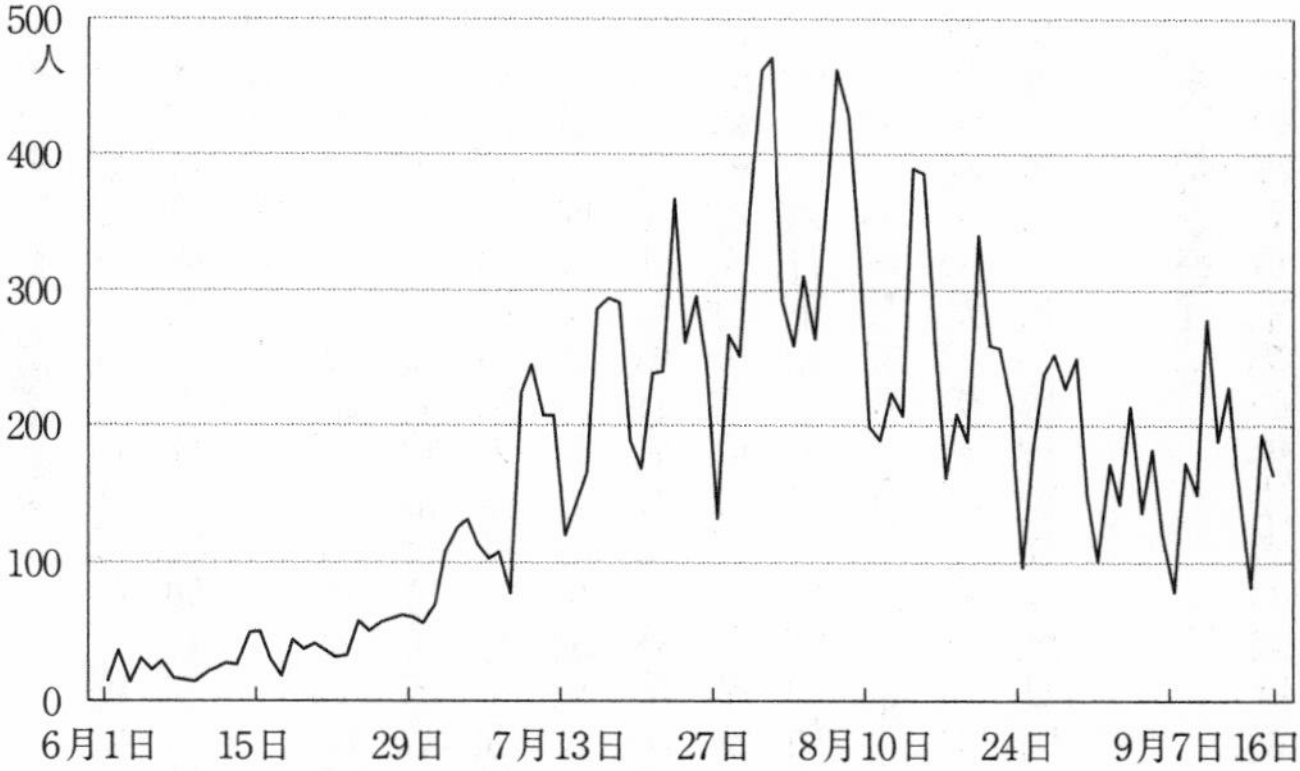

図6－4　東京都の1日の感染者数④
出所：東京都の公表資料から筆者作成.

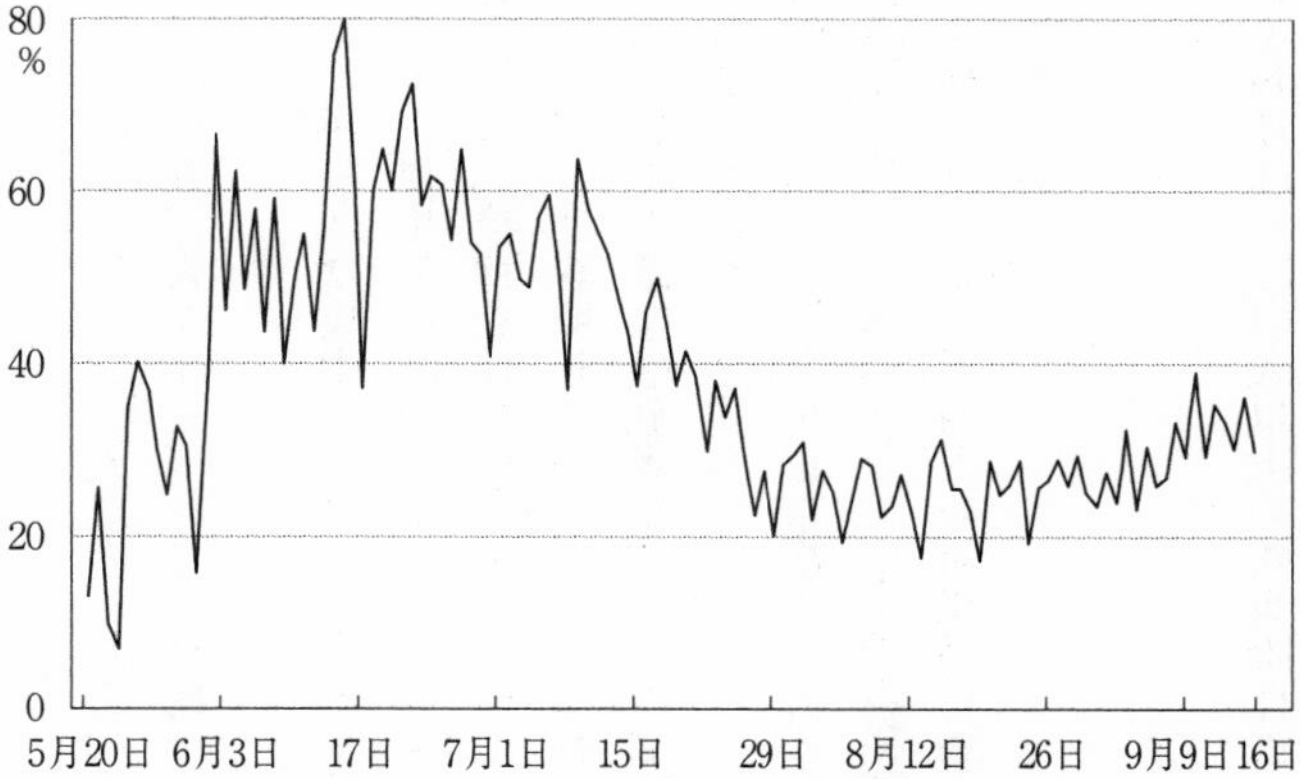

図6－5　全国の感染者数に占める東京都の感染者数の割合
出所：厚生労働省の「オープンデータ」，東京都の公表資料から筆者が
　　計算し，作成.

東京都における感染拡大

東京都では六月上旬までは、感染者の数はほとんどの日で二〇人以内に収まっていた。中旬以降、新規感染者の数が増加し、六月二十四日には五〇人を超え、七月二日には一〇〇人を上回った（図6-4）。

すでに紹介したように六月の上旬頃から東京都新宿区は集中的なPCR検査を始めていた。[31]このため当初、安倍政権は感染者数の急増は検査を強化したためであるという見方を示す。例えば、西村担当大臣は六月十五日の記者会見で「接待を伴う飲食業において、今、新宿区でPCR検査を受けることを勧奨していっています」と説明している。[32]菅官房長官も七月一日に「接待を伴う飲食店など、感染が確認された店舗での濃厚接触者や、店舗の関係者などに積極的に検査を行っていただいた結果がかなり含まれている」と述べている。[33]

確かに六月下旬までは、全国の新規感染者のうち六〇%以上が東京都で報告される日がほとんどであった（図6-5）。その東京都の新規陽性者のうち、こうした店舗の従業員の占める割合が高かった。例えば、六月二十六日に東京都で判明した五四人の新規感染者のうち、過半数以上の三一人が接待を伴う飲食店の従業員や客であった。[34]

東京都の医療体制

その後も東京都の感染者の数は増え、七月中旬には二〇〇人以上の新規陽性者を記録する日が多くなる一方、感染者のなかで接待を伴う飲食店に関連づけられる陽性者が占める割合も低くなっていく。

感染者数の拡大を踏まえて、七月四日に東京都の小池知事は都民に対し都外への不要不急の外出を自粛するよう要請した。なお、七月五日に東京都知事選挙が行われ、小池都知事は再選を果たしている。

七月十五日に小池都知事は東京都の感染状況が四段階あるモニタリングレベルの最高水準にあたること、医療提供体制は四段階中三番目に高い水準であることを説明し、「感染拡大警報」を出す。

感染が再拡大したために東京都の医療体制は一時不安定になる。東京都の対応は遅れ気味であった。問題は確保している病床と宿泊施設の数を縮小させてしまったことである。東京都は第一波では最大でベッドを三三〇〇床準備した。しかし、七月八日時点で利用可能な病床数は一〇〇〇床に止まっていた[35]。

また、第一波に際し、東京都は軽症者・無症状者用の宿泊施設として五つのホテルを借り上げ、総計二八六五室を確保していた。だが、六月末に三ホテルの契約が終了する。もう一つのホテルも七月末に契約が切れることになっていた[36]。この結果、七月十五日の時点で利用可能な宿泊施設は一九六室まで減少してしまった[37]。

病床確保

七月六日に入院患者の数が四〇〇〇人を超え、東京都は都内の医療機関に病床を二八〇〇床まで増加させるよう要請する。[38]東京都は七月十三日までに二八〇〇床の確保を目指していたが、[39]十五日までに一五〇〇床程度、[40]二十二日までに二四〇〇床を用意できるに止まった。[41]七月十四日の東京都のモニタリング会議では「稼働できる病床の準備には、人員確保を含め2週間程度かかることから、医療機関の体制整備が未だ整っていない」と評価されている。[42]

病床数を目標どおりに増やすことができなかった背景には、医療機関が一般病床を新型コロナウイルス感染症の患者用に転換することを渋ったことがあった。[43]新型コロナウイルス感染症の患者を受け入れると、人員を要する上に他の入院患者を減らし、手術も制限することになり、大きな減収要因となるからである。

また東京都は新型コロナウイルス感染症患者のために病床を確保するために国が設けた第二次補正予算の予算も活用できていなかった。[44]

第5章で説明したように、六月十二日に第二次補正予算が成立していた。この予算では一部の医療機関を新型コロナウイルス感染症患者に対応する重点医療機関として扱うことになっていた。重点医療機関が感染症患者の増大に備えてベッドを空けておく場合には、空床確保料が支払われる仕組みになっていた。この仕組みの下で重点医療機関を指定するのは都道府県であった。しかしながら、東京都は八月上旬の時点で重点医療機関を指定していなかった。[45]

菅長官の「東京問題」

また東京都では一時宿泊施設の数が少なくなってしまう。このため、七月上旬には宿泊療養者の数が自宅療養者のそれを上回っていたのが、十日以降逆転し、自宅療養者が急増する。宿泊施設が不足したために軽症者を入院させることになり病床数が逼迫することにもなった[46]。

東京都は十六日と二十三日に二つのホテルを借り上げ、四七四室を用意する[47]。東京都は二十八日に、七月中にさらに一四八〇室増やすと発表し、確保できた宿泊施設の総数は二一五〇室になる[48]。

東京都の対応に安倍政権は不満を隠さなかった。菅官房長官は七月十一日、北海道千歳市の講演で東京都の感染拡大について「圧倒的に「東京問題」と言っても過言ではないほど、東京中心の問題になっている」と発言する[49]。八月一日もテレビで東京都などが宿泊施設としてのホテルの部屋数を縮小させたことについて「経費は国が出すと明確に言っているので、しっかり押さえておいていただきたかった」、東京都の場合、「陽性者が増え始めた時に２００ぐらいの部屋しか確保できていない状況も実はあった」と指摘する[50]。その上で、「そうしたことも含め、「東京問題」と申し上げてきている」と東京都をあらためて批判した[51]。

全国への拡大

しかし、菅官房長官が北海道で講演を行った頃、「東京問題」と形容するのには相応《ふさわ》しくない状況になっていた。七月中旬に入り、全国の感染者のなかで、東京都の占める割合は徐々に低下していた。絶対数で見た場合も、日本全国の感染者は六月末から急速に増えていく（図6-6）。新規感染者の数は、六月二十八日に一〇〇人を上回り、七月四日には二五〇人を超える。七月二十九日には一二〇〇人以上の陽性者を記録する。

東京都以外の地域でも判明する感染者の数が多くなった。例えば、緊急事態宣言解除後、大阪府でも新たに報告される陽性者数は六月末まで一桁が続き、報告されない日もあった（図6-7）。しかし、七月上旬から再び増加を始め、七月九日に三〇人に達し、二十二日には一〇〇人を超え、二十九日には二〇〇人を上回る。

なお、第二波には二つの特徴があることを確認しておきたい。感染者のなかで高齢者の占める割合が第一波のときに比べ低かったことと、重症者が第一波のときほど増えなかったことである。八月二十四日の厚生労働省アドバイザリーボードの資料によれば、一月十六日から五月三十一日の間の感染者のうち七十歳以上が占める割合は二〇・三％であったのに対し、六月一日から八月十九日の間の場合、その数値は八・八％であった[52]。また第一波のときに重症者の数は最大で三二八人にまで達したが、第二波は二五九人でこれを下回る。

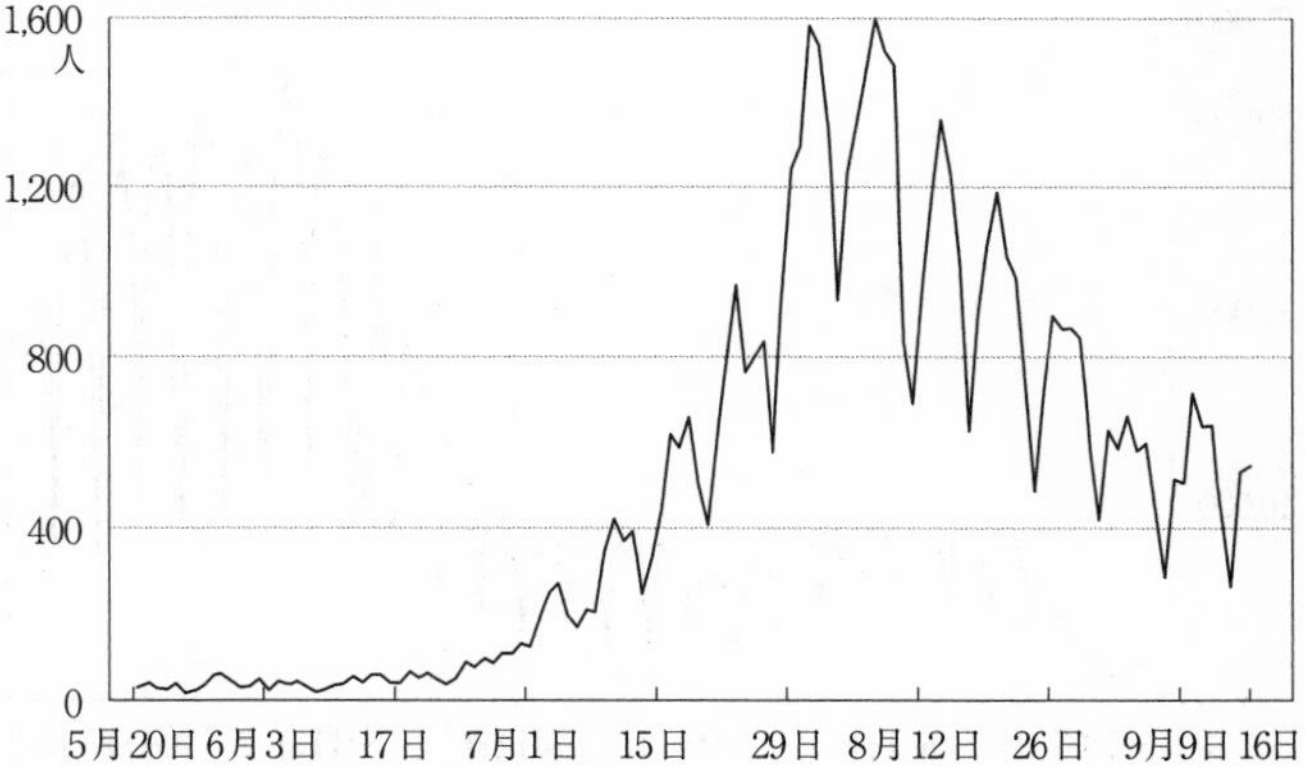

図６－６　全国の１日の感染者数⑥
出所：厚生労働省の「オープンデータ」から筆者作成.

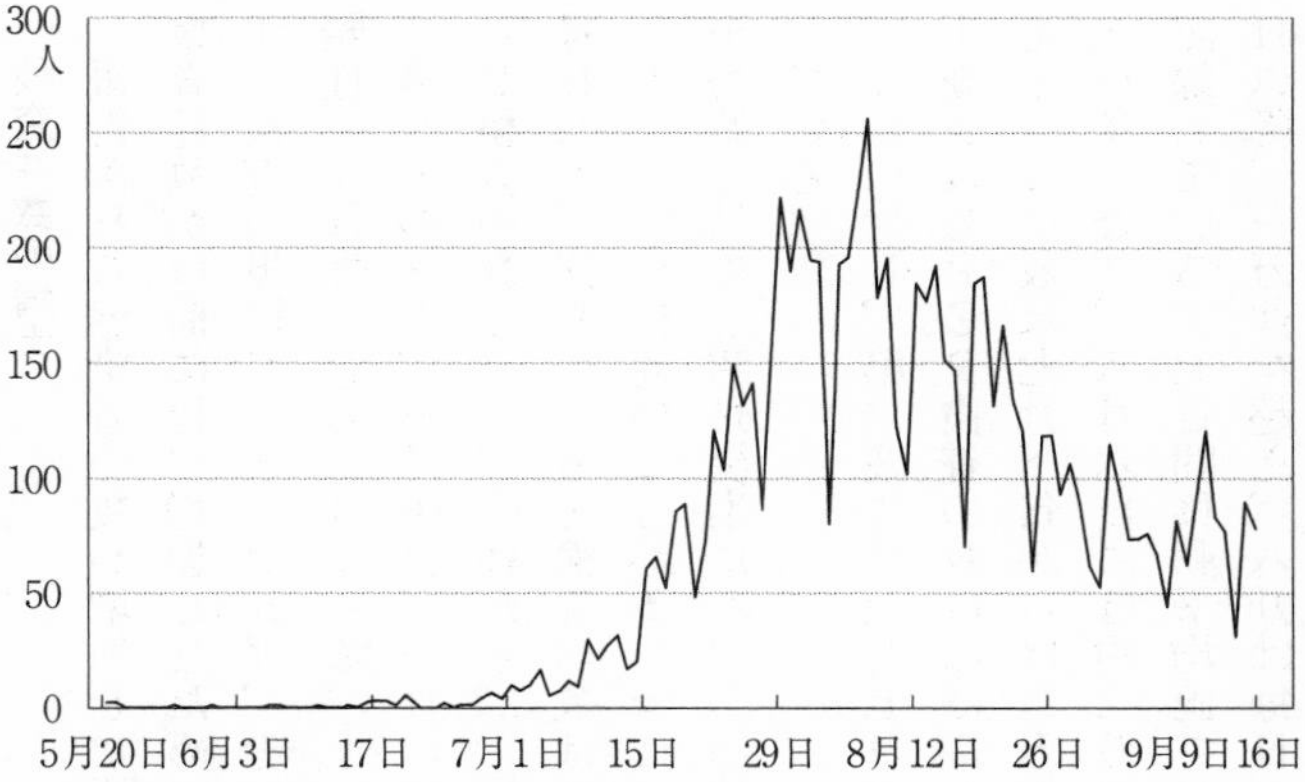

図６－７　大阪府の１日の感染者数④
出所：大阪府の公表資料から筆者作成.

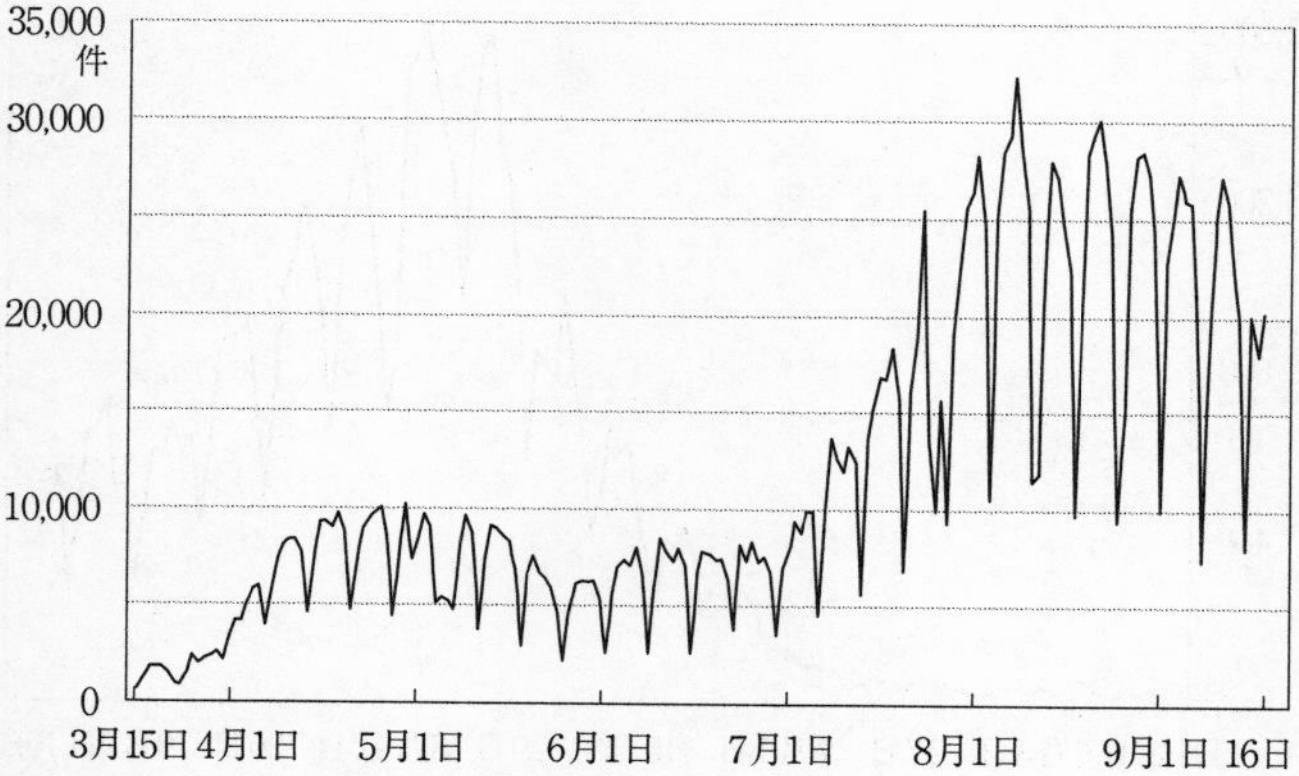

図6－8　全国の実施検査件数③
出所：厚生労働省の「オープンデータ」から筆者作成.

検査件数の増大

報告される感染者の数が増加した要因の一つは、検査件数が以前に比べ増加したためである。実施する検査の規模が大きくなれば、それだけ多くの陽性者を探知できるようになる。

第一波のとき、三月中は、一日に実施されるPCR検査の数は一〇〇〇件から二〇〇〇件の間を推移した。四月になると検査の数は八〇〇〇件から九〇〇〇件程度のことが多かった。七日間移動平均値で見ると四月後半に八〇〇〇件の水準を保っている。

これに対し、第二波では七月七日以降、一日に実施されるPCR検査の数はほぼ毎日一万件を超える。この数は七月下旬からは二万件を上回ることが多くなり、八月六日には約三万二〇〇〇件を記録している。七日間移動平均値で見ると七月九日以降、一万件を超え、八月は毎日二万件を上回っている（図６－８）。

東京都における検査数も大きく伸びている。三月中に東京のＰＣＲ検査の数が一〇〇〇件に到達することはなかった。四月に入り一〇〇〇件を超えるＰＣＲ検査が行われるようになる。さらに、六月にはＰＣＲ検査と抗原検査を合わせて検査数が二〇〇〇件を超える日が多くなる。七月以降、五〇〇〇件以上の検査が行われる日も増えていく。

緊急事態宣言の否定

数字の上では全国の一日あたりの新規感染者の数は七月十日に四二〇人を記録し、緊急事態宣言が発令される前の最大の人数だった四月五日の三八六人を上回る。しかし、安倍政権は緊急事態宣言を再発令することは考えてはいなかった。

例えば、七月十日午後の記者会見で、記者が東京都の感染者数が最多となったことを挙げて、緊急事態宣言を発令する方針について問うと、菅官房長官は緊急事態宣言を発出する状況ではないと述べている。[53] 西村担当大臣も七月十五日の衆議院予算委員会で、「緊急事態宣言を出して、国民に自粛や休業をお願いする大きな波にはまだ至っていない」と答えている。[54] 安倍政権が強調したのは感染者の多くを若年層が占めることと、医療提供体制に余裕があることであった。

Go Toキャンペーンの前倒し

七月に入ると、感染は拡大していたものの安倍政権は経済活動の再開、活性化を図ろうとする。七月十日には予定どおりイベントの開催制限をさらに緩和し、参加人数の上限を五〇〇〇人まで引き上げるとともに、プロスポーツの観客を五〇〇〇人まで認める。

また、この日、国土交通省はもともと八月上旬を目標にしていたGo Toトラベルキャンペーンを七月二十二日に前倒しして始めることを発表する。[55] 二十三日からは四連休だった。この決定は菅官房長官が主導したものだった。[56]

菅官房長官vs.小池知事

これに対して多くの都道府県知事は、感染が広まるなかでキャンペーンを全国規模で実施することについて疑問を提示する。議論を提起したのは小池都知事であった。菅官房長官が七月十一日に感染の拡大を「東京問題」と形容したことに関連して、十三日に小池知事は、東京都の感染者の数が増えたのは検査が多いためであると反論、検査の結果判明したのは無症状者が相当存在することであると説明する。その上で、「冷房と暖房の両方をかける」ようなキャンペーンについて無症状の人もいることも踏まえて対応を考えるのは「国の問題」だと指摘する。[57]

十四日には吉村洋文大阪府知事も「全国的にやるべきではない」と意見を表明する。[58] 小池都知事は十五日の記者会見で、東京都民に不要不急の都外への外出を自粛することをあらためて要望する一方、安倍政権に対しＧｏＴｏトラベルキャンペーンの実施時期や実施方法について再考を求める。[59]このほか、伊原木《いばらぎ》隆太《りゅうた》岡山県知事、村岡《むらおか》嗣政《つぐまさ》山口県知事なども同趣旨の慎重意見を述べている。[60]

知事たちの懸念を踏まえて、十六日に安倍首相、菅官房長官、赤羽一嘉国土交通大臣、西村担当大臣が協議し、感染者の多い東京都だけを対象から除外することが決まった。[61]小池都知事の反対姿勢を考慮した結果であった。

安倍政権はイベント制限の緩和をさらに進めることについても慎重姿勢に転じる。もともと、安倍政権は八月一日頃からイベントの収容率を五〇％以内とする一方で、五〇〇〇人という人数の上限を撤廃する目安を示してきた。しかし、感染の拡大を踏まえ、七月二十二日の対策本部で、八月中は五〇〇〇人の上限を維持することを決める。

お盆帰省

お盆の帰省についても安倍政権と都道府県知事の考え方は分かれた。

西村担当大臣が「実家にお年寄りがいるケースもあるので慎重に考えないといけない」と述べたものの、安倍政権は帰省を一律に自粛することを求めることはしなかった。[62]一方、知事たちはより慎重な姿勢を示している。全国知事会は八月八日に「大切な「ふるさと」と命を守るために――お盆の帰省について」という文書を公表している。

この文書は帰省について「いま一度」家族などと相談することを呼びかけ、「『帰省をされる場合』であっても」徹底した感染防止を求め、言外に帰省を控えてほしいという思いを示している。また、四十七全都道府県が帰省についての考え方を公表している。(63) 秋田県と熊本県が明確に帰省の自粛を求めているほか、多くの都道府県が慎重な対応を要望している。

東京都の営業時間短縮要請

結局、安倍政権は国全体を対象とする感染拡大抑制策を積極的に講じることはなかった。抑制策の内容を都道府県に委ねる。七月下旬に感染が拡大したため、一部の都道府県は休業や営業時間短縮の要請に再度踏み切ることになる。

感染の拡大が続いたため、小池都知事は七月二十二日に臨時会見を開いて四連休中の外出自粛を呼びかける。さらに七月三十日に小池知事は記者会見で、酒類の提供を行う飲食店とカラオケ店に対して、八月三日から三十一日までの営業時間を朝五時から夜十時までとすることを求める。新型インフルエンザ等対策特別措置法二四条に基づく要請であった。(64)

同時に休業に協力する中小企業、個人事業主には一律二〇万円を協力金として支給することも発表する。この後、東京都は二十三区に限り、時短営業の要請を九月十五日まで延長し、同様の形で一五万円を協力金として給付する。

大阪府と愛知県の休業要請

大阪府では感染者が増えたため、七月二十八日に吉村府知事が会見で、八月一日から二十日まで五人以上の飲み会を自粛するよう求める。[65] さらに三十一日に知事は、感染者が急増し、大阪のミナミで多くの感染者が出ていることを踏まえ、八月六日から二十日にかけてミナミの一部地域の飲食店に休業と時間短縮要請を行うことを明らかにする。[66] 接待を伴う飲食店、バー、ナイトクラブ、カラオケ店等に対して、ガイドラインを遵守していない場合に休業を要請、遵守している場合には五時から二十時の間での営業を求める。そのほかの酒類を提供する飲食店については五時から二十時の間の営業を依頼する。その後、八月四日に吉村府知事は松井一郎大阪市長と共同で記者会見を開き、短縮営業に協力する飲食店に一日二万円、最大三〇万円の協力金を支給することを説明する。[67]

愛知県でも感染者が増え、七月二十八日に新規感染者の数が一〇〇人を超え、七月三十一日にはこれまでで最高となる一九三人を記録する。大村秀章《おおむらひであき》知事は八月一日に名古屋市の栄、錦両地区の飲食店などに対して、大阪府と同様の形で休業と営業時間の短縮要請を行うことを発表する。[68] また、協力金を一日あたり一万円、総額二〇万円給付することも説明する。さらに、六日に県独自の緊急事態宣言を二十四日まで発令、不要不急の行動自粛、県をまたぐ移動の自粛を県民に要請する。[69]

沖縄県の緊急事態宣言

沖縄県でも感染者が七月末から増えはじめる。七月三十日から八月五日にかけて、一週間の一〇万人あたりの感染者数は全国で最高を記録する。

七月三十日には玉城《たまき》デニー沖縄県知事が、那覇市の松山地区の接待を伴う飲食店を対象に八月一日から十五日まで休業を要請する[70]。さらに三十一日に玉城知事は、八月一日から県独自の緊急事態宣言を発令すると発表する[71]。県民に外出自粛を求める一方、那覇市内の飲食店に朝五時から夜二十二時までの間に営業時間を短縮することを求める。沖縄県は、休業要請に応じた事業者には二〇万円、時間短縮営業に協力した事業者に協力金一〇万円を支給する[72]。

沖縄県の場合、深刻だったのは医療状況が逼迫したことである。七月三十一日には感染者の数が準備している病床数を上回り、病床率が一〇四・二%となる[73]。また沖縄県は七月二十九日の時点で無症状、軽症者用の宿泊施設を用意できておらず、七月三十日に六〇室を確保する[74]。宿泊施設の手配が遅れたことについて菅官房長官は、「政府から沖縄県に、何回となく確保すべきだと促してきたと報告を受けている」と八月三日の会見で不満を表明する[75]。

その後、沖縄県は緊急事態宣言を九月五日まで延長する。

安倍政権は橋本岳厚生労働副大臣を沖縄に派遣し、八月十六日に医療体制の逼迫状況について知事と協議させる。沖縄県では医療従事者が不足したため、その後、全国知事会が三二人の看護師を派遣する。また防衛省も看護師資格を持つ自衛官ら二〇人を支援のために送る[76]。

感染者の減少

八月に入っても増加の傾向が続き、全国の一日の感染者数は八月七日にピークとなる一五九五人を記録する。その後、減少に転じる。Agoop社の資料を見ると、日本全国のさまざまな地域で、八月の人の流れは七月に比べ減少していたことがうかがえる。人の動きが縮小したことが感染の抑制につながったと考えられる。二つの要因が考えられる。一つは各地方公共団体が導入した移動抑制策が効果を持ったこと。もう一つは国民が感染拡大の報道に接し、自ら行動を控えたことである。

七日間移動平均値で見た場合に、九月上旬には一日の日本全体の感染者の数が五〇〇人台まで低下する。八月一日に東京都の陽性者数は第二波の間で最高となる四七二人を記録する。その後、数字は徐々に低い値を取るようになっていく。八月中旬には七日間移動平均値で一日の感染者数が三〇〇人を切るようになり、九月上旬には一〇〇人台となり、九月七日には約一四七人という第二波で最も低い数字になる。大阪府では、八月七日に新規陽性者の数は第二波のピークとなる二五五人を記録する。その後、新規感染者の数は減少する傾向になり、七日間移動平均値で八月末に一〇〇人を切る。

3　安倍内閣の退陣と菅新内閣の発足

首相の体調問題

安倍政権や地方公共団体が第二波の対応に追われるなか、首相の体調不良について少しずつ関心が集まるようになる。[77]八月上旬には菅官房長官に対し、週刊誌報道をもとに首相の健康状態を問う質問がなされている。[78]中旬には首相の声が小さい、足取りが重いという報道もなされるようになる。

こうした不安を裏づけるかのように、首相は八月十七日に慶應義塾大学病院を訪れる。このとき、首相は「体調管理に万全を期すため検査を受けた」と語っている。[79]一週間後の二十四日にも首相は再び同大学病院に向かった。再訪は「追加検査」のためであると菅官房長官が説明する。[80]

突然の退陣表明

しかし、安倍首相は八月二十八日午後、突然、自民党の臨時役員会で辞任する意向を示す。その後、記者会見を開き、今後の新型コロナウイルス感染症対策の取り組み方を示した後、持病の再発を理由に辞意を表明した。

首相は、六月の定期検診で持病の潰瘍性大腸炎の再発の兆しがあることについて指摘を受けたことを明らかにする。その後、七月半ばに体調が悪化し、「体力をかなり消耗する状況」になり、八月上旬に再発が確認されたと説明する。

首相は会見で「体力が万全でないという苦痛の中、大切な政治判断を誤ること」を恐れて辞任を決断したと退陣の理由を述べる。また体調が悪化し、突然辞めざるを得なくなることも恐れていたと考えられる。会見前の自民党役員会では「体調が悪化するぎりぎりまで総理の職を続け、突然辞めるようなことは繰り返したくない」と語っている。(81)

今後の感染症対策

記者会見に先立って首相は対策本部を開催し、今後の取り組みについて決定する。今後の取り組みについては次のようないくつかの方針を定めた。

①感染症法において二類感染症相当以上となっている新型コロナウイルス感染症の扱いを見直すこと。具体的には、感染者を基本的に入院させるという対応を改めて、軽症者や無症状者には宿泊施設での滞在を求めること。

②新型コロナウイルスの検査を地域の医療機関で簡易、迅速に行えるよう抗原簡易キットによる検査を拡充する一方、ＰＣＲ検査などをさらに拡充すること。

③かかりつけ医など身近な医療機関で受診できるような体制を整備すること。
④保健所体制を整備すること。

菅内閣の発足

次の首相を事実上決める自民党総裁選挙は九月十四日に行われる。総裁選には菅義偉官房長官、岸田文雄自民党政務調査会長、石破茂《いしばしげる》元幹事長が出馬し、菅官房長官が勝利を収める。九月十六日に第四次安倍第二次改造内閣は総辞職し、菅首相が誕生、菅内閣が発足する。

「取り組むべき最優先の課題は新型コロナウイルス対策です」

新首相は就任後最初の記者会見でこう述べる。

菅内閣の官房長官には厚生労働大臣だった加藤勝信氏が横滑りする。厚生労働大臣には安倍内閣で厚生労働大臣を務めた田村憲久《たむらのりひさ》氏が復帰する。西村新型コロナウイルス感染症対策担当大臣は続投する。またこのほかにも新型コロナウイルス感染症対策に深く関わった麻生太郎財務大臣、梶山弘志経済産業大臣、萩生田光一文部科学大臣は留任する。菅首相はこの布陣で新型コロナウイルス感染症対策に取り組むことになる。

第7章　首相の指導力への制約要因

はじめに

本書は、安倍政権や地方公共団体が新型コロナウイルス感染症によって引き起こされた危機に対処する過程を分析してきた。地方公共団体の対応について振り返る際には、特に東京都知事や大阪府知事の政策に注目した。

本書が分析を行う際には次の三つに注意した。第一に、危機に対応する過程における政治アクターの役割や法的権限、相互の関係を説明することである。その際、首相の指導力が制約される場合があり、首相と知事の意見が異なることが多かったことを示そうとした。第二に、安倍政権や地方公共団体が利用できた、新型コロナウイルス感染症に対処するために必要なさまざまなキャパシティーのあり方が及ぼした影響を解明することである。第三に、一部の地方公共団体が講じた対策が先例やモデルとなって安倍政権や他の地方公共団体の政策に作用したことを明らかにすることである。

本章では以下の順序で議論を進め、この三点について本書が明らかにしたことを示す。第1節ではコロナ危機をめぐる政策決定過程を概観し、安倍首相の発揮した指導力のあり方について、指導力に対する制約に注目しながらまとめる。首相は安倍政権が権限を持つ分野においては強い指導力を発揮した。しかしながら、知事などが権限を持つ分野ではその指導力は制約された。

第2節では検査キャパシティーなど、感染症の対応に必要なさまざまなキャパシティーのあり方は、安倍政権や知事が取ることのできる対応策を大きく左右したことを確認する。このことは第一波と第二波を比較することで特に明らかになる。例えば、第一波では医療機関のキャパシティー不足が緊急事態宣言発令の要因の一つとなった。また、検査キャパシティーが拡大したことで、第二波に際し、より幅広い感染症対策が可能となった。この節では、さらに知事などが作った感染症対策の先例やモデルの一部は波及し、政権や他の地方公共団体も採用することになったことを説明する。

最後に、コロナ危機をめぐる政治過程が日本の権力構造と首相の指導力にとって持つ意味を議論する。この政治過程は、首相が手がける政策の一部について地方公共団体が権限を有している場合に、首相は企図するように政策を実施できるとは限らず、首相の指導力は抑制されることを明らかにしている。

1　安倍政権 vs. 知事

安倍政権の制約

新型コロナウイルス感染症が引き起こした危機に対する安倍政権と地方公共団体の対応を振り返ると、国と地方公共団体の間の複雑な権限関係とさまざまなキャパシティーの限界に影響されながら、安倍政権と地方公共団体が感染症の拡大に対応してきたことがわかる。

安倍首相にとって悩ましかったことは、感染症対策の上で決定主体である内閣や首相、厚生労働大臣などの権限が限られていたことである。感染症法や新型インフルエンザ等対策特別措置法の下では、内閣や厚生労働大臣は新型コロナウイルス感染症に対する全体的な方針を作ることは可能である。また首相には緊急事態宣言を発令する権限も認められていた。しかしながら、内閣、首相、閣僚は、さまざまな感染症への具体的な対応策を直接実施するための権限をほとんど保持していない。

個別具体的な対策の立案、実施を担ったのは、基本的に都道府県知事である。保健所も重要な役割を果たす。知事や保健所が担当する分野において、首相は自らが思い描くままの形で感染症対策を立案、実施することは容易ではなかった。そして、保健所設置市や特別区を抱える都道府県では、知事も安倍政権と同様の悩みを抱えていた。特に、都道府県知事の権限は検査の実施や疫学調査を担う保健所に及ばず、知事の裁量が制約されてきた。

安倍政権と知事の考え

安倍政権、都道府県知事、さらには保健所設置市や特別区の保健所が、それぞれ自律的に権限を行使することが可能なため、効果的な対策を行うためには、少なくとも安倍政権と知事が連携することが求められた。さらに、保健所を設置する市や特別区が存在する都道府県が対策の対象となる場合には、安倍政権、知事、保健所という三者が緊密に協力することが必要だった。

四月の緊急事態宣言の発令以降、三者の関係のなかで特に問題だったことがある。それは、対策を実施していく過程で、安倍政権と東京都知事や大阪府知事をはじめとする都道府県知事の考えが、必ずしも一致しなかったことである。安倍政権は、感染拡大の抑制策が経済に過度の悪影響を与えることを恐れていた。これに対し、知事は感染抑制策自体を重視する傾向にあった。

「キャパシティー」という制約

こうした複雑な関係に加えて、安倍政権や都道府県知事は検査キャパシティー、医療機関のキャパシティー、保健所のキャパシティー、検疫所のキャパシティーに限界があるなかで感染症対策に臨まなくてはならなかった。

第一波のときには、安倍政権は検査キャパシティーを高めようとするがなかなか進まなかった。また、安倍政権自身は保健所の人員を増やそうとはせず、地方公共団体に委ねてしまった。(1) 結局、検査キャパシティーや保健所のキャパシティーが大きく伸びることはなく、感染症への感染を疑う人が検査を受けられない事例がしばしば報告された。

限られた検査キャパシティーのなかで、安倍政権はクラスター対策を感染拡大防止策として重視する。しかしながら、感染が広がると保健所のキャパシティーに限界があるなかでクラスター対策の継続も困難になる。

安倍政権の管轄事項

ここで安倍政権、都道府県、保健所を設置する市および特別区の保健所の権限を考慮した上で、安倍政権が主体的に立案できる分野と他の行政主体との連携や調整が求められる分野を整理したい。

最初に、安倍政権が十分な権限を持ち、主体的に立案することができた政策を見ていこう。そうした政策は、①緊急事態宣言の発令および対象地域の設定、②初期対応、③感染症対策の大きな枠組みの策定、④国民に求める感染抑制策の内容の立案、⑤医療資材の確保、⑥地方公共団体や医療機関を支援する財政措置、⑦経済支援策などであった。

緊急事態宣言の発令と対象地域の設定

安倍政権が主体的に決めることができた代表的な対策は、何と言っても緊急事態宣言の発令、延長、解除および対象地域の設定である。二〇二〇年四月七日に首相は緊急事態を宣言し、東京都など七都府県を対象地域とする。新型インフルエンザ等対策特別措置法の下で、首相が緊急事態宣言を発令する権限や対象地域を決める権限を持つ。安倍首相は四月十六日に日本全国に緊急事態の対象地域を拡大し、五月四日に宣言期間の延長を決める。その後、感染の状況が収まるにつれて、首相は十四日から段階的に解除を進め、二十五日に全面解除する。

初期対応

次に、中国で新型コロナウイルスによる感染が判明し、日本における拡大が始まる初動期には、安倍政権が主体的に多くの対策、政策を立案した。

国境措置を決めるのは法務大臣の権限に属しており、安倍政権の判断で水際対策の内容を決めた。安倍政権は一月末や二月上旬に中国・湖北省や浙江省からの外国人の入国を禁止する。以後も中国全域、韓国、欧州諸国などに入国制限の対象を拡大していく。

また一月下旬から二月上旬にかけて、安倍政権は武漢市から日本人の居住者やその家族を帰国させるオペレーションを実施した。さらに二月上旬からはクルーズ船「ダイヤモンド・プリンセス」号における集団感染の発生に対処した。

新型コロナウイルス感染症対策の枠組み

第三に、安倍政権は新型コロナウイルス感染症に安倍政権と地方公共団体が対応する大きな枠組みを設定してきた。主要なものは以下の四つである。

まず、二〇二〇年一月二十八日に安倍内閣は新型コロナウイルス感染症を二類相当の感染症に指定した。これにより患者を入院させることが可能になった。さらに二月十三日には無症状者の入院も認めることになった。以後、新型コロナウイルス感染症の患者を入院させることが基本となり、この決定は都道府県の対応に大きな影響を及ぼすことになった。

次に二月二十五日に対策本部は「感染症対策の基本方針」を策定する。本書の分析対象期間中、安倍政権や地方公共団体がこのなかで示されている方針に沿って対策を実施したという意味で、重要な文書である。大切なのは感染拡大のペースを抑制し、流行のピークを下げ、その間に医療体制を強化するという考えである。

さらに三月十三日に安倍内閣は、新型インフルエンザ等対策特別措置法の改正案を成立させる。これにより新型コロナウイルス感染症の拡大を抑制するために、首相が緊急事態宣言を発令することが可能になった。

新型コロナウイルス感染症に対応する枠組みを設定するという意味で最後に重要なものは、基本的対処方針の立案である。対策本部は三月二十八日以降、幾度にもわたって基本的対処方針を策定・改定し、安倍政権や都道府県知事が実施する感染症対策の基本的な枠組みを設定した。

感染抑制策

第四に、安倍政権は全国民に対してさまざまな感染抑制策を呼びかけてきた。例えば、安倍首相は、二月の末には大規模イベントの開催の自粛を要望した。また、安倍政権は三月の頃から後に「3密」として知られるようになる「換気が悪く、多くの人が密集し、近距離での会話や発声が行われ」るような場所で集まることを避けるよう促すことを続けた。

そして、四月の緊急事態宣言の発令時には安倍政権は人々の接触機会を「最低7割、極力8割程度」削減することを目標として掲げ、安倍首相もこの目標の達成を国民に呼びかけた。安倍政権は五月以降、新型コロナウイルス感染症の抑制策を「新しい生活様式」として掲げ、繰り返し国民に周知した。

医療物資の確保

第五に、安倍政権はマスクや消毒液などの医療物資の確保に努め、補助金の給付などを通じて、企業に医療物資の増産を促してきた。また、医療用マスクや布製マスクなどの医療物資については、厚生労働省が国民や医療機関への配布を手配した。

第六に、安倍内閣は第一次補正予算や第二次補正予算で、地方公共団体を支援するための新型コロナウイルス感染症対応地方創生臨時交付金を総額で三兆円用意し、第二次補正予算では医療機関や医療従事者を支援するため一・六兆円を準備した。

経済支援策

最後に、安倍内閣は二〇二〇年二月の「新型コロナウイルス感染症に関する緊急対応策」、三月の「新型コロナウイルス感染症に関する緊急対応策—第二弾」、四月の緊急経済対策、および五月の追加支援策などを策定した。一連の対策を通じて、危機によって打撃を受けた国民、中小企業や個人事業主に向けた支援策を講じてきた。一〇万円の定額給付金、雇用調整助成金、持続化給付金、家賃支援給付金などが支援策の柱である。

「首相支配」型意思決定

安倍政権が主体的に決めることができた政策分野においては、安倍首相や首相周辺の政治家および官僚が政策を決める上で大きな影響力を発揮した。しばしば「首相支配」型の意思決定が行われたのである。

いくつかの政策決定においては首相自身の判断が大きな意味を持った。武漢オペレーションは首相の判断で行われ、事態対処・危機管理担当の内閣官房副長官補およびその下のスタッフ（通称・事態室）が事務を担った。

布製マスクの配布は首相や官房長官、首相と官房長官周辺の官僚、さらに厚生労働省が協議を積み重ねるなかで決まっていた。

感染抑制策のなかでは、首相の意向により極力八割という高い接触削減目標が設定された。首相が緊急事態宣言の発令の時期を決め、その後、対象地域を全国に拡大することを決めた。全面解除の時期も同様である。

ただ、例外もあった。定額給付金の支給額や対象は、公明党の意向によって三〇万円から一〇万円に、一部の世帯から全個人に変更されることになった。

官房長官の役割

安倍首相の周辺では菅官房長官が大きな役割を果たした。クルーズ船「ダイヤモンド・プリンセス」号における集団感染は当初、検疫の問題として厚生労働省が対応した。しかし、患者の搬送、入院先の確保、PCR検査の実施、通信施設の整備などを実施するために、総務省、防衛省、地方公共団体などの関与が必要になった。多くの省庁が関係したため、調整権限を持つ菅官房長官が主導して対処するようになった。菅長官を内政担当の官房副長官補およびその下のスタッフが補佐した。

また、菅長官はマスクをはじめとする医療資材の配布で重要な役割を担った厚生労働省のマスクチームの設置を発案した。その後、菅長官は和泉洋人首相補佐官に指示しながら、医療用マスクなどの医療資材を厚生労働省が配布する仕組みを構築した。

専門家会議の影響力

安倍政権が新型コロナウイルス感染症の拡大抑制策を立案するにあたっては、感染症の専門家の発案も内容に大きな影響を及ぼした。専門家会議は感染が広まる危険性が高い条件を「密閉空間・密集場所・密接場面」としてまとめる。すでに述べたとおり、安倍政権はいわゆる「3密」回避の重要性を国民に周知することに努めた。

また、西浦博北海道大学教授が中心のグループが行い、四月に報道された試算も、安倍政権の政策に取り入れられた。このグループは人同士の接触を八割削減することで感染を一か月間で大きく減らすことができると予測した。安倍首相はこの計算を参考に、緊急事態宣言を発令した際に、国民に人との接触機会を「最低7割、極力8割」減らすことを求めた。人同士の接触を「最低7割、極力8割」減少させることは、四月七日に改定された基本的対処方針においても、感染を終息させるための目標としても掲げられた。

知事などが権限を持つ場合

政策決定過程がより複雑なのは、安倍政権が大きな対処方針を決めても具体的政策を実施する権限を持つのが都道府県知事や保健所など政権以外の行政主体である場合である。

安倍政権や知事の間で連携が円滑だった場合には、政権が企図した形で対策が実施された。政権と知事の協力が円滑でない場合には、安倍政権が想定したとおりには政策の実施は進まなかった。安倍政権と知事の考えが違う場合には、知事が政策の内容を決定することもあった。

安倍政権と都道府県知事や保健所との関係が問題となったのは主に次の四つの政策分野、すなわち検査の実施、医療提供体制の構築、感染拡大の抑制、経済活動の振興であった。

検査の実施

検査の実施から議論したい。二〇二〇年二月に厚生労働省は都道府県に、帰国者・接触者外来を開設することや保健所に帰国者・接触者相談センターを設置することを依頼する。都道府県は依頼に従い、帰国者・接触者外来の開設と帰国者・接触者相談センターの設置が進む。その後、厚生労働省は相談の目安や行政検査の指針を都道府県や保健所を設置する市や特別区に連絡する。

第2章で紹介したように相談の目安の柱は、①三七・五度以上の発熱が四日以上続くこと、あるいは、強いだるさや息苦しさがある場合、②ただし、高齢者や糖尿病などの基礎疾患のある人は上記の状態が二日以上続くこと、というものであった。厚生労働省は二月十七日までに、医師が総合的に判断した場合には検査の対象となるということを明示する。

しかし、すでに見てきたとおり、多くの保健所は三七・五度以上の発熱が四日以上続くことを帰国者・接触者外来を紹介する実質的な条件とする。そして、医師が検査を必要と判断した場合であっても帰国者・接触者外来を紹介しないことがあった。

こうして検査を望む多くの人が検査を受けられないことになった。

医療体制の構築

次は医療体制の構築である。

そもそも緊急時に厚生労働大臣は、国立病院機構法二一条の上では国立病院を運営する国立病院機構に必要な医療業務サービスを提供するよう要求することができる。しかし、今回の危機で厚生労働省はそうした要請を行っていない。安倍政権は医療体制の構築を都道府県に委ねた。

厚生労働省は三月に都道府県に、新型コロナウイルス感染症が拡大した場合に想定される外来患者、入院患者、重症者の計算式を示した上で、必要な病床数を確保するよう依頼している。また、安倍政権は三月下旬に策定した基本的対処方針のなかで、重症者等に対する治療に支障が生じる恐れのある場合には軽症者などを自宅療養させ、それが難しい場合には宿泊施設に滞在させる方針を示す。厚生労働省は四月二日に都道府県に同様の考え方を示している。しかしながら、病床や宿泊施設の確保という課題において、安倍政権と知事が十分連携できたかどうかは疑問である。すでに紹介したように第一波のとき、東京都は感染者の増加に対応して病床を確保することに苦労した。第二波のときも、東京都では感染の拡大に合わせて病床数を増やすのに予想以上の時間を要することになった。また沖縄県でも病床数が不足することになる。

宿泊施設については安倍政権と東京都、大阪府がそれぞれ独自に準備を試みた。安倍政権内では厚生労働省や観光庁が確保しようとする。しかし、手当てできたベッド数は少数だったため、安倍首相自身がアパホテルの代表に連絡し、大量のベッドを押さえることができた。東京都は四月上旬から独自にホテルを借り切り、大阪府は公募方式で確保する。ただ、全ての都道府県が安定した状況で療養施設を維持できたかどうかは定かでない。第二波のとき、東京都の準備した宿泊施設の数は七月中旬に極端に減少する。また愛知県も八月二日時点で開設できた宿泊施設は六〇室程度にすぎず、九九八人が自宅療養になってしまった(2)。沖縄でも療養施設の部屋数が一時ゼロになる。

感染抑制策

三番目は感染抑制策である。

二月から四月の緊急事態宣言発令時まで、安倍政権は都道府県や保健所が担当する分野でも感染抑制策を示す。都道府県や保健所などが協力した場合に、抑制策は円滑に実施された。

二月二十五日の対策本部で、安倍首相はクラスター対策を強化する方針を表明している。実際にクラスター感染の連鎖を防ぐための調査を行うのは、都道府県や保健所設置市・特別区の保健所である。多くの保健所は以後この方針に従って疫学調査を行い、感染症が拡大することを抑制するのに貢献した。

また二月二十七日には安倍首相は一斉休校を要請した。学校の休校を決める権限を持つのは、公立校の場合は教育委員会である。ほとんどの都道府県、市町村の教育委員会が首相の求めに応じた。

休業要請をめぐる対立

安倍政権と都道府県知事の考えの違いが露わになったのは、四月七日の緊急事態宣言発令後の休業要請のあり方であった。安倍政権は四月七日に基本的対処方針を改定し、感染対策を細かく規定することによって、知事が実施できる施策の幅を決めようとする。安倍政権は休業要請を行う考えはなく、当初は外出の自粛を求め、二週間程度様子を見る考えだった。一方、東京都の小池知事は広範な業種に休業要請を実施するつもりであった。

小池都知事は、休業要請の対象を当初より狭めることについては妥協した。しかし、休業要請をすぐ実施することについては折れなかった。結局、安倍政権は小池知事の方針を許容するほかなかった。これは新型インフルエンザ等対策特別措置法の仕組みからすると自然な帰結だった。この法律は基本的に感染症対策を決める権限を都道府県知事に与えているからである。

難しい指示権行使

都道府県知事が与えられている権限を行使することを考える場合、首相や閣僚がそれを押しとどめることは難しい。首相は対策を実施する上での調整権限を持ち、調整に基づいた政策が実施されない場合、知事に対して指示を行う余地は残されている。しかし、首相が指示権を行使することは現実的には難しい。

首相が指示を行った場合に知事との関係は悪化する。首相にとり、医療体制を確保・維持し、保健所設置市・特別区地域以外の保健所を運営するなど、感染症対策に関し広範な権限を持つ知事との関係を悪化させることに政治的メリットはあまりない。

こうして小池東京都知事はほぼ当初考えたとおりの休業要請を行うことになる。そして、六府県もほぼ東京都に倣った休業要請を行い、この領域での東京都知事の影響力の大きさを示すことになる。

もっとも、緊急事態の解除を進める上ではほとんどの都道府県が安倍政権と歩調を合わせ、安倍政権が目標日を設定した六月十九日までに外出自粛や休業要請をほぼ全面的に解除する。

集中検査

また、繁華街における集中検査という抑制策においても、安倍政権は自らの考えに完全に一致するような形で他の行政主体の協力を得ることができなかった。第二波が進むなかで、六月以降、東京都新宿区の保健所は接待を伴う飲食店に協力を求め、大量のＰＣＲ検査を実施した。新宿区の取り組みを踏まえ、西村新型コロナウイルス感染症対策担当大臣は再三再四、他の地方公共団体でもこの取り組みを広めたいという考えを述べている[3]。東京都豊島区、千葉市など一部の地方公共団体が集中検査を実施したことは確かである。しかし、公開情報を元に判断すると、こうした取り組みが多くの地方公共団体に広がっているということは難しい。例えば、東京都でも新宿区、豊島区、墨田区以外の繁華街を抱える特別区に集中検査が広まったという情報を見つけることは難しい。このことは、いくら安倍政権が特定の政策の実現を望んだ場合でも、保健所の協力が必要な場合、希望する政策が直ちに実施されるわけではないことを示している。

経済振興策をめぐる齟齬

最後は経済振興策である。七月に経済振興策をめぐって安倍政権と知事の間で齟齬が生じる。基本的に経済政策の分野では安倍政権が内容を主体的に決定した。しかし、その実施が感染の拡大を招く可能性のある場合、感染抑制策を実施できる知事との関係が問題となる。

国土交通省がＧｏＴｏトラベルキャンペーンの前倒しを発表したのは七月十日である。これより以前、七月四日に小池都知事は都民に都外への移動を自粛するよう求めていた。また、一部の都道府県知事も首都圏あるいは東京都との往来を自粛あるいは注意するよう呼びかけていた。例えば、七月三日に愛媛県の中村時広《なかむらときひろ》知事は県民に対して、首都圏への外出に注意を喚起している。[4] また、同じ日に茨城県の大井川《おおいがわ》和彦《かずひこ》知事は東京都への移動、滞在に慎重な対応を求めている。[5]

その後、小池都知事がＧｏＴｏトラベルキャンペーンの開始について疑問を表明し、多くの知事も慎重な対応を求めた。菅官房長官と小池都知事の対立が注目を集めたものの、東京都除外は自然な帰結であった。いくら観光を振興しようとしても、都道府県知事が移動そのものへの自粛を呼びかければ、政策の効果は薄れるからである。

こうした政策を実施する上で、知事などとの関係が問題となる政策の場合であっても、政策の内容自体を決めるにあたっては首相あるいは首相周辺の官僚が大きな役割を果たした。

例えば、二月末の一斉休校は首相が今井尚哉秘書官兼補佐官と協議して決定した。また、ＧｏＴｏキャンペーンは経済再生総合事務局の新原浩朗事務局長代理補が今井秘書官兼補佐官と相談しながら発案したことは間違いない。

2　「キャパシティー」問題と「先例」および「モデル」の重要性

検査キャパシティー

本書は安倍政権や地方公共団体が利用できた、感染症対策に必要なキャパシティーが政策決定過程に及ぼした影響の解明も試みた。

まず検査キャパシティーが及ぼした影響である。検査キャパシティーのあり方は安倍政権や地方公共団体が実施する感染症対策の内容に大きな影響を及ぼした。

すでに述べたように、日本では当初研究所やPCR検査機関が検査を行える件数が限られていた（図7-1）。これは安倍政権や地方公共団体が自身の感染を疑う人に対して診療や検査を行う方法について相当の影響を及ぼした。

アクセス制限とキャパシティー

初期の段階で厚生労働省は帰国者・接触者外来へのアクセスを制限する一方、検査が認められる条件を実質的に厳しく設定した。

厚生労働省は帰国者・接触者外来の設置場所を公表せず、当初診断を受けることのできる人を帰国者・接触者相談センターからの紹介された人に限定する。さらに厚生労働省は二月十七

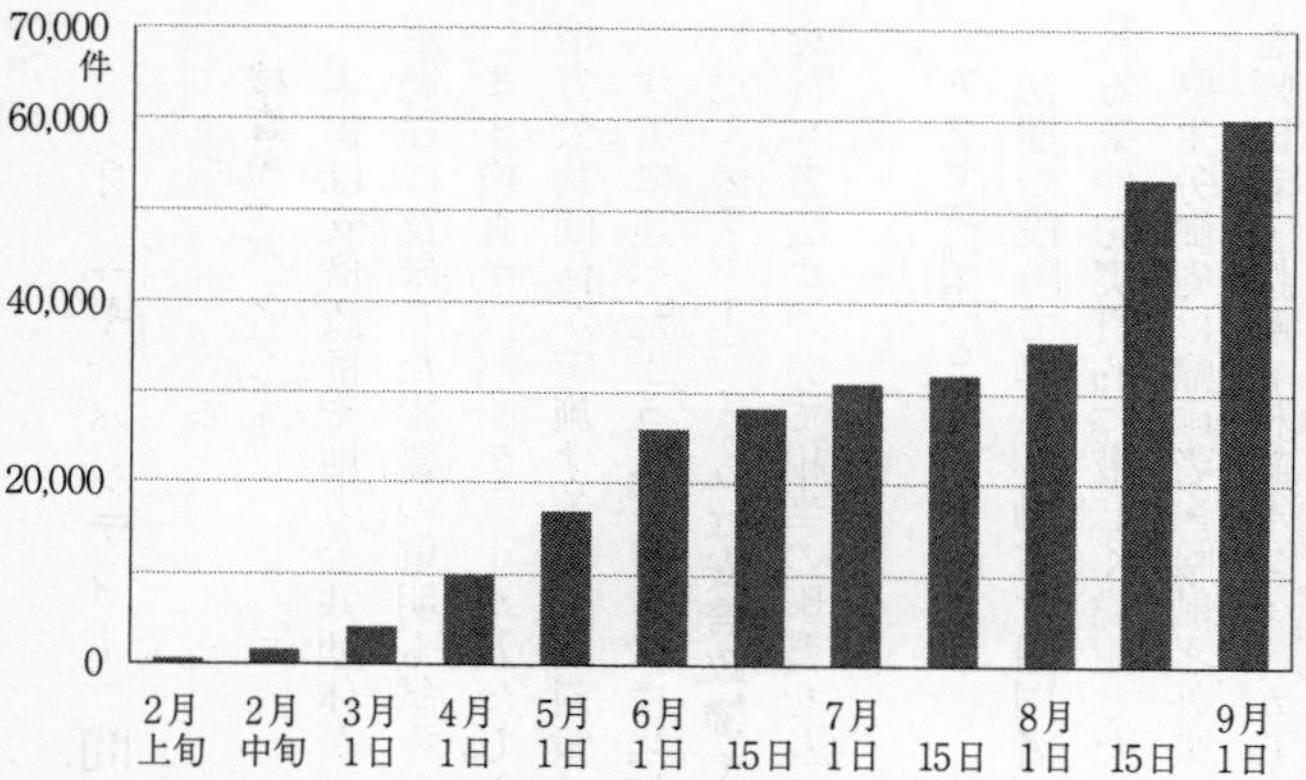

図７－１　全国のPCR検査実施可能件数②

出所：『毎日新聞』2020年２月20日，『朝日新聞』2020年２月11日，新型コロナウイルス感染症対策分科会第１回（2020年７月６日）資料および厚生労働省報道資料「新型コロナウイルス感染症の現在の状況と厚生労働省の対応について」から筆者作成.

日に「帰国者・接触者相談センター」に相談する目安を発表し、参考とする症状を挙げる。その一方で、二月以降、行政検査の基準を示している。その内容を少しずつ変え、十七日に医師が総合的に必要と判断した場合にも認めることを明記する。同時に条件の一つとして三七・五度以上の発熱があることと入院が必要なほどの肺炎のあることも掲げた。

加藤厚生労働大臣や菅官房長官、さらに専門家は、医療機関に感染を疑う人が多く訪れ、結果として医療機関で感染が拡大することを恐れたため、外来へのアクセスを制限したと説明してきた。これが大きな考慮要因であったことは確かである。

しかし、専門家会議が相談の目安を議論したときには検査キャパシティーについて言及されており、このことは検査キャパシティーの制約も目安の内容に影響したことを示唆している。二月中旬に検査実施機関が処理できる検査の数は一日一五〇〇件程度であり、検査キャパシティーは制約されていた。このため、行政検査の条件を狭めて検査の件数を絞る必要があったことは明らかである。二〇二〇年二月二十四日に発表された専門家の提言も、「限られたPCR検査の資源を、重症化のおそれがある方の検査のために集中させる必要があると考えます」と主張している(6)。

また相談に対応する保健所のキャパシティーも限られており、検査を受けることができない人が増えることになった。またマスクや防護具などの医療資材が不足したため、診断を行い、検体の採取にあたる医療機関にもキャパシティーの制約が生じた。

キャパシティーと感染症対策の幅

さらに初期の頃、検査キャパシティーが制約されたことは感染症の拡大を防止する対策の幅も狭めることになった。行える検査の数には限りがあった。専門家たちがこの制約を前提に、検査資源を効率的に用いるために考案したのがクラスター対策であった。クラスター対策は一定の効果をあげた。しかしながら、それに限界が生じたのはすでに述べたとおりである。

五月以降、検査キャパシティーが増強されるに伴って、クラスター対策以外の感染抑止策も実施可能となる。例えば、それまでは認められていなかった無症状の濃厚接触者や、さらに無症状で感染が確認された人との濃厚接触者への行政検査も五月下旬から可能になった。もちろんこうした濃厚接触者が行政検査の対象となった背景には、新型コロナウイルス感染症に対する理解が進み、無症状者もウイルスを他の人に感染させるという認識が深まったこともある。ただ、検査拡大は検査キャパシティーが増強されていたからこそ可能になった。

また、厚生労働省は七月中旬には、特定の地域や組織で関連が不明確な患者が多数発生し、クラスター連鎖が起きやすいという状況の場合には行政検査を行うことを新たに認めるようになる。これまでのクラスター対策は、患者の感染の経緯を追ってクラスターを突き止め、そこからさらに関連する患者を探るというものであった。それに対し、この検査は一定地域で集団感染が起きやすいという理由で検査するもので、従来の対策とは一線を画すものであった。

第一波と第二波における医療機関のキャパシティーの違い

次に医療機関のキャパシティーも安倍政権や地方公共団体の対応を規定する。第一波では第3章で紹介したように、一部の地域では医療機関の受け入れキャパシティーに制約があったことは確かであり、これは保健所が検査を抑制し、検査が「目詰まり」する要因となった。

また、医療機関の受け入れキャパシティーが安倍首相が緊急事態宣言の発令を決断する時期に影響を及ぼしたことは明らかである。首相は四月七日に「医療提供体制がひっ迫している地域が生じていることを踏まえれば、もはや時間の猶予はない」と緊急事態宣言を発令する理由を説明している。[7]

その後、医療機関のキャパシティーは拡大する。第二波で感染が拡大した際、首相や官房長官は緊急事態宣言を出す状況にはないと繰り返し表明し、その理由の一つとして医療提供体制が逼迫していないことをあげている。[8]

そこで第一波と第二波の医療提供体制の状況の比較を試みる。

第一波のときの医療機関のキャパシティーはどの程度あったのだろうか。現在、緊急事態宣言発令時、あるいはそれ以前の医療機関のキャパシティーを示す客観的指標を見出すことは難しい。ただ、緊急事態宣言後の医療提供状況を示すことは可能である。

厚生労働省は四月下旬から都道府県別の入院者の数の公表を始め、五月はじめに確保病床数を初めて公開する。また厚生労働省の「オープンデータ」に基づくと、第一波のときの「入院治療等を要する者」として示される人数のピークは五月四日である。[9] そこで四月二十八日時点の入院患者数と五月一日時点での確保病床をもとに病床の使用率を算出する。[10] 第二波のときに「入院治療等を要する者」の数がピークに達したのは八月十日である。一方、厚生労働省は八月十一日時点の入院患者の病床使用率を公開している。[11]

算出した使用率と公表されているデータを比較する（表７－１）。第二波のときの病床利用率が第一波のときの使用率を上回るのは一六県にとどまる。

第一波のときは、七都道府県で病床使用率が五割を超えている。一四都道府県で四割を上回

	4月28日時点	8月11日時点		4月28日時点	8月11日時点
01北海道	61.1	13.9	25滋賀県	46.8	75.3
02青森県	9.1	1.3	26京都府	44.8	20.2
03岩手県	0.0	2.9	27大阪府	54.0	37.6
04宮城県	6.7	3.6	28兵庫県	50.7	34.7
05秋田県	5.7	6.5	29奈良県	17.5	16.3
06山形県	18.7	0.5	30和歌山県	24.8	9.4
07福島県	21.0	4.8	31鳥取県	0.6	4.8
08茨城県	45.0	34.5	32島根県	7.9	16.6
09栃木県	28.5	18.3	33岡山県	10.3	8.0
10群馬県	69.1	17.5	34広島県	41.2	14.8
11埼玉県	48.2	52.3	35山口県	2.5	5.9
12千葉県	36.7	28.3	36徳島県	0.8	18.5
13東京都	55.5	52.3	37香川県	46.5	6.5
14神奈川県	20.1	11.6	38愛媛県	20.0	6.1
15新潟県	9.2	2.6	39高知県	22.1	1.6
16富山県	20.8	8.2	40福岡県	50.5	62.7
17石川県	88.2	27.1	41佐賀県	23.4	18.5
18福井県	39.3	9.5	42長崎県	7.8	8.1
19山梨県	26.3	10.8	43熊本県	10.9	31.0
20長野県	16.7	11.1	44大分県	9.7	8.2
21岐阜県	20.7	33.8	45宮崎県	6.6	31.3
22静岡県	13.5	22.7	46鹿児島県	2.4	11.9
23愛知県	39.6	41.5	47沖縄県	40.4	68.2
24三重県	14.6	34.9			

表7－1　各都道府県の確保病床の使用率（単位：%）
出所：厚生労働省「療養状況等及び入院患者病床数等に関する調査について」および「都道府県の医療提供体制等の状況（医療提供体制・監視体制・感染の状況）について（６指標）」から筆者作成.

っていた。第二波のときは五都県で使用率が五割以上で、六都県で四割を上回っていた。一三都府県で三割を超していた。なお、重症者の使用率については、一波のピークに近い時点で算出することができないため、比較は困難である。

第6章で示したように、都道府県が確保しているベッド数は次第に伸びていた。また五月一日と八月十二日時点で各都道府県が確保していた病床数を比較すると、やはりほとんどの都道府県で八月のほうが確保している病床数が多い。

したがって、医療機関のキャパシティーは第二波のときに拡大していた。国全体として医療提供体制の逼迫を避けることができた要因の一つとなった。もっとも例外はあり、第6章で見たように第二波で沖縄県では医療機関のキャパシティーが不足し、医療体制が一時かなり切迫した。

続く保健所のキャパシティー問題

一月下旬以降、日本で感染が広がりはじめた後に保健所のキャパシティーに限界があったことは、いろいろな影響を及ぼす。まず感染を疑った人が検査を受けることができないという問題が生まれた。クラスター対策が困難になったのも感染状況が保健所のキャパシティーを上回ったからである。

第二波が始まるまでに電話相談の外部委託、人員の拡充などを通じて保健所のキャパシティーが拡張したことは確かである。また、PCR検査センターの開設等を通じて保健所の負担も減った。ただ、厚生労働省のアドバイザリーボードでは、保健所の逼迫状況について議論がなされている。また分科会会長の尾身茂氏は七月二十九日国会において「保健所の機能はいまパンパンになっている。保健所機能がまひすることが目に見えている」と証言している。[12]

こうした議論や証言は、第二波においても保健所のキャパシティーは制約が残っていたことを示している。繁華街における接待を伴う飲食店の協力を得た集中検査が進まない背景には保健所のキャパシティーも関係していると考えられる。通常の業務をこなすためのキャパシティーが足りないとすれば、多くの保健所にとって通常業務に加えて集中検査を広範に行うことは難しい。やはりこの時期も、保健所のキャパシティーの限界は安倍政権や知事の実施できる政策の幅を制限したと考えるのが自然である。

安倍政権や東京都の対応

保健所のキャパシティー不足という問題に対し、安倍政権や知事はなぜ対応しないのかという疑問を投げかけることはもちろん可能である。安倍政権や東京都が新宿区保健所を支援しようとしたときに発生した問題は、安倍政権や東京都だけの判断でキャパシティーを増強できるわけではないことを示している。

第一波のときに、安倍政権や東京都が積極的に二十三区の保健所支援を行うことはなかった。

当初、安倍政権は保健所の属す地方公共団体の問題と考えていた。[13] 一方、東京都は四月以降、二十三区の保健所に連絡のための職員を送る。その後、安倍政権も六月下旬に厚生労働省から新宿区の保健所に職員を派遣する。[14] また東京都も新宿区の保健所の業務を支援するために、七月二十日から一〇人程度の職員を勤務させる。[15] しかし、厚生労働省の職員は「あまり円滑に受け入れてもらえな」かった。[16] 菅官房長官は新宿区の保健所が受け入れを渋るのは「中を見られたくない」からではないかという考えを述べている。[17]

つまり、保健所のキャパシティーを増強するためには、受け入れる側の同意が必要なのである。国と都道府県、そして保健所設置市・特別区が相互に自律的な関係にあることがキャパシティー増強自体にも影響を及ぼしていることになる。

検疫所のキャパシティー拡大と入国制限緩和

すでに第2章で紹介したように、検疫所のキャパシティーに限界があったため水際措置として入国者を停留することは難しく、安倍政権は入国者に二週間の自宅か滞在先での待機を要請することにとどめた。

安倍政権は一月末に中国・湖北省から、外国人の入国を禁止した。以後、多くの国・地域から外国人の入国を拒否してきた。それとともに三月末から制限の対象国からの入国者に対して空港でＰＣＲ検査を行ってきた。検疫所の検査キャパシティーは七月末までは二四〇〇件にとどまった。このため安倍政権は日本の在留資格を持つ多くの外国人の入国も基本的に禁止する措置を取りつづけた。安倍政権は八月に空港で実施できる検査件数を四〇〇〇人に、九月には一万人に増強する。[18]これに合わせて在留資格を持つ外国人に対する入国制限も段階的に緩和することが可能となった。

先例とモデルの意味

また安倍政権や地方公共団体が新型コロナウイルス感染症に対応するにあたっては、地方公共団体が作った先例やモデルがしばしば重要な意味を持った。日本が戦後これほど大規模な感染症の拡大を経験することは初めてであった。したがって、これまでの感染症への対応が参考にならず、しばしば新たな政策の立案を迫られた。一つの地方公共団体が新しい状況に対応すると、対応策は安倍政権や他の地方公共団体に波及し、先例あるいはモデルとなる場合があった。

どの分野で先例やモデルが成立したのか。三つの分野がある。一つは感染症対策の立案、次は医療提供体制の構築、もう一つは緊急事態宣言後の解除基準の設定である。

感染症対策

感染症対策の策定については、しばしば都道府県知事が先例づくりをリードした。まず、緊急事態宣言後、東京都の小池知事が行った広範な休業や時短営業の要請は他の都道府県の先例となった。その後、大阪府の吉村知事は安倍政権が緊急事態宣言を終了する基準を示さないことについて問題を提起し、県の権限で行える休業要請の解除基準を独自に設定する。知事の解除基準の設定は、安倍政権に宣言を解除する数値基準の提示を約束させることになる。五月十四日に対策本部は宣言を終える条件を公表する。

また、六月以降、東京都新宿区が始めた繁華街の接待を伴う飲食店の集中検査は、行政検査の一つのモデルとなる。この後、七月十五日に厚生労働省は行政検査を認める条件を変え、集団感染が疑われる地域で集中的に検査を行うことを認めた。そして、一部の地方自治体は新宿区に続いて集中検査を行うようになる。

検査と医療

検査や医療の分野でもいくつもモデルができる。

この分野でモデルとなったのは医療機関の間での役割分担、軽症者の宿泊施設滞在、PCRセンター設置である。

三月十三日に大阪府の吉村知事は感染者の症状に応じて、入院先、滞在先を振りわける方針を明らかにする。また大阪府は入院先の調整を一元的に管理するフォローアップセンターも設置する。

医療機関の間で役割分担を実施することや入院先を調整する組織を導入することはモデルとなった。厚生労働省は大阪府に続く形で三月十八日に、都道府県に医療機関ごとに役割分担を行い、重症者を感染症指定医療機関に、無症状者や軽症者をそれ以外の医療機関に入院させることを依頼した。翌十九日にはさらに入院先を調整する都道府県調整本部を設置することを求めている。この後、一部の都道府県が症状に応じて入院する医療機関を割り振る方針を取り、調整にあたる部局も設置している。

また無症状者や軽症者を宿泊施設に滞在させる方策は、愛知県が県の宿泊施設への受け入れを二十四日に発表することで先鞭《せんべん》をつける。大阪府も宿泊施設の活用の議論は行っていたものの具体的な計画を策定するには至っていなかった。四月二日に厚生労働省は軽症者や無症状者を医療機関以外の施設で滞在させる条件を明示する。その後、他の都道府県が宿泊施設を無症状者、軽症者を療養させるために確保する。

PCRセンター

さらに四月十五日、東京都新宿区が国立国際医療センターや新宿区医師会とともに「新型コロナウイルス感染症医療提供新宿モデル」を発表する。このモデルの下では、新宿区は区内の病院と医師会と協力し、「新宿区新型コロナ検査スポット」を設けることになっていた。検査スポットで医師会から派遣されたスタッフが検体採取を行う。医師が患者の感染を疑う場合、保健所を介さずＰＣＲ検査が可能になるモデルとなる。同日、厚生労働省は都道府県等が都道府県や市区の医師会が設置する「地域外来・検査センター」にＰＣＲ検査を依頼できることを認める。

その後、東京都医師会や東京都が同様の形で、保健所の紹介なしで医師の勧めた検査を行う場をＰＣＲセンターとして設けることを発表する。五月二十二日までに東京都二十三区全部でＰＣＲセンターは設置される。日本各地で六月十五日までに一九三か所、八月二十六日までに二七三か所にのぼるセンターが設けられている。

政策波及

こうした一部の地方公共団体が立案した施策が先例やモデルとして他の行政主体に波及する経路は先行研究で得られた知見と一部合致する。[19]これまでの研究は、一部の地方公共団体による試みを国が採用することで、波及する速度が早まることを指摘している。新型コロナウイルス感染症への対応過程で一部の地方公共団体がとった施策のなかには、安倍政権が取り入れたことで全国への波及につながったと考えられるものもある。都道府県調整本部の設置、ＰＣＲセンターの設置、軽症者および無症状者の宿泊施設での療養がこうした事例である。もっとも、繁華街の集中検査のように安倍政権の後押しがあっても波及しない施策もあった。また、先行研究は、地方公共団体同士がお互いに情報を交換する相互参照が波及にあたって重要な役割を果たすことを強調する。例えば、休業要請の実施などについて相互参照が行われたかどうかを確認することは今後の検討課題である。

3　日本の権力構造への意味

首相の指導力

二〇一九年十二月三十一日に武漢市において原因不明のウィルス性肺炎の発症が報告されてから、二〇二〇年九月十六日に第四次安倍第二次改造内閣が総辞職するまでの政治過程は、日本の権力構造についてどのような意味を持っているのか。この過程はこれまでの研究とは異なる、現在の首相の指導力のあり方の一つの特徴を明らかにしている。

これまで多くの研究者が、一九九四年の政治改革と二〇〇一年の省庁再編の結果、首相の権力が拡大したことを論じてきた。[20]筆者も以前、首相が強い指導力を発揮できるようになった政治状況を「首相支配」と形容した。二〇一四年に公務員制度改革が行われたことにより首相の権力はさらに強化された。

二〇一二年十二月に再登板を果たした安倍晋三首相は強化された権力を十二分に活用し、さまざまな政策を実現し、憲政史上、最長となる在任記録などを打ち立てた。こうした政治状況は安倍「一強」とも称された。首相は人事権を行使して大規模な金融緩和を行うために日銀総裁に黒田東彦氏を起用した。国内経済政策の面では電力自由化、法人税減税、コーポレートガバナンス改革、訪日外国人拡大などを実現する。その一方で、労働政策として残業時間に関する厳しい規制を設けることに成功する。対外政策面では、日・EU経済連携協定を二〇一七年十二月に、さらに、TPP11交渉を二〇一八年三月に調印に導いた。安全保障政策の面で、安倍首相は二〇一五年九月に安保関連法制を成立させ、一定の条件の下で集団的自衛権を行使することに道を開いた。

「首相支配」の版図外

コロナ危機をめぐる政策決定過程は、政治過程における首相の指導力について新しい一面を示し、我々に「首相支配」が成立する条件についてあらためて考える契機を与えてくれる。すなわち首相は、首相が率いる政権の権限が及ぶ政策分野においては、与党勢力が衆参両院で過半数を確保していることを前提に、強い指導力を発揮することができる。

とはいえ、現在の日本の法制度の下で、政権がすべての政策分野に対して法的な影響力を持っているわけではない。感染症という政策分野では国に加え、都道府県、そして、保健所設置市・特別区が感染症に対処する政策を立案し、実施する権限を持つ。新型インフルエンザ等対策特別措置法、感染症法などの個別法、さらには国と地方公共団体の関係全般を規定する地方自治法の下では、政権が地方公共団体に指示を下す余地はある。

しかし、実際の個別法の運用上、それは難しい。加藤厚生労働大臣によれば感染症対策の分野においては国、都道府県、保健所設置市・特別区の間は「フラットな関係にある」[21]。国が担当する政策分野においていくら首相が強い権力を誇っても、地方公共団体が権限を持つことが法律で決まっている政策分野は「首相支配」の版図外であり、首相の指導力は制約される。

首相と知事の齟齬

首相と都道府県知事、保健所が同一の政策を実施することを目指せば、政策の実施は迅速かつ統合的に行われることが期待できる。

ただ、新型コロナウイルス感染症に対する対応では、安倍政権と知事や保健所が常に同じ姿勢を持っていたわけではなかった。

本章でも詳しく述べたように、特に医療提供体制の確立、休業要請の内容、経済振興の進め方をめぐって、安倍首相と東京都知事などの間で齟齬が生まれた。このため、安倍政権が期待するような形で医療提供体制の準備は進まなかった。また、安倍首相が想定したのとは異なった形で休業や時短営業の要請がなされることになった。さらに、安倍政権はＧｏＴｏキャンペーンの実施方法を見直すことを余儀なくされた。一方、第一波のときに一部の保健所は独自の判断で、政権が想定するより厳しい基準で検査の手配を行った。さらに、安倍首相が大きな権力を持っていても、安倍政権が希望したような形で、繁華街において接待を伴う飲食店に対する集中検査が広く行われるようになったわけではなかった。

集権化と分権化

こうした「フラットな関係」が生まれた要因については、一九九〇年代以降のさまざまな制度改革を総覧する待鳥聡史氏の最近の研究が貴重な知見を与えてくれる[22]。待鳥氏は政治改革、省庁再編のほか、司法制度改革、地方分権改革などを対象に改革の背景や帰結について分析している。

重要な議論は次の二点である。第一に、各改革は個別に行われたため、日本の公共部門のなかで集権化と分権化が同時に進み、全体として整合性を欠くことになったこと。第二に、地方分権の結果、国から地方への権限委譲が進み、地方公共団体の自律性がさらに高まったこと。一九九四年の政治改革以降、首相の指導力は高まった。しかし、分権改革も実施されたために国と地方公共団体の調整は以前より困難になったわけである。

首相の指導力と地方分権制度

これまで政府内で首相の指導力が強化されてきたことを踏まえ、首相の指導力を制約する要因として国会制度、参議院制度が注目されてきた[23]。コロナ危機をめぐる政治過程は、地方公共団体が担当する政策分野においては、特に首相と都道府県知事と意見が異なる場合に、首相の政策立案は知事の意向によって制約されることを明らかにしている。さらに首相が都道府県知事の担当する分野において特定の政策の実現を望むのであれば、知事との調整が必要であることも示している。

近年、国と地方公共団体の政治制度が違うことや所掌事務および権限が異なることが政治組織や政治過程に及ぼす影響は研究者の関心を集めてきた(24)。ただ、政策分野によって国と地方公共団体の持つ権限がいかに違い、その違いが首相の指導力に及ぼしてきた制約について体系的研究が行われてきたということは難しい。このため、今後さらに分析を深める余地が広がっている。

首相が関与する政策分野において、都道府県、あるいは政令市・特別区も権限を持っている場合、首相の指導力は制約される可能性が高く、そのことを念頭において分析を行う必要がある。

これまでも例えば、沖縄県におけるアメリカ海兵隊普天間《ふてんま》飛行場の辺野古《へのこ》移設問題に見られるように、地方公共団体の持つ権限が時の政権の政策形成に影響を及ぼすことはあった。しかし、国と地方公共団体の権限関係の摩擦が直ちに多くの国民に影響を与えるような事例は多くなかった。これに対し、コロナ危機の特徴は、安倍政権と地方公共団体の関係が多くの国民に直接大きな影響を及ぼしたことである。果たして、国と地方公共団体の関係が首相の指導力を制約し、国民生活に作用するような政策分野がどれほど存在するのかを探ることは、今後の重要な研究課題である。

最後に感染症について言えば、感染症はその性質上、一部地域での対応の結果が全国的な影響を及ぼす問題である。一部の地方公共団体の対応が遅れ、その地域で感染症が拡大した場合には、そこから他の地域にも波及する恐れが高い。現在の法制度の下では、一部の地方公共団体の対策が遅れる場合に、国や影響を受ける他の地方公共団体が対応する術《すべ》がほとんどない。したがって、感染症対策について現在の国と地方公共団体の権限関係をあらためて精査し、権限配分が的確なのか、そのあり方を再検討すべきである。

あとがき

本書の執筆は新型コロナウイルス感染症の拡大と深く関わっている。

今年の一月末には、街中からマスクが消え、新型コロナウイルス感染症の影響を感じるようになった。次第に日本での感染の拡大にも注目を集めるようになり、二月下旬頃にはマスクをすることを意識するようになる。またこの頃から研究会の中止が相次ぐ一方、勤務先からは出張を控えることを求められ、感染症が実生活にも変化をもたらす。

そして、三月上旬にはリモート授業をできるよう準備に着手した。三月下旬からは感染が拡大、四月七日には緊急事態宣言が発令され、生活は一変した。授業はリモート形式に移行し、在宅勤務が続く。人と会う機会も減り、リモート会議システムで話すことが増える。

緊急事態宣言が発令されるまでに何が起こっていたのか、生活はなぜ変わったのかなどを把握したいという思いが強まり、新型コロナウイルス感染症の発生から宣言発令までの経緯をまとめ、「Yahoo!ニュース個人」に寄稿した。その後、宣言の延長、宣言の解除と節目ごとに原稿を執筆した。

しばらくしてから、感染発生以降の政治過程を記事にまとめるだけでなく書籍にすることを着想した。理由は二つある。一つは短い記事にまとめる以上にこの複雑な過程をより深く理解することを望んだためである。もう一つは危機対応のなかで安倍政権と都道府県知事が摩擦を起こす機会が多く、一部の知事が安倍政権や地方公共団体の政策の内容に大きな影響を及ぼしたことに注目したためである。摩擦が生じたことに制度的な原因があるのか強い関心を抱いた。

こうして、六月上旬から執筆を本格化した。より短い期間で書き上げるつもりだったが九月末に脱稿することになった。

本書を書き上げる上では多くの方々にお世話になった。

御厨貴先生には本書が焦点を当てるべき事項について貴重なご助言をいただき、また執筆を強くはげましてくださった。心より御礼申し上げる。

新型コロナウイルス感染症による危機に対応する政治過程について思索を深める時期に、二つの大学のウェビナーで発表する貴重な機会をいただいた。コロンビア大学ウェザーヘッド・東アジア研究所のウェビナーにお招きいただいた彦谷貴子先生、コメントをくださったジェラルド・カーティス先生に感謝申し上げる。スタンフォード大学ショーレンスティン・アジア太平洋研究所のウェビナーで発表する機会を作っていただいた櫛田健児先生、コメントをいただいた塩崎彰久弁護士に御礼申し上げたい。

また職場を同じくする飯尾潤先生、増山幹高先生にはこれまでいただいているご厚誼、ご指導に深く感謝申し上げたい。

さらに政策研究大学院大学の田中明彦先生、横路清孝先生、木島陽子先生、黒澤昌子先生、高梨桂治先生、道下徳成先生をはじめとする諸先生に、感染症拡大のため新しい対応を迫られるなかで大学運営を持続し、研究・教育環境を保ってくださったことに深謝している。また、大学事務局の職員にも、慣れない環境のなかで、大学の研究・教育体制を支えていただいたことに心より御礼申し上げたい。

本書を執筆する上で、多くの政策実務者、医療関係者、経営者に取材をさせていただいた。これまでは既存の公開資料を使って研究を進めることが多かった。しかし、従来の手法では政策がどのように決定されたのか事実関係を十分把握することができず、取材を行うことにした。取材を通じ、一部の事実関係をより正確に把握することが可能となった。また、医療状況、経営環境について当事者に直接質問することで、医療物資の不足の実態や経済状況の変化について一層深く理解することができるようになった。

一部の方は筆者が期待する以上にかなり踏み込んで情報をお伝えくださった。お名前を挙げることはできないが、取材に応じてくださった皆様に厚く御礼申し上げたい。また草稿を読んでコメントをいただいた先輩、友人に心より感謝申し上げる。

また執筆がかなり進んだところで『中央公論』二〇二〇年十月号の特集のため官房長官の菅義偉氏と厚生労働大臣の加藤勝信氏にインタビューをする機会をいただくことができた。インタビューでは安倍政権と地方公共団体の関係をどう捉えているのかということを含め、感染症対策についてのさまざまな疑問を当事者に直接尋ねることができ、本書を執筆する上で有意義であった。両氏に深謝する。また、このような機会をいただいた中央公論新社、特に『中央公論』編集部の工藤尚彦氏に感謝申し上げたい。

本書の編集を担当し、急な企画の提案や短期間での出版を快諾くださった中央公論新社中公新書編集部の白戸直人氏と小野一雄氏に深く感謝申し上げる。

また、データの整理などを手伝ってくださった平松昂氏と原文聖氏に御礼申し上げたい。

なお、本書は二〇一六年度、一七年度、一八年度、一九年度文部科学省科学研究費補助金（基盤C）［課題番号 16K03463］および二〇一九年度、二〇年度政策研究大学院大学政策研究センター・プロジェクト「政治改革以降の政策決定過程と不均一な選挙制度の関係」に基づく研究の成果の一部である。

最後に、本書を新型コロナウイルス感染症への対応に尽力する全ての人に捧《ささ》げたい。

二〇二〇年十月　東京　中秋の名月を眺めつつ

竹中治堅

註記

【はじめに】

(1)首相官邸ホームページ「令和2年2月29日　安倍内閣総理大臣記者会見」。

【序章】

(1)首相官邸ホームページ「令和2年4月7日　新型コロナウイルス感染症に関する安倍内閣総理大臣記者会見」。

(2)NHKニュース、二〇二〇年四月十日。

(3)『時事通信ニュース』二〇一九年十二月三十一日。『共同通信ニュース』二〇一九年十二月三十一日。

【第1章】

(1)首相官邸ホームページ「令和2年3月26日　東京都知事による申入れ」。

(2)地方分権推進委員会「地方分権推進委員会　中間報告――分権型社会の創造」一九九六年三月二十九日。

(3)赤木須留喜『行政責任の研究』岩波書店、一九七八年、一一八～一二一頁。川村仁弘『自治行政講座1　地方自治制度』第一法規出版、一九八六年、二〇五～二〇七頁。京俊介「自治体と国の関係」入江容子・京俊介編著『地方自治入門』ミネルヴァ書房、二〇二〇年、六六頁。佐藤竺『現代の地方政治』日本評論社、一九六五年、五四～六六頁。新藤宗幸『地方分権』岩波書店、一九九八年、三四～三六頁。

なお、村松岐夫氏はこうした見解を「垂直的行政統制モデル」と捉え、これに対して「水平的政治競争モデル」を提示する。このモデルによれば、地方公共団体は垂直統合モデルが想定する以上の自律性を持ち、地元選出の国会議員や中央省庁から出向している官僚を活用しながら自らの政策目標を実現し、国に新しい政策を作らせることもある（村松岐夫『地方自治』東京大学出版会、一九八八年。北村亘・青木栄一・平野淳一『地方自治論――2つの自律性のはざまで』有斐閣、二〇一七年、一七一～一七八頁。待鳥聡史『政治改革再考――変貌を遂げた国家の軌跡』新潮選書、二〇二〇年、二四二～二四三頁）。

(4)自治事務とは自治体固有の事務である。自治事務は法律上、控除する形で定義されている。すなわち地方自治法二条八項は「地方公共団体が処理する事務のうち、法定受託事務以外のもの」である。自治事務の例は介護保険サービス、国民健康保険の給付、各種助成金、公共施設の管理などである。一方、法定受託事務は二つに区別される。地方自治法二条九項一号、二号により規定されている。一つは国が本来果たすべき役割に関係するものでも都道府県、市町村・特別区が処理することがふさわしい事務と考えられる事務がある。そうした事務のうち法律あるいは政令で特に「適正な処理を」「確保する」必要のあるものである（一号事務）。具体的な例を挙げると検疫法、感染症法などが一号事務となっている。もう一つは都道府県が本来果たすべき役割に関係するものでも市町村・特別区が処理することがふさわしい事務と考えられる事務がある。そうした事務のうち法律あるいは政令で特に「適正な処理を」「確保する」必要のあるものである（二号事務）。具体的な例を挙げると建築基準法、土地収用法などが二号事務となっている。

一号事務と二号事務の対象となる法律はそれぞれ地方自治法の別表1と別表2に列記されている（入江容子「自治体とは何か」入江容子・京俊介編著『地方自治入門』ミネルヴァ書房、二〇二〇年。松本英昭『逐条地方自治法』第八版、学陽書房、二〇一五年、四八～四九頁）。

(5)西尾進『地方分権改革』東京大学出版会、二〇〇七年、六六頁。待鳥聡史『政治改革再考』二五九～二六〇頁。

(6)地方自治法二五二条の二二に基づき政令で指定する人口二〇万人以上の市を指す。

(7)基本的対処方針諮問委員会は新型インフルエンザ等対策有識者会議の下に置かれている。新型インフルエンザ等対策有識者会議は野田佳彦内閣が設置した新型インフルエンザ等対策閣僚会議の決定により設置されている。
(8)新型インフルエンザ等対策研究会編『逐条解説　新型インフルエンザ等対策特別措置法』中央法規出版、二〇一三年、一一八頁。
(9)田崎史郎『安倍官邸の正体』講談社現代新書、二〇一四年、二六～三三頁。
(10)菅義偉（聞き手・竹中治堅）「国と地方の権限には再検証が必要」『中央公論』二〇二〇年十月号、二六～三二頁。
(11)『読売新聞』二〇二〇年三月二十八日。
(12)分権改革後の内閣と地方公共団体の関係については、待鳥聡史『政治改革再考』二五五～二五六頁、二七〇頁が的確に整理している。
(13)インフルエンザ等対策特別措置法は第一号法的受託事務である。地方自治法二四五条の7は大臣が基本的に市町村に対して指示する場合には都道府県を介して指示することを想定している。しかし、緊急時には「法的受託事務の処理について違反の是正又は改善のため講ずべき措置に関して、必要な指示をすること」を認めている。
(14)菅義偉「国と地方の権限には再検証が必要」三〇頁。
(15)加藤勝信（聞き手・竹中治堅）「厚生労働省の分割についても不断の議論を」『中央公論』二〇二〇年十月号、三七頁。
(16)新型コロナウイルス感染症対策専門家会議「新型コロナウイルス感染症対策の状況分析・提言（2020年5月4日）」。
(17)『時事通信ニュース』二〇二〇年五月十五日。
(18)高橋泰・江口成美・石川雅俊「地域の医療提供体制の現状——都道府県別・二次医療圏別データ集（2020年4月第8版）」『日医総研ワーキングペーパー』第四四三号、二〇二〇年四月二日。
(19)同前。
(20)『朝日新聞』二〇二〇年四月二十三日。
(21)総務省「地方公共団体定員管理調査関係データ」二〇〇五年版以降。
(22)加藤典子（厚生労働省健康局健康課保健指導室長）「地域保健をめぐる国の動向」二〇一九年度全国保健師長会講演会（二〇一九年四月二十日）資料。
(23)日本人出国者は帰国すると想定し、入国者の一部として計算する。
(24)伊藤修一郎『自治体政策過程の動態——政策イノベーションと波及』慶應義塾大学出版会、二〇〇二年。伊藤修一郎『自治体発の政策革新——景観条例から景観法へ』木鐸社、二〇〇六年。

【第2章】

(1)新型コロナウイルス感染症対策本部（第一五回）議事概要、二〇二〇年二月二十七日。
(2)新型コロナウイルス感染症対策専門家会議「新型コロナウイルス感染症対策の基本方針の具体化に向けた見解」二〇二〇年二月二十四日、一頁。
(3)『共同通信ニュース』二〇一九年十二月三十一日。『時事通信ニュース』二〇一九年十二月三十一日。
(4)『朝日新聞』二〇二〇年一月九日。『読売新聞』二〇二〇年一月九日夕刊。
(5)『朝日新聞』二〇二〇年一月十一日夕刊。
(6)『朝日新聞』二〇二〇年一月二十三日夕刊。
(7)同前。
(8)『日本経済新聞』二〇二〇年二月一日夕刊。
(9)Center for Systems Systems Science and Engineering, Johns Hopkins Whiting School of Engineering のデータによる。https://github.com/CSSEGISandData/COVID-19/tree/master/csse_covid_19_data/csse_covid_19_time_series.
(10)『日本経済新聞』二〇二〇年一月十六日夕刊。
(11)NHKニュース、二〇二〇年一月十六日。
(12)『日本経済新聞』二〇二〇年一月十六日夕刊。
(13)厚生労働省ホームページ「加藤大臣会見概要（令和2年1月21日（火）11：04～11：24　省内会見室）」。
(14)佐藤正久・門田隆将「国防意識欠いた感染症対策を正せ」『正論』二

〇二〇年五月号、四一頁。
(15)『日本経済新聞』二〇二〇年一月二十四日夕刊。
(16)NHKウェブサイト「NHK政治マガジン　武漢退避！　その舞台裏」二〇二〇年二月五日。
(17)『日本経済新聞』二〇二〇年一月三十日。
(18)同前。
(19)『毎日新聞』二〇二〇年二月八日。
(20)同前。
(21)『読売新聞』二〇二〇年一月二十九日。『毎日新聞』二〇二〇年二月八日。
(22)『読売新聞』二〇二〇年七月十七日。
(23)『読売新聞』二〇二〇年五月二十八日。
(24)『読売新聞』二〇二〇年四月九日。
(25)岩田明子「安倍晋三対コロナ「150日戦争」」『文藝春秋』二〇二〇年七月号、一二七頁。
(26)『読売新聞』二〇二〇年五月二十八日。赤坂太郎「「菅外し」で現実味を帯びる「石破擁立」」(『文藝春秋』二〇二〇年五月号)には、官邸の会議におけるやりとりが詳しく記されている。
(27)『読売新聞』二〇二〇年二月二日、六月九日。
(28)『読売新聞』二〇二〇年五月二十八日。
(29)『読売新聞』二〇二〇年一月三十一日。
(30)『東京新聞』二〇二〇年二月二日。『読売新聞』二〇二〇年六月九日。
(31)「第二百一回国会　参議院予算委員会会議録第三号　令和二年一月三十一日」。
(32)『読売新聞』二〇二〇年五月二十八日。
(33)「第二百一回国会　参議院予算委員会会議録第三号　令和二年一月三十一日」。
(34)『日本経済新聞』二〇二〇年一月二十九日。
(35)『読売新聞』二〇二〇年一月二十九日。
(36)『読売新聞』二〇二〇年一月三十日。
(37)新型コロナウイルス感染症対策本部（第一回）議事概要、二〇二〇年一月三十日。
(38)『朝日新聞』二〇二〇年一月三十日。
(39)『読売新聞』二〇二〇年二月一日。
(40)『朝日新聞』二〇二〇年二月十一日。
(41)「NHK　NEWS　WEB」二〇二〇年二月十四日。
(42)「第二百一回国会　参議院予算委員会会議録第五号　令和二年三月三日」。
(43)『読売新聞』二〇二〇年三月六日。
(44)『朝日新聞』二〇二〇年三月六日。『日本経済新聞』二〇二〇年三月六日。『読売新聞』二〇二〇年三月六日。
(45)『読売新聞』二〇二〇年三月六日。
(46)国立感染症研究所病原体ゲノム解析研究センター「新型コロナウイルスSARS-CoV-2のゲノム分子疫学調査」二〇二〇年四月二十七日。
(47)厚生労働省医政局地域医療計画課・厚生労働省健康局結核感染症課「新型コロナウイルス感染症に対応した医療体制について」二〇二〇年二月一日。
(48)押谷仁「新型コロナウイルスに我々はどう対峙すべきなのか（no.1）」、東北大学大学院医学系研究科・医学部ウェブサイト（https://www.med.tohoku.ac.jp/feature/pages/topics_214.html）二〇二〇年二月四日掲載。
(49)厚生労働省健康局結核感染症課長「感染症の予防及び感染症の患者に対する医療に関する法律第12条第1項及び第14条第2項に基づく届出の基準等について（一部改正）」二〇二〇年二月四日。厚生労働省健康局結核感染症課長「「感染症の予防及び感染症の患者に対する医療に関する法律第12条第1項及び第14条第2項に基づく届出の基準等について（一部改正）」に関する留意事項について」二〇二〇年二月七日。
(50)「第二百一回国会　衆議院　厚生労働委員会議録第四号　令和二年三月十七日」。
(51)押谷仁（聞き手・河合香織）「専門家会議メンバーが明かす、新型コロナの「正体」と今後のシナリオ」、「Yahoo!ニュース」二〇二〇年二月二十六日。
(52)『毎日新聞』二〇二〇年二月二十日。『朝日新聞』二〇二〇年二月十一日、十七日。
(53)『朝日新聞』二〇二〇年二月四日。
(54)NHKニュース、二〇二〇年二月五日。
(55)『日本経済新聞』二〇二〇年二月二十五日。
(56)『朝日新聞』二〇二〇年七月十四日。
(57)同前。
(58)『読売新聞』二〇二〇年二月二十日、七月十七日。
(59)『読売新聞』二〇二〇年二月二十日。菅義偉「菅義偉官房長官　すべての疑問に答える」『文藝春秋』二〇二〇年九月号、一一二頁。
(60)小柳剛『パンデミック客船「ダイヤモンド・プリンセス号」からの生還』KADOKAWA、二〇二〇年五月、四九〜五一頁。
(61)厚生労働省ダイヤモンド・プリンセス号現地対策本部「ダイヤモンド・プリンセス号現地対策本部報告書」二〇二〇年五月一日、一頁。
(62)『読売新聞』二〇二〇年七月十七日。
(63)厚生労働省ホームページ「加藤大臣会見概要（令和2年2月5日（水）8：42〜8：59　省内会見室）」。
(64)菅義偉「菅義偉官房長官　すべての疑問に答える」一一二頁。
(65)『毎日新聞』二〇二〇年二月二十日。
(66)厚生労働省健康局結核感染症課「新型コロナウイルス感染症患者等の入院病床の確保について（依頼）」二〇二〇年二月九日。厚生労働省医政局総務課・厚生労働省医政局地域医療計画課「新型コロナウイルス感染症患者等の入院患者の受入れについて」二〇二〇年二月十日。
(67)『朝日新聞』二〇二〇年二月八日。『毎日新聞』二〇二〇年二月十一日。
(68)『朝日新聞』二〇二〇年二月十一日。湊櫻『ダイヤモンド・プリンセス乗船手記――あの日、船内で起きていたこと』KADOKAWA（電子書籍）、二〇二〇年六月。
(69)厚生労働省ホームページ「加藤大臣会見概要（令和2年2月15日（土）17：25〜18：06　省内会見室）」。
(70)菅義偉「菅官房長官、覚悟を語る」『Ｈａｎａｄａ』二〇二〇年九月号、五七頁。
(71)例えば『朝日新聞』二〇二〇年二月六日、八日、十三日、十四日。『毎日新聞』二〇二〇年二月十一日。
(72)厚生労働省ホームページ「加藤大臣会見概要（令和2年2月13日（木）12：05〜12：28　省内会見室）」。
(73)『東京新聞』二〇二〇年二月十六日。
(74)『共同通信ニュース』二〇二〇年二月十四日。
(75)湊櫻『ダイヤモンド・プリンセス乗船手記』。
(76)例えば、『New York Times』二〇二〇年二月九日、十一日。
(77)ダイヤモンド『ダイヤモンドプリンセス乗船手記』カクヨム（https://kakuyomu.jp/works/1177354054895024939/episodes/1177354054895026057）、二〇二〇年三月三十一日公開。
(78)NHKニュース、二〇二〇年二月二十三日。二月八日、河野太郎防衛大臣も米国政府から「早期に下船・出国させる考えはないとの説明を受けています」とツイートしている（https://twitter.com/konotarogomame/status/1226044463677501440）。
(79)『日本経済新聞』二〇二〇年二月二十九日夕刊。
(80)『朝日新聞』二〇二〇年二月二十六日、二十九日夕刊、三月一日。
(81)「さらに広がる新型肺炎の影響　需要急増の予防関連消費と冷え込むインバウンド消費」、「Intage 知る Gallery」（https://www.intage.co.jp/gallery/shingatahaien-2/）、二〇二〇年二月二十一日公開記事。
(82)『読売新聞』二〇二〇年二月四日夕刊。『日本経済新聞』二〇二〇年二月四日。フジテレビ『Live News it!』二〇二〇年二月五日。
(83)日本テレビ『news zero』二〇二〇年二月五日。
(84)『読売新聞』二〇二〇年二月二十日。
(85)『読売新聞』二〇二〇年三月四日。
(86)『朝日新聞』二〇二〇年二月十三日。
(87)『読売新聞』二〇二〇年二月十三日。
(88)『日本経済新聞』二〇二〇年二月二十七日。
(89)『日本経済新聞』二〇二〇年二月二十二日、二十七日。
(90)『日本経済新聞』二〇二〇年二月二十九日。
(91)NHKニュース、二〇二〇年二月十九日。
(92)『読売新聞』二〇二〇年二月二十一日。

(93)押谷仁「新型コロナウイルスに我々はどう対峙したらいいのか(No.2)――新たな段階に入っている新型コロナウイルスと人類の戦い」、東北大学大学院医学系研究科・医学部ウェブサイト(https://www.med.tohoku.ac.jp/feature/pages/topics_215.html)、二〇二〇年二月十二日掲載
(94)押谷仁「クラスター解析からCOVID-19の疫学と対応策」日本感染症学会学術講演会特別シンポジウム、二〇二〇年四月十八日。
(95)『朝日新聞』二〇二〇年二月十四日。東京都と神奈川県の感染者は親族であったために接触した可能性はある。
(96)『読売新聞』二〇二〇年二月二十六日。
(97)『公明新聞』二〇二〇年二月十五日。
(98)新型コロナウイルス感染症対策本部(第一〇回)議事概要、二〇二〇年二月十六日。
(99)厚生労働省ホームページ「加藤大臣会見概要(令和2年2月15日(土)17:25~18:06 省内会見室)」。
(100)『日本経済新聞』二〇二〇年二月十七日。
(101)厚生労働省健康局結核感染症課「新型コロナウイルス感染症に関する行政検査について(依頼)」二〇二〇年二月十七日。
(102)『東京新聞』二〇二〇年二月十二日。TBS『まるっと!サタデー』二〇二〇年二月二十二日。
(103)「第二百一回国会　衆議院　予算委員会議録　第十三号(その一)　令和二年二月十八日」。
(104)同前。
(105)『毎日新聞』二〇二〇年二月二十八日。『東京新聞』二〇二〇年二月二十八日。
(106)「第二百一回国会　衆議院　予算委員会第五分科会議録(厚生労働省所管)第一号　令和二年二月二十五日」。「第二百一回国会　衆議院　予算委員会議録　第十七号　令和二年二月二十七日」。
(107)『日本経済新聞』二〇二〇年二月二十九日、三月二日。
(108)厚生労働省ホームページ「イベントの開催に関する国民の皆様へのメッセージ」二〇二〇年二月二十日。
(109)『読売新聞』二〇二〇年二月二十六日。
(110)新型コロナウイルス感染症対策専門家会議「新型コロナウイルス感染症対策の基本方針の具体化に向けた見解」一頁。
(111)同前、一頁。
(112)同前、一頁。
(113)同前、二頁。
(114)「クラスター対応戦略の概要(2020年3月10日暫定版)」日本公衆衛生学会新型コロナウイルス関連情報特設サイト(https://www.jsph.jp/covid/news/index.html)、二〇二〇年三月十一日公開。
(115)国立感染症研究所感染症疫学センター・国立感染症研究所実地疫学専門家養成コース「クラスター対策班接触者追跡チームとしての疫学センター・FETPの活動報告」二〇二〇年七月十七日。『読売新聞』二〇二〇年二月二十六日。
(116)押谷仁「クラスター解析からCOVID-19の疫学と対応策」。
(117)鈴木直道「伝える力こそリーダーの命です」『文藝春秋』二〇二〇年八月号、一四五頁。
(118)『読売新聞』二〇二〇年二月二十六日。
(119)同前。
(120)『読売新聞』二〇二〇年二月二十二日、二十五日。
(121)鈴木直道「伝える力こそリーダの命です」一四六頁。
(122)『読売新聞』二〇二〇年二月二十六日夕刊。
(123)『読売新聞』二〇二〇年二月二十七日。
(124)『北海道新聞』二〇二〇年三月一日。
(125)菅義偉「菅義偉官房長官　すべての疑問に答える」一一三頁。
(126)鈴木直道「伝える力こそリーダの命です」一四六~一四七頁。
(127)『読売新聞』二〇二〇年二月二十九日。
(128)『読売新聞』二〇二〇年二月二十六日、三月一日。
(129)『日本経済新聞』二〇二〇年二月二十五日。『読売新聞』二〇二〇年二月二十五日。
(130)『朝日新聞』二〇二〇年二月二十五日。
(131)『朝日新聞』二〇二〇年二月二十八日は「成果」を求められていたと

指摘する。

(132)『日本経済新聞』二〇二〇年二月二十六日夕刊。

(133)新型コロナウイルス感染症対策本部（第一五回）議事概要、二〇二〇年二月二十七日。

(134)『朝日新聞』二〇二〇年二月二十九日。『北海道新聞』二〇二〇年三月一日。『中日新聞』二〇二〇年三月一日。『読売新聞』二〇二〇年三月十五日。

(135)『朝日新聞』二〇二〇年二月二十九日。

(136)同前。『中日新聞』二〇二〇年三月一日。

(137)『読売新聞』二〇二〇年三月十五日。

(138)『読売新聞』二〇二〇年八月四日。

(139)菅官房長官は事前に知らされていなかったという報道を「事実ではありません」と否定している。菅義偉「菅義偉官房長官　すべての疑問に答える」一一三頁。

(140)『朝日新聞』二〇二〇年二月二十九日。

(141)新型コロナウイルス感染症対策専門家会議（第三回）議事概要、二〇二〇年二月二十四日。

(142)新型コロナウイルス感染症対策本部（第一五回）議事概要、二〇二〇年二月二十七日。

(143)首相官邸ホームページ「令和2年2月29日　安倍内閣総理大臣記者会見」。

【第3章】

(1)首相官邸ホームページ「令和2年4月7日　新型コロナウイルス感染症に関する安倍内閣総理大臣記者会見」。

(2)コロナウイルス感染症が世界各地に拡大する様子については滝田洋一『コロナクライシス』日経プレミアシリーズ、二〇二〇年五月、六二～七一頁が描写している。

(3)『日本経済新聞』二〇二〇年二月二十五日夕刊。

(4)欧州やアメリカなど外国での感染者の数はジョンズ・ホプキンズ大学システム科学・工学センターのデータベース（https://github.com/CSSEGISandData/COVID-19）による。

(5)『日本経済新聞』電子版、二〇二〇年一月二十二日。

(6)『共同通信ニュース』二〇二〇年三月十一日。『日本経済新聞』電子版、二〇二〇年三月二十一日。

(7)『東京新聞』二〇二〇年七月十四日。

(8)『朝日新聞』二〇二〇年三月十四日、十五日。ＮＨＫニュース、二〇二〇年三月十七日。

(9)安倍内閣は三月七日から慶尚北道の慶山市などやイラン共和国のテヘラン州、コム州などに滞在歴のある外国人の入国を禁止する。さらに三月十日に、三月十一日からイラン全土とイタリア北部からの外国人の入国を禁止することを決定する。

(10)『日本経済新聞』二〇二〇年三月二十六日、三十日。

(11)『読売新聞』二〇二〇年五月二十七日。

(12)同前。

(13)『朝日新聞』二〇二〇年三月七日。

(14)『読売新聞』二〇二〇年三月十五日、五月二十八日。

(15)『読売新聞』二〇二〇年三月十五日。

(16)『読売新聞』二〇二〇年五月二十八日。

(17)日本政府観光局「各国・地域別　日本人訪問者数［日本から各国・地域への到着者数］（２０１４年～２０１８年）」。

(18)二〇二〇年三月の成田国際空港の国際線航空旅客数は、前年同月比の二七％である。二〇一八年の数字を元に計算すると、二〇二〇年三月の一日あたりの欧州からの帰国者は、少なくとも三〇〇〇人程度と想定できる。『読売新聞』二〇二〇年五月二十八日は、厚生労働省の人員の制約を要因として挙げている。

(19)新型コロナウイルス感染症対策本部（第一〇回）議事概要、二〇二〇年二月二十六日。

(20)新型コロナウイルス感染症対策専門家会議「新型コロナウイルス感染症対策の見解」二〇二〇年三月九日。なお、見解はクラスターの早期発見が重要なことを以前と同様に強調している。また保健所の負担の軽減も訴えている。ただ、ＰＣＲ検査の体制を強化することについては触れていない。

(21)新型コロナウイルス感染症対策本部（第一九回）議事概要、二〇二〇年三月十日。

(22)厚生労働省新型コロナウイルス感染症対策推進本部「地域で新型コロナウイルス感染症の患者が増加した場合の各対策（サーベイランス、感染拡大防止策、医療提供体制）の移行について」二〇二〇年三月一日。

(23)同前。

(24)厚生労働省新型コロナウイルス感染症対策推進本部「新型コロナウイルスの患者数が大幅に増えたときに備えた医療提供体制等の検討について（依頼）」二〇二〇年三月六日。

(25)『日経産業新聞』二〇二〇年三月十七日。

(26)新型コロナウイルス感染症対策専門家会議第五回（二〇二〇年三月二日）参考資料「新型コロナウイルス感染症の流行シナリオ（2月29日時点）」。

(27)高木かおり参議院議員の質問に対する安倍晋三首相の答弁。「第二百一回国会　参議院予算委員会会議録第十一号　令和二年三月十六日」。

(28)NHKニュース、二〇二〇年三月十七日。

(29)『府医ニュース』二〇二〇年四月十五日（https://www.osaka.med.or.jp/doctor/doctor-news-detail?no=20200415-2924-1&dir=2020）。

(30)『日本経済新聞』二〇二〇年三月十二日。

(31)厚生労働省新型コロナウイルス感染症対策推進本部「新型コロナウイルス感染症患者等の入院病床の確保について（依頼）」二〇二〇年三月十八日。

(32)厚生労働省新型コロナウイルス感染症対策推進本部「新型コロナウイルス感染症の患者数が大幅に増えたときに備えた入院医療提供体制等の整備について」二〇二〇年三月十九日。

(33)『朝日新聞』二〇二〇年三月二十四日。

(34)神奈川県ホームページ「臨時記者会見（２０２０年3月25日）結果概要」（https://www.pref.kanagawa.jp/chiji/press-conference/2019/0325.html）。

(35)『京都新聞』二〇二〇年三月三十一日。

(36)厚生労働省ホームページ「加藤大臣会見概要（令和2年3月3日（火）10：07〜10：42　省内会見室）」。

(37)山井和則衆議院議員の質問。「第二百一回国会　衆議院　厚生労働委員会議録　第三号　令和二年三月十一日」。

(38)数字は東京都の検査の実施人数の七日間移動平均値と相談数の七日間移動平均値を元に算出している。

(39)『日本経済新聞』二〇二〇年三月十九日。

(40)『読売新聞』二〇二〇年四月十六日。

(41)『読売新聞』二〇二〇年四月九日。

(42)『朝日新聞』二〇二〇年四月二十三日。

(43)同前。

(44)『朝日新聞』二〇二〇年四月十六日。

(45)『日本経済新聞』二〇二〇年四月十一日。

(46)『日本経済新聞』二〇二〇年五月二十九日。

(47)『朝日新聞』二〇二〇年五月九日。

(48)『朝日新聞』二〇二〇年六月二十三日。

(49)『日本経済新聞』二〇二〇年三月四日夕刊。

(50)その後、安倍内閣は配布地域を拡大し、三月十二日から美瑛町などにも追加配布する。『北海道新聞』二〇二〇年三月十一日。

(51)新型コロナウイルス感染症対策本部（第一七回）議事概要、二〇二〇年三月五日。

(52)『朝日新聞』デジタル版、二〇二〇年三月十日。

(53)菅義偉「菅官房長官、覚悟を語る」『Ｈａｎａｄａ』二〇二〇年九月号、五三頁。菅義偉「菅義偉官房長官　すべての疑問に答える」『文藝春秋』二〇二〇年九月号、一一四頁。

(54)厚生労働省ホームページ「加藤大臣会見概要（令和2年3月17日（火）8：35〜8：44　ぶら下がり）」。

(55)迫井正深厚生労働省審議官の答弁。「第二百一回国会　参議院内閣委員会会議録第七号　令和二年四月二日」。

(56)同前。

(57)NHKニュース、二〇二〇年三月二十六日。

(58)『読売新聞』二〇二〇年四月十一日。
(59)『読売新聞』二〇二〇年四月九日。
(60)NHKニュース、二〇二〇年三月二十三日。日本テレビ『news zero』二〇二〇年三月三十一日。TBS『あさチャン！』二〇二〇年三月三十一日。
(61)『時事通信ニュース』二〇二〇年三月二十八日。『朝日新聞』二〇二〇年三月二十九日。
(62)首相官邸ホームページ「令和2年3月28日　安倍内閣総理大臣記者会見」。
(63)この経緯は森功「「官邸官僚」の自爆――アベノマスク、動画、検察庁法改正」『文藝春秋』二〇二〇年七月号、一三七～一三八頁が詳しい。
(64)株式会社Agoop「〈東日本エリア〉新型コロナウイルス拡散における人流変化の解析　2020/01/01～2020/09/06」「〈西日本エリア〉新型コロナウイルス拡散における人流変化の解析　2020/01/01～2020/09/06」(https://www.agoop.co.jp/coronavirus/)、二〇二〇年九月七日。
(65)新型コロナウイルス感染症対策専門家会議「新型コロナウイルス感染症対策の状況分析・提言（2020年3月19日）」。
(66)同前。
(67)『朝日新聞』二〇二〇年六月二十一日。
(68)同前。
(69)ヤフー株式会社ニュース解説サイト「THE PAGE」による会見配信(https://www.youtube.com/watch?v=hH79Wv4ys0o)、二〇二〇年三月十九日。
(70)『朝日新聞』二〇二〇年三月十七日。『毎日新聞』二〇二〇年三月十六日夕刊。
(71)『朝日新聞』二〇二〇年二月二十九日。
(72)『信濃毎日新聞』二〇二〇年二月二十九日。
(73)『琉球新報』二〇二〇年二月二十九日。
(74)日本テレビ『news every.』二〇二〇年三月二十日。
(75)株式会社Agoop「〈東日本エリア〉新型コロナウイルス拡散における人流変化の解析　2020/01/01～2020/09/06」「〈西日本エリア〉新型コロナウイルス拡散における人流変化の解析　2020/01/01～2020/09/06」。
(76)フジテレビ『直撃LIVEグッディ！』二〇二〇年三月二十三日。
(77)フジテレビ『情報プレゼンター　とくダネ！』二〇二〇年三月二十三日。
(78)『朝日新聞』二〇二〇年三月二十四日。
(79)『New York Times』二〇二〇年二月二十六日。『Financial Times』二〇二〇年二月二十七日。
(80)『Associated Press International』二〇二〇年二月二十五日。
(81)『朝日新聞』二〇二〇年二月二十八日。
(82)『日本経済新聞』二〇二〇年三月十四日。
(83)『日本経済新聞』二〇二〇年三月五日。
(84)『日本経済新聞』二〇二〇年三月十三日。
(85)『朝日新聞』二〇二〇年三月十八日。
(86)『朝日新聞』二〇二〇年三月二十六日。
(87)『読売新聞』二〇二〇年三月二十五日。
(88)『日本経済新聞』二〇二〇年三月二十四日。
(89)『毎日新聞』二〇二〇年三月十八日。
(90)『日本経済新聞』二〇二〇年三月二十四日。
(91)『読売新聞』二〇二〇年三月二十五日。
(92)『日本経済新聞』電子版、二〇二〇年三月二十四日。
(93)『朝日新聞』二〇二〇年三月二十三日。
(94)『大分合同新聞』二〇二〇年三月二十一日。
(95)『朝日新聞』二〇二〇年三月二十五日。
(96)「永寿総合病院：新型コロナウイルス感染症（2020年3月20日～5月23日の判明例）」(http://www.eijuhp.com/user/media/eiju/20200523corona.pdf)。
(97)『朝日新聞』二〇二〇年三月二十日。『朝日新聞』大阪版、二〇二〇年三月二十日。『毎日新聞』二〇二〇年三月二十日。
(98)兵庫県ホームページ「新型コロナウイルス感染症に関する知事メッセージ（令和2年3月19日）」(https://web.pref.hyogo.lg.jp/kk03/chijimessage0319.html)。

(99)『日本経済新聞』電子版、二〇二〇年三月二十日。
(100)『東京新聞』二〇二〇年七月十二日。
(101)NHKニュース、二〇二〇年三月二十三日。
(102)東京都ホームページ「小池知事「知事の部屋」／記者会見（令和2年3月23日）」。
(103)「令和元年度　新型コロナウイルス感染症対策協議会（東京都感染症医療体制協議会）」二〇二〇年三月三十一日。
(104)『日本経済新聞』二〇二〇年四月二十八日。
(105)新型コロナウイルス感染症対策専門家会議「新型コロナウイルス感染症対策の状況分析・提言（案）（2020年4月22日）」六頁。
(106)国立感染症研究所病原体ゲノム解析研究センター「新型コロナウイルスSARS-CoV-2のゲノム分子疫学調査」二〇二〇年四月二十七日。
(107)『読売新聞』二〇二〇年七月二十九日。
(108)『東京新聞』二〇二〇年七月十五日。
(109)『読売新聞』二〇二〇年六月二十五日。
(110)『読売新聞』二〇二〇年四月二十五日、六月十三日。
(111)クラスター対策の破綻については『東京新聞』二〇二〇年七月十五日が詳しい。「検証・コロナ対策危機に備えるために　②限界」
(112)新型コロナウイルス感染症対策専門家会議「新型コロナウイルス感染症対策の状況分析・提言（2020年3月19日）」。
(113)『読売新聞』二〇二〇年四月一日。
(114)『毎日新聞』二〇二〇年四月三日。
(115)『日本経済新聞』二〇二〇年三月二十六日。
(116)『読売新聞』二〇二〇年七月三十日。東京都ホームページ「小池知事「知事の部屋」／記者会見（令和2年3月25日）」。
(117)『朝日新聞』二〇二〇年三月二十八日。
(118)大阪府ホームページ「令和2年（2020年）3月25日　知事記者会見内容」。
(119)東京都ホームページ「小池知事「知事の部屋」／記者会見（令和2年3月27日）」。
(120)『朝日新聞』大阪版、二〇二〇年三月三十一日。
(121)『共同通信ニュース』二〇二〇年三月三十日。
(122)東京都ホームページ「小池知事「知事の部屋」／記者会見（令和2年3月30日）」。
(123)『読売新聞』二〇二〇年四月五日。
(124)『東京新聞』二〇二〇年四月五日。
(125)NHKニュース、二〇二〇年四月六日。
(126)『産経新聞』二〇二〇年四月三日。大阪府の吉村知事は四月一日の会見で六〇〇床確保していると発言している。大阪府ホームページ「令和2年（2020年）4月1日　知事記者会見内容」。
(127)『読売新聞』二〇二〇年四月四日。大阪府ホームページ「新型コロナウイルス感染症患者（409例目から428例目）の発生について」二〇二〇年四月六日。
(128)『日本経済新聞』二〇二〇年四月四日。
(129)『朝日新聞』名古屋版、二〇二〇年三月二十五日。
(130)『読売新聞』二〇二〇年三月二十七日。
(131)フジテレビ『FNN Live News days』二〇二〇年三月二十七日。
(132)『読売新聞』二〇二〇年五月三十日。
(133)同前。
(134)『朝日新聞』二〇二〇年四月八日。
(135)厚生労働省新型コロナウイルス感染症対策推進本部「新型コロナウイルス感染症の軽症者等に係る宿泊療養及び自宅療養の対象並びに自治体における対応に向けた準備について」二〇二〇年四月二日。
(136)『読売新聞』二〇二〇年四月四日、六日。
(137)『朝日新聞』二〇二〇年四月四日。
(138)『共同通信ニュース』二〇二〇年四月八日。
(139)『朝日新聞』二〇二〇年四月二日。
(140)NHKニュース、二〇二〇年四月三日。
(141)NHKニュース、二〇二〇年四月六日。
(142)NHKニュース、二〇二〇年四月三日。『時事通信ニュース』二〇二〇年四月三日。
(143)滝田洋一『コロナクライシス』一八四〜一八五頁。

(144)『日本経済新聞』二〇二〇年四月五日。
(145)『朝日新聞』二〇二〇年四月七日。
(146)『読売新聞』二〇二〇年四月七日。
(147)首相官邸ホームページ「令和2年4月7日　新型コロナウイルス感染症に関する安倍内閣総理大臣記者会見」。
(148)『朝日新聞』二〇二〇年四月七日。『読売新聞』二〇二〇年四月八日。
(149)『朝日新聞』二〇二〇年四月七日。『読売新聞』二〇二〇年四月八日。
(150)首相官邸ホームページ「令和2年4月7日　新型コロナウイルス感染症に関する安倍内閣総理大臣記者会見」。
(151)『毎日新聞』二〇二〇年四月七日。
(152)『日本経済新聞』電子版、二〇二〇年二月十七日。
(153)『日本経済新聞』二〇二〇年二月五日。
(154)『日本経済新聞』二〇二〇年二月三日。
(155)神田慶司・山口茜「新型肺炎で日本経済はマイナス成長の恐れ」大和総研、二〇二〇年二月六日。ただし、この試算にサプライチェーンが断絶した場合の影響は盛り込まれていない。
(156)日本政府観光局「２０２０年　訪日外客数（総数）」。
(157)『日本経済新聞』二〇二〇年二月二十五日。
(158)『Financial Times』二〇二〇年三月二日。
(159)OECD, *OECD Interim Economic Assensmsment, Coronavirus: The world economy at risk*, 2 March 2020.
(160)滝田洋一氏はニューヨーク株式市場の変化を鋭く指摘している。滝田洋一『コロナクライシス』七六～七八頁。
(161)『日本経済新聞』二〇二〇年三月二日。
(162)『日本経済新聞』二〇二〇年三月三日。
(163)『日本経済新聞』二〇二〇年三月十七日。
(164)『時事通信ニュース』二〇二〇年三月十一日。
(165)NHKニュース、二〇二〇年三月十一日。
(166)「第二百一回国会　参議院予算委員会会議録第十一号　令和二年三月十六日」。
(167)NHKニュース、二〇二〇年三月十七日。
(168)アメリカ政府・議会の経済対策、連邦準備制度理事会の緩和政策については滝田洋一『コロナクライシス』一二一～一三九頁が簡潔にまとめている。
(169)新型コロナウイルス感染症対策本部（第二四回）議事概要、二〇二〇年三月二十八日。
(170)首相官邸ホームページ「令和2年3月28日　安倍内閣総理大臣記者会見」。
(171)フジテレビ『FNNニュース』二〇二〇年三月二十九日。
(172)TBS『あさチャン！』二〇二〇年三月三十一日。
(173)同前。
(174)「第二百一回国会　参議院内閣委員会会議録第四号　令和二年三月十三日」。「第二百一回国会　参議院予算委員会会議録第十一号　令和二年三月十六日」。
(175)NHKウェブサイト「NHK政治マガジン」二〇二〇年三月十六日。
(176)日本の尊厳と国益を護る会 **Facebook** (**https://www.facebook.com/kokuekimamorukai/**)、二〇二〇年三月十七日。
(177)公明党新型コロナウイルス感染症対策本部「緊急経済対策の策定に向けた提言」二〇二〇年三月三十一日。
(178)『毎日新聞』二〇二〇年三月二十八日。『読売新聞』二〇二〇年四月十四日。
(179)『毎日新聞』二〇二〇年四月十六日。
(180)『日本経済新聞』二〇二〇年四月二十一日。
(181)『読売新聞』二〇二〇年四月三日。
(182)『日本経済新聞』二〇二〇年四月二十一日。
(183)『読売新聞』二〇二〇年四月十四日。
(184)『日本経済新聞』二〇二〇年四月七日。
(185)『読売新聞』二〇二〇年四月七日。
(186)『日本経済新聞』二〇二〇年四月八日。
(187)同前。
(188)『朝日新聞』デジタル版、二〇二〇年七月六日。
(189)未来投資会議第三六回（二〇二〇年三月五日）配布資料。

(190)「3／5　第36回未来投資会議　議事要旨」二〇二〇年三月五日。
(191)経済産業省「令和2年度補正予算の事業概要（PR資料）」二〇二〇年四月。
(192)『朝日新聞』デジタル版、二〇二〇年七月六日。
(193)「第二百一回国会　衆議院　予算委員会議録　第二十号　令和二年四月二十八日」。

【第4章】

(1)首相官邸ホームページ「令和2年5月4日　新型コロナウイルス感染症に関する安倍内閣総理大臣記者会見」。
(2)『毎日新聞』二〇二〇年四月九日。
(3)『読売新聞』二〇二〇年四月十四日。
(4)『朝日新聞』二〇二〇年四月二十一日。
(5)『朝日新聞』二〇二〇年四月十日。『読売新聞』二〇二〇年四月十四日。
(6)NHKニュース、二〇二〇年四月三日。
(7)『毎日新聞』二〇二〇年六月十七日。
(8)同前。
(9)「新型インフルエンザ等対策有識者会議基本的対処方針等諮問委員会（第2回）議事録」二〇二〇年四月七日。
(10)『読売新聞』二〇二〇年四月九日。
(11)同前。『日本経済新聞』二〇二〇年四月十二日。
(12)「第17回東京都新型コロナウイルス感染症対策本部会議」二〇二〇年四月六日。
(13)東京都ホームページ「小池知事「知事の部屋」／記者会見（令和2年4月6日）」。
(14)『日本経済新聞』二〇二〇年四月十日夕刊。『朝日新聞』デジタル版、二〇二〇年四月六日。
(15)『日本経済新聞』二〇二〇年四月八日夕刊。
(16)『日本経済新聞』二〇二〇年四月十二日。
(17)同前。
(18)『読売新聞』二〇二〇年四月十一日。『日本経済新聞』二〇二〇年四月十二日。
(19)『毎日新聞』二〇二〇年四月十一日。
(20)『朝日新聞』二〇二〇年四月十一日。
(21)同前。
(22)東京都ホームページ「小池知事「知事の部屋」／記者会見（令和2年4月10日）」。
(23)東京都ホームページ「小池知事「知事の部屋」／記者会見（令和2年4月15日）」。
(24)『日本経済新聞』二〇二〇年四月十一日。
(25)『日本経済新聞』二〇二〇年四月十一日、十三日。
(26)『読売新聞』二〇二〇年四月十七日、十八日。
(27)『日本経済新聞』二〇二〇年四月十七日、十八日。
(28)『日本経済新聞』二〇二〇年四月十四日、十五日。
(29)神奈川県ホームページ「神奈川県新型コロナウイルス感染症拡大防止協力金（第1弾）について」二〇二〇年四月十四日。
(30)千葉県ホームページ「知事定例記者会見（令和2年4月16日）概要」。千葉県は後に中小企業再建支援金と名づける。四月二十二日の二〇二〇年度補正予算（第二号）発表時に個人事業主も含まれることが明確になる。
(31)『読売新聞』二〇二〇年四月十八日。その後、埼玉県は四月二十四日に二〇二〇年度補正予算（第三号）を発表し、支援金を「埼玉県中小企業・個人事業主支援金」と名づけ、小規模事業者や個人事業主も対象とすることを明確にする。
(32)大阪府ホームページ「令和2年（2020年）4月15日　知事記者会見内容」。その後、大阪府は支援金に「休業要請支援金」という名称をつける。
(33)『毎日新聞』大阪版、二〇二〇年四月二十四日。
(34)兵庫県ホームページ「新型コロナウイルス感染症対策本部会議にかかる記者会見（2020年4月17日（金曜日））」。
(35)福岡県ホームページ「知事臨時記者会見　令和2年4月17日（金曜日）」。

(36)『読売新聞』二〇二〇年四月二十六日。
(37)『日本経済新聞』二〇二〇年四月十四日。『日本経済新聞』大阪版、二〇二〇年四月十四日。
(38)『読売新聞』二〇二〇年四月十七日夕刊。
(39)『西日本新聞』二〇二〇年六月二十九日。
(40)『朝日新聞』二〇二〇年四月九日。
(41)『朝日新聞』二〇二〇年四月十二日。
(42)『朝日新聞』二〇二〇年四月十四日。『読売新聞』二〇二〇年四月十四日。
(43)『朝日新聞』二〇二〇年四月十五日夕刊。
(44)『北海道新聞』二〇二〇年四月三十日夕刊。
(45)『朝日新聞』名古屋版、二〇二〇年六月四日。
(46)『読売新聞』二〇二〇年四月二十七日。『北海道新聞』二〇二〇年四月三十日夕刊。『朝日新聞』名古屋版、二〇二〇年六月四日。
(47)『北海道新聞』二〇二〇年四月三十日夕刊。
(48)『東京新聞』二〇二〇年四月十四日。
(49)同前。
(50)「世田谷区会議録　令和2年3月予算特別委員会　3月12日05号」二〇一頁。
(51)『東京新聞』二〇二〇年四月十四日。
(52)『毎日新聞』二〇二〇年五月二十三日。
(53)『西日本新聞』二〇二〇年六月十三日。
(54)『毎日新聞』二〇二〇年五月十六日。
(55)『読売新聞』二〇二〇年四月十六日、五月五日。
(56)『東京新聞』二〇二〇年四月十四日。『アエラ』二〇二〇年五月十一日号。
(57)『読売新聞』二〇二〇年四月二十日。
(58)『朝日新聞』二〇二〇年四月二十九日。
(59)『東京新聞』二〇二〇年四月二十六日。
(60)『朝日新聞』二〇二〇年四月二十八日。
(61)『朝日新聞』二〇二〇年四月十六日。新宿区・国立国際医療研究センター・新宿区医師会「新宿区内医療機関との連携による新型コロナウィルス感染症にかかる医療体制の強化について」二〇二〇年四月十五日。
(62)『朝日新聞』二〇二〇年五月二十二日。
(63)『朝日新聞』二〇二〇年四月十八日。
(64)『日本経済新聞』二〇二〇年五月十六日。
(65)『朝日新聞』二〇二〇年五月二十二日。
(66)厚生労働省新型コロナウィルス感染症対策推進本部「行政検査を行う機関である地域外来・検査センターの都道府県医師会・郡市区医師会等への運営委託等について」二〇二〇年四月十五日。
(67)『朝日新聞』二〇二〇年三月十一日、十四日、二十日、四月八日。
(68)厚生労働省「オープンデータ」。
(69)東京都ホームページ「都内の最新感染動向」(https://stopcovid19.metro.tokyo.lg.jp/)より「入院患者数」。
(70)大阪府ホームページ「新型コロナウィルス感染症患者(４２９例目から４８１例目)の発生について」二〇二〇年四月七日、「新型コロナウィルス感染症患者の発生(４月１５日判明分)および患者の死亡並びに４月１３日時点の市町村別発生状況の再訂正について」二〇二〇年四月十五日。
(71)大阪府ホームページ「新型コロナウィルス感染症患者の発生(１２９６例目から１３４９例目)および患者の死亡について」二〇二〇年四月二十一日。
(72)『読売新聞』二〇二〇年五月一日、六日。『朝日新聞』二〇二〇年四月二十五日、五月二十一日。
(73)『朝日新聞』大阪版、二〇二〇年四月十二日。
(74)『読売新聞』大阪版、二〇二〇年四月二十五日。
(75)『日本経済新聞』二〇二〇年五月十日。
(76)『読売新聞』二〇二〇年四月十六日。
(77)『読売新聞』二〇二〇年五月一日。
(78)『読売新聞』二〇二〇年四月二十九日。
(79)『読売新聞』二〇二〇年五月一日夕刊。
(80)『河北新報』二〇二〇年五月二日。『朝日新聞』二〇二〇年五月十四日。

『信濃毎日新聞』二〇二〇年五月二十三日。
(81)嶋津岳士（日本救急医学会代表理事）・坂本哲也（日本臨床救急医学会代表理事）「新型コロナウィルス感染症に対応する学会員、救急医療関係者の皆様へ」(https://www.jaam.jp/info/2020/files/info-20200409.pdf) より「COVID-19に関わる救急医療の現状と課題」二〇二〇年四月九日。
(82)『読売新聞』二〇二〇年四月十六日。
(83)『読売新聞』二〇二〇年四月二十二日。『朝日新聞』二〇二〇年四月二十五日。
(84)『朝日新聞』二〇二〇年四月二十三日。
(85)厚生労働省新型コロナウィルス感染症対策推進本部「新型コロナウィルス感染症の軽症者等に係る宿泊療養又は自宅療養の考え方について」二〇二〇年四月二十三日。
(86)厚生労働省新型コロナウィルス感染症対策推進本部「新型コロナウィルス感染症を疑う患者に関する救急医療の実施について」二〇二〇年四月十八日。
(87)『読売新聞』二〇二〇年四月二十五日。
(88)同前。
(89)『読売新聞』二〇二〇年五月八日。
(90)同前。
(91)『読売新聞』二〇二〇年七月十八日。
(92)同前。
(93)菅義偉（聞き手・竹中治堅）「国と地方の権限には再検証が必要」『中央公論』二〇二〇年十月号、三〇頁。
(94)菅義偉「菅義偉官房長官　すべての疑問に答える」『文藝春秋』二〇二〇年九月号、一一〇頁。
(95)同前。
(96)『読売新聞』二〇二〇年七月十八日。
(97)菅義偉「国と地方の権限には再検証が必要」三〇頁。
(98)『読売新聞』二〇二〇年四月十五日。
(99)厚生労働省「新型コロナウィルス感染症の現在の状況と厚生労働省の対応について」二〇二〇年四月十四日。
(100)『読売新聞』二〇二〇年四月十七日。
(101)『朝日新聞』二〇二〇年四月二十六日。
(102)『読売新聞』二〇二〇年四月十七日。
(103)『読売新聞』二〇二〇年四月十六日夕刊。
(104)『読売新聞』二〇二〇年四月十七日。
(105)『読売新聞』二〇二〇年五月一日。厚生労働省「新型コロナウィルス感染症患者の療養状況等に関する調査結果（第1回）」二〇二〇年四月二十八日時点。
(106)『読売新聞』二〇二〇年四月十八日。
(107)『朝日新聞』二〇二〇年四月二十三日。『読売新聞』二〇二〇年六月二日。
(108)『読売新聞』二〇二〇年四月十八日。
(109)大阪府ホームページ「新型コロナウィルス感染症患者の発生（1296例目から1349例目）および患者の死亡について」二〇二〇年四月二十一日。
(110)『読売新聞』二〇二〇年四月二十五日。なお、読売新聞社の調べでは二十一日時点での大阪府の入院者数は「約410」となっている。
(111)『朝日新聞』大阪版、二〇二〇年四月十四日。
(112)『読売新聞』二〇二〇年四月三十日。
(113)大阪府ホームページ「新型コロナウィルス感染症患者の発生（1492例目から1521例目）および患者の死亡について」二〇二〇年四月二十七日。
(114)『読売新聞』二〇二〇年四月十五日。
(115)『読売新聞』二〇二〇年七月十七日。
(116)『読売新聞』二〇二〇年五月八日。
(117)テレビ朝日『グッド！モーニング』二〇二〇年四月十日。TBS『あさチャン！』二〇二〇年四月十日。
(118)『読売新聞』二〇二〇年四月十四日。
(119)『読売新聞』二〇二〇年四月二十二日。
(120)『毎日新聞』二〇二〇年四月二十二日。『朝日新聞』二〇二〇年四月二十四日夕刊。
(121)『読売新聞』二〇二〇年四月十四日。『日本経済新聞』二〇二〇年四月十六日。
(122)『日本経済新聞』二〇二〇年四月十八日。
(123)『日本経済新聞』二〇二〇年四月九日、十一日、二十四日、三十日。『朝日新聞』大阪版夕刊、二〇二〇年四月三十日。
(124)『日本経済新聞』二〇二〇年四月二十四日。
(125)『日本経済新聞』二〇二〇年四月十一日。
(126)同前。
(127)「第二百一回国会　衆議院　予算委員会議録　第二十号　令和二年四月二十八日」。
(128)同前。
(129)『読売新聞』二〇二〇年四月二十七日。
(130)『朝日新聞』二〇二〇年四月二十五日。
(131)アスツール株式会社「在庫速報.com」より「マスク（最安値）の価格推移」(https://zaikosokuho.com/mask/stats)。
(132)株式会社ｅヘルスケア「新型コロナウイルス感染症についての緊急アンケート調査レポート」二〇二〇年三月。
(133)株式会社ｅヘルスケア「第2回　新型コロナウイルス（新型肺炎／Covid-19）調査」二〇二〇年四月。
(134)『朝日新聞』二〇二〇年三月二十三日。
(135)『読売新聞』二〇二〇年四月九日。
(136)『朝日新聞』二〇二〇年四月十五日。
(137)大阪市ホームページ「令和2年4月16日　大阪市長会見全文」。
(138)ＮＨＫニュース、二〇二〇年四月二十一日。質問内容が一致するのでこの医師グループは「〝最前線にマスクと防護具を〟実行委員会」であると考えられる(https://twitter.com/covidmaskjp/status/1246168167392501760)。
(139)厚生労働省新型コロナウイルス感染症対策推進本部・医薬・生活衛生局医療機器審査管理課・医薬・生活衛生局医薬安全対策課「Ｎ95マスクの例外的取扱いについて」二〇二〇年四月十日。
(140)日本衛生材料工業連合会「マスクの統計データ」(http://www.jhpia.or.jp/data/data7.html)。
(141)『日本経済新聞』二〇二〇年五月十二日。
(142)『日本産業新聞』二〇二〇年五月十八日。
(143)『読売新聞』二〇二〇年四月七日夕刊。
(144)『日本経済新聞』二〇二〇年四月十六日。
(145)『朝日新聞』二〇二〇年四月十七日。興研株式会社「医療機関向け使い捨て防じんマスク用生産設備の増設に関するお知らせ」二〇二〇年四月十六日。
(146)株式会社ＸＩＮＳ「不織布マスクの国内自社生産開始のお知らせ」二〇二〇年四月二十日、「不織布マスクの国内自社生産商品増産開始のお知らせ」二〇二〇年七月十五日。
(147)厚生労働省・経済産業省「マスクや消毒液等の状況——不足を解消するために官民連携して対応中です」(https://www.meti.go.jp/covid-19/mask.html)。
(148)『朝日新聞』二〇二〇年四月十日。『日本経済新聞』二〇二〇年五月九日。
(149)『日本経済新聞』二〇二〇年四月十日。
(150)経済産業省製造産業局素材産業課「令和2年度アルコール消毒液等生産設備導入支援事業補助金に係る補助事業者の採択結果について」二〇二〇年四月三十日。
(151)筆者の問い合わせに対する花王株式会社広報部からの回答、二〇二〇年八月四日。
(152)株式会社資生堂「手指消毒液（指定医薬部外品）の生産開始について——国内4工場で生産開始、日本での消毒液増産を推進」二〇二〇年四月十五日。
(153)『日本経済新聞』二〇二〇年四月十五日夕刊。
(154)新型コロナウイルス感染症対策本部（第二八回）議事概要、二〇二〇年四月十一日。
(155)菅義偉「菅官房長官、覚悟を語る」『Ｈａｎａｄａ』二〇二〇年九月号、五四頁。

(156)『読売新聞』二〇二〇年五月二日。菅義偉「国と地方の権限には再検証が必要」。
(157)厚生労働省医政局経済課「医療用物資の配布状況と医療機関の緊急時への対応について」二〇二〇年四月二十四日。
(158)株式会社eヘルスケア「第3回新型コロナウイルス（新型肺炎／Covid-19）調査」二〇二〇年五月。
(159)『日本経済新聞』二〇二〇年五月十八日夕刊。
(160)『日本経済新聞』二〇二〇年四月二十一日。
(161)『朝日新聞』二〇二〇年四月十八日、五月三日。
(162)『読売新聞』二〇二〇年四月十六日。『毎日新聞』二〇二〇年四月十七日。『日本経済新聞』二〇二〇年四月十九日。
(163)『朝日新聞』二〇二〇年四月十五日。
(164)『朝日新聞』二〇二〇年五月三日。
(165)『読売新聞』二〇二〇年四月十七日。『毎日新聞』二〇二〇年四月十七日。
(166)『朝日新聞』二〇二〇年五月三日。
(167)岩田明子「安倍晋三対コロナ「150日戦争」」『文藝春秋』二〇二〇年七月号、一三三頁。
(168)『朝日新聞』二〇二〇年五月三日。『時事通信ニュース』二〇二〇年四月十七日。
(169)岩田明子「安倍晋三対コロナ「150日戦争」」一三三頁。
(170)『読売新聞』二〇二〇年四月十八日。
(171)『朝日新聞』二〇二〇年五月三日。
(172)岩田明子「安倍晋三対コロナ「150日戦争」」一三三頁。
(173)NHKニュース、二〇二〇年四月二十日。
(174)『毎日新聞』二〇二〇年四月十七日。
(175)『読売新聞』二〇二〇年四月十八日。
(176)同前。
(177)『読売新聞』二〇一九年九月十一日夕刊。『日本経済新聞』二〇一九年九月十二日。
(178)『朝日新聞』二〇一七年十月五日。
(179)『日本経済新聞』二〇二〇年四月二十一日。
(180)『朝日新聞』二〇二〇年四月十八日。
(181)『朝日新聞』二〇二〇年五月三日。
(182)『読売新聞』二〇二〇年四月十日夕刊。
(183)『朝日新聞』二〇二〇年四月十八日。
(184)『日本経済新聞』二〇二〇年四月十七日。
(185)同前。
(186)岩田明子「安倍晋三対コロナ「150日戦争」」一三二頁。
(187)『読売新聞』二〇二〇年四月十八日。『朝日新聞』二〇二〇年四月十八日。
(188)岩田明子「安倍晋三対コロナ「150日戦争」」一三二頁。
(189)首相官邸ホームページ「令和2年4月17日　新型コロナウイルス感染症に関する安倍内閣総理大臣記者会見」。
(190)『読売新聞』二〇二〇年四月十八日。
(191)同前。
(192)『毎日新聞』二〇二〇年四月十七日。『読売新聞』二〇二〇年四月十八日。
(193)『毎日新聞』二〇二〇年四月十七日。
(194)新型コロナウイルス感染症対策専門家会議「新型コロナウイルス感染症対策の状況分析・提言（2020年4月22日）」。
(195)『読売新聞』二〇二〇年四月二十一日。
(196)同前。
(197)内閣官房「新型コロナウイルス感染症対策」ホームページ「駅の改札通過人数の推移（対前年比）【速報値】」（https://corona.go.jp/toppage/pdf/area-transition/20200525_station.pdf）。
(198)『日本経済新聞』二〇二〇年四月三十日。
(199)全国知事会新型コロナウイルス緊急対策本部「新型コロナウイルス感染症対策に係る緊急提言」二〇二〇年四月三十日。
(200)『日本経済新聞』二〇二〇年五月四日
(201)『日本経済新聞』二〇二〇年五月一日。
(202)『朝日新聞』二〇二〇年五月一日。

(203)『読売新聞』二〇二〇年五月二日。
(204)新型コロナウイルス感染症対策専門家会議「新型コロナウイルス感染症対策の状況分析・提言（2020年5月1日）」。
(205)首相官邸ホームページ「令和2年5月4日　新型コロナウイルス感染症に関する安倍内閣総理大臣記者会見」。
(206)同前。

【第5章】

(1)首相官邸ホームページ「令和2年5月25日　新型コロナウイルス感染症に関する安倍内閣総理大臣記者会見」。
(2)全国知事会「新型コロナウイルス感染症対策に係る緊急提言」二〇二〇年四月三十日。
(3)『日本経済新聞』電子版、二〇二〇年四月三十日。
(4)新型コロナウイルス感染症対策専門家会議「新型コロナウイルス感染症対策の状況分析・提言（2020年5月1日）」。
(5)『朝日新聞』二〇二〇年五月三日。
(6)首相官邸ホームページ「令和2年5月4日　新型コロナウイルス感染症に関する安倍内閣総理大臣記者会見」。
(7)「第二百一回国会　参議院議院運営委員会会議録第十八号　令和二年五月四日」。
(8)全国知事会「緊急事態宣言の期間延長を受けて（提言）」二〇二〇年五月五日。
(9)NHKニュース、二〇二〇年五月一日。
(10)『読売新聞』二〇二〇年六月二十七日。
(11)デイリースポーツホームページ、二〇二〇年五月四日（https://www.daily.co.jp/gossip/2020/05/04/0013319859.shtml）。
(12)「第15回大阪府新型コロナウイルス対策本部会議　議事概要」二〇二〇年五月五日。
(13)ヤフー株式会社ニュース解説サイト「THE PAGE」「大阪府が自粛再開の基準「大阪モデル」公表　吉村知事「まずはトライをしてみたい」」（https://news.yahoo.co.jp/articles/b2e3b32692a06e96797eb4e6a122be683db5a24f）、二〇二〇年五月五日。
(14)『朝日新聞』二〇二〇年五月三日。
(15)内閣官房「新型コロナウイルス感染症対策」ホームページ「西村大臣記者会見要旨　令和2年5月6日（水）17時15分～17時：（ママ）42分（27分）」。
(16)『日本経済新聞』電子版、二〇二〇年五月六日。
(17)内閣官房「新型コロナウイルス感染症対策」ホームページ「西村大臣記者会見要旨　令和2年5月6日（水）17時15分～17時：（ママ）42分（27分）」。
(18)新型コロナウイルス感染症対策専門家会議「新型コロナウイルス感染症対策の状況分析・提言（2020年5月4日）」。
(19)『日本経済新聞』二〇二〇年五月十三日。
(20)内閣官房「新型コロナウイルス感染症対策」ホームページ「西村大臣記者会見　令和2年5月11日（月）18時55分～19時20分（25分）」。
(21)『読売新聞』二〇二〇年五月六日。
(22)同前。
(23)『日本経済新聞』電子版、二〇二〇年五月五日。
(24)『読売新聞』二〇二〇年五月六日。
(25)『読売新聞』二〇二〇年五月八日。
(26)『日本経済新聞』大阪版、二〇二〇年五月十五日。
(27)厚生労働省「新型コロナウイルスに関連した感染症の現状と対策」、新型コロナウイルス感染症対策本部（第三四回）資料、二〇二〇年五月十四日。
(28)厚生労働省ホームページ「新型コロナウイルス感染症の現在の状況と厚生労働省の対応について（令和2年5月1日版）」「新型コロナウイルス感染症の現在の状況と厚生労働省の対応について（令和2年5月14日版）」。厚生労働省ホームページ「療養状況等及び入院患者受入病床数等に関する調査について」より「新型コロナウイルス感染症入院患者の療養状況等に関する調査結果（5月7日0時時点）」「新型コロナウイルス感染症入院患者の療養状況等及び入院患者受入病床数等に関する調査結果（5月13日0時時点・5月15日17時時点）」。

(29)厚生労働省「新型コロナウイルス感染症患者の療養状況等及び入院患者受入病床数等に関する調査結果（5月8日時点）」「新型コロナウイルス感染症入院患者受入病床数等に関する調査結果（5月13日0時時点・5月15日17時時点）」。
(30)東京都ホームページ「都内の最新感染動向」(https://stopcovid19.metro.tokyo.lg.jp/)の記録による。
(31)厚生労働省「新型コロナウイルス感染症入院患者受入病床数等に関する調査結果（5月1日時点）」。ただし、東京都は六月二日にこの時点における確保病床数を三三〇〇と修正報告している。
(32)東京都ホームページ「都内の最新感染動向」の記録による。厚生労働省「新型コロナウイルス感染症入院患者受入病床数等に関する調査結果（5月8日時点）」。
(33)大阪府ホームページ「新型コロナウイルス感染症患者の発生（261例目、262例目、264例目、1687例目から1698例目）について」二〇二〇年五月六日。
(34)厚生労働省ホームページ「療養状況等及び入院患者受入病床数等に関する調査について」より「新型コロナウイルス感染症入院患者受入病床数等に関する調査結果（5月1日時点）」。
(35)大阪府ホームページ「新型コロナウイルス感染症患者の発生（1763例目から1765例目）および患者の死亡について」二〇二〇年五月十四日。厚生労働省「新型コロナウイルス感染症入院患者受入病床数等に関する調査結果（5月8日時点）」。
(36)筆者が調べた限り、二例ある。神戸市の病院と松山市の病院が院内感染の恐れのため診療制限を行っている。もっとも、これ以外の事例がある可能性は残っている。
(37)『日本経済新聞』二〇二〇年五月九日。
(38)新型コロナウイルス感染症対策専門家会議「新型コロナウイルス感染症対策の状況分析・提言（2020年5月14日）」。
(39)『朝日新聞』二〇二〇年五月十五日。
(40)『日本経済新聞』電子版、二〇二〇年五月二十六日。
(41)同前。
(42)『読売新聞』二〇二〇年六月四日。
(43)『朝日新聞』二〇二〇年七月十八日。
(44)同前。
(45)『朝日新聞』二〇二〇年五月二十六日。
(46)『読売新聞』二〇二〇年五月十五日。
(47)同前。
(48)同前。
(49)『読売新聞』二〇二〇年五月十六日。
(50)第三三回東京都新型コロナウイルス感染症対策本部会議（二〇二〇年五月十五日）資料「新型コロナウイルス感染症を乗り越えるためのロードマップ（骨格）」。東京都ホームページ「小池知事「知事の部屋」／記者会見（令和2年5月15日）」。
(51)『日本経済新聞』二〇一三年三月二十六日夕刊。
(52)『朝日新聞』二〇二〇年四月二十一日。『毎日新聞』二〇二〇年五月十六日。
(53)『読売新聞』二〇二〇年二月十一日。「第九十四回国会　衆議院　内閣委員会議録第十号　昭和五十六年四月二十八日」。
(54)『日本経済新聞』二〇二〇年二月十八日。『読売新聞』二〇二〇年二月二十一日。
(55)「第二百一回国会　衆議院　予算委員会議録　第十四号　令和二年二月十九日」。
(56)「令和二年二月十三日　第二百一回国会　衆議院会議録　第六号」。
(57)例えば『朝日新聞』二〇二〇年二月十一日。
(58)『朝日新聞』二〇二〇年二月十六日。
(59)『読売新聞』二〇二〇年二月二十一日。
(60)「令和二年四月十六日　第二百一回国会　衆議院会議録　第十九号」。
(61)『日本経済新聞』二〇二〇年五月十六日。
(62)ABEMA TIMES ニュース（https://times.abema.tv/posts/7053977）、二〇二〇年五月十四日。
(63)荒中（日本弁護士連合会会長）「改めて検察庁法の一部改正に反対する会長声明」二〇二〇年五月十一日。荒会長は国家公務員定年延長関連法案の検察官の定年延長関連部分に反対する声明を四月六日にも発表している。荒中「検事長の勤務延長に関する閣議決定の撤回を求め、国家公務員法等の一部を改正する法律案に反対する会長声明」二〇二〇年四月六日。
(64)『読売新聞』二〇二〇年五月十六日。
(65)『共同通信ニュース』二〇二〇年五月十八日。
(66)『読売新聞』二〇二〇年五月十九日。『日本経済新聞』二〇二〇年五月十九日。
(67)「週刊文春」編集部「黒川弘務東京高検検事長　ステイホーム週間中に記者宅で〝3密〟「接待賭けマージャン」」(https://bunshun.jp/articles/-/37926)、文春オンライン、二〇二〇年五月二十日。
(68)『共同通信ニュース』二〇二〇年五月二十一日。
(69)『毎日新聞』二〇二〇年五月二十四日。
(70)『朝日新聞』二〇二〇年五月二十五日。
(71)新型コロナウイルス感染症対策本部（第三五回）議事概要、二〇二〇年五月二十一日。
(72)『時事通信ニュース』二〇二〇年七月六日。
(73)同前。
(74)『読売新聞』二〇二〇年五月二十六日。
(75)内閣官房「新型コロナウイルス感染症対策」ホームページ「西村大臣記者会見要旨　令和2年5月14日（木）20時15分～21時10分（55分）」二〇二〇年五月十四日。
(76)『日本経済新聞』二〇二〇年五月二十六日。
(77)『読売新聞』二〇二〇年五月二十六日。
(78)『日本経済新聞』二〇二〇年五月二十六日。
(79)『読売新聞』二〇二〇年五月二十六日。『北海道新聞』二〇二〇年五月二十六日。
(80)『読売新聞』二〇二〇年六月八日。
(81)新型コロナウイルス感染症対策本部（第三六回）配布資料・議事概要、二〇二〇年五月二十五日。
(82)日本テレビウェブサイト「日テレNEWS24」「小池都知事　宣言解除検討「喜ばしく思う」」(https://www.news24.jp/articles/2020/05/22/06647959.html)、二〇二〇年五月二十二日。
(83)『毎日新聞』二〇二〇年五月二十六日。
(84)『東京新聞』二〇二〇年五月二十二日。
(85)東京都ホームページ「小池知事「知事の部屋」／記者会見（令和2年5月22日）」。
(86)『日本経済新聞』二〇二〇年五月三十日。
(87)『東京新聞』二〇二〇年六月三日。
(88)『東京新聞』二〇二〇年六月十二日。
(89)「令和二年四月二十七日　第二百一回国会　衆議院会議録　第二十一号」。
(90)「令和二年四月二十七日　第二百一回国会　参議院会議録第十四号」。
(91)『朝日新聞』二〇二〇年五月二日。『読売新聞』二〇二〇年五月二日。
(92)『日本経済新聞』二〇二〇年五月一日。
(93)『朝日新聞』二〇二〇年五月一日。
(94)『日本経済新聞』二〇二〇年三月二十八日。『読売新聞』二〇二〇年三月二十八日、二十九日。
(95)『毎日新聞』大阪版、二〇二〇年三月三十日。
(96)『日本経済新聞』二〇二〇年四月十日。
(97)同前。
(98)「令和二年四月二日　第二百一回国会　衆議院会議録　第十四号」。
(99)『日本経済新聞』二〇二〇年四月十七日。『読売新聞』二〇二〇年四月十一日、十四日。例えば、「第二百一回国会　衆議院　国土交通委員会議録　第七号」二〇二〇年四月十日。
(100)全国知事会「全国を対象とした「緊急事態宣言」の発令を受けての緊急提言」二〇二〇年四月十七日。
(101)国土交通省土地・建設産業局不動産業課長「新型コロナウイルス感染症に係る対応について（依頼）」二〇二〇年三月三十一日。
(102)テレビ朝日ウェブサイト「テレ朝news」「事業者側の賃料を支援　貸す側の固定資産税を免除」(https://news.tv-asahi.co.jp/news_politics/articles/000181671.html)、二〇二〇年四月十三日。

(103)首相官邸ホームページ「内閣官房長官記者会見 令和2年4月13日（月）午前」。
(104)「第二百一回国会 衆議院 国土交通委員会議録 第九号」二〇二〇年四月十五日。
(105)玉木雄一郎ツイッター（https://twitter.com/tamakiyuichiro/status/1249636332768382977）、二〇二〇年四月十三日。
(106)『朝日新聞』二〇二〇年四月二十九日。
(107)『日本経済新聞』二〇二〇年四月二十日。
(108)「第二百一回国会 衆議院 予算委員会議録 第二十号 令和二年四月二十八日」。
(109)同前。
(110)『読売新聞』二〇二〇年四月二十九日。『毎日新聞』二〇二〇年四月二十九日。
(111)『産経新聞』二〇二〇年六月二十四日。
(112)同前。
(113)『日本経済新聞』二〇二〇年五月八日。
(114)『読売新聞』二〇二〇年五月八日。
(115)『朝日新聞』二〇二〇年五月十二日。
(116)『日本経済新聞』二〇二〇年五月八日。
(117)同前。『読売新聞』二〇二〇年五月九日。
(118)『読売新聞』二〇二〇年五月三十一日。
(119)『朝日新聞』二〇二〇年五月二十五日。
(120)『日本経済新聞』二〇二〇年六月三日。
(121)「第二百一回国会 衆議院 決算行政監視委員会議録 第四号 令和二年六月一日」。
(122)『毎日新聞』二〇二〇年六月四日。
(123)『読売新聞』二〇二〇年六月五日夕刊。
(124)例えば、『日本経済新聞』二〇二〇年六月九日。「第二百一回国会 衆議院 経済産業委員会議録 第十五号 令和二年六月三日」など。
(125)NHKニュース、二〇二〇年六月八日。
(126)『朝日新聞』二〇二〇年六月六日。
(127)首相官邸ホームページ「令和2年8月28日 安倍内閣総理大臣記者会見」。この記者会見で首相は六月の定期検診で持病の再発の兆しが指摘されたことを明かしている。首相は六月十三日に人間ドックを受診しており、この時に判明したと考えられる。『日本経済新聞』二〇二〇年六月十四日。

【第6章】

(1)首相官邸ホームページ「令和2年8月28日 安倍内閣総理大臣記者会見」。
(2)新型コロナウイルス感染症対策本部「新型コロナウイルス感染症対策の基本的対処方針」二〇二〇年三月二十八日、五月二十五日変更。
(3)首相官邸ホームページ「令和2年6月18日 安倍内閣総理大臣記者会見」。
(4)内閣官房「新型コロナウイルス感染症対策」ホームページ「西村大臣記者会見要旨 令和2年6月24日（水）16時24分～16時57分（33分）」。
(5)『読売新聞』二〇二〇年五月十三日。
(6)『朝日新聞』二〇二〇年五月十三日。
(7)『朝日新聞』二〇二〇年六月六日。
(8)厚生労働省新型コロナウイルス感染症対策推進本部「『2019-nCoV（新型コロナウイルス）感染を疑う患者の検体採取・輸送マニュアル』の改訂について」二〇二〇年六月二日。
(9)『読売新聞』二〇二〇年六月二日。
(10)厚生労働省ホームページ「加藤大臣会見概要（令和2年6月19日（金）11：13～11：44）」。
(11)厚生労働省ホームページ「加藤大臣会見概要（令和2年7月17日（金）11：18～11：45）」。
(12)新型コロナウイルス感染症対策分科会（第一回）資料、二〇二〇年七月六日。
(13)厚生労働省ホームページ「療養状況等及び入院患者受入病床数等に関する調査について」。
(14)『東京新聞』二〇二〇年八月十二日。

(15)『朝日新聞』大阪版、二〇二〇年四月二十日、名古屋版、四月二十二日。
(16)『読売新聞』二〇二〇年六月二十五日。
(17)『読売新聞』二〇二〇年五月十日。『毎日新聞』二〇二〇年五月二十七日。
(18)『朝日新聞』二〇二〇年四月二十日。『読売新聞』二〇二〇年五月三十日。
(19)『朝日新聞』二〇二〇年四月二十一日、五月一日、五月十九日デジタル。『毎日新聞』二〇二〇年五月十四日。『読売新聞』二〇二〇年五月十八日。『東京新聞』二〇二〇年八月二十七日。
(20)『日本経済新聞』二〇二〇年六月二十日。
(21)『日本経済新聞』二〇二〇年八月二十二日。
(22)EE Times Japan「コロナ接触確認アプリ「6割目標ではない」「義務化ない」」(https://eetimes.jp/ee/articles/2008/03/news098.html)、二〇二〇年八月四日公開。
(23)『産経新聞』二〇二〇年八月二十八日。
(24)『読売新聞』二〇二〇年六月十二日。『朝日新聞』二〇二〇年七月十四日。
(25)NHKニュース、二〇二〇年六月七日。
(26)『毎日新聞』二〇二〇年七月三日。
(27)『朝日新聞』二〇二〇年七月四日。
(28)NHKニュース、二〇二〇年七月十日。内閣官房「新型コロナウイルス感染症対策」ホームページ「西村大臣記者会見要旨（小池都知事及び尾見〔ママ〕会長他同席）令和2年7月10日（金）19時35分～20時27分（52分）」。
(29)『読売新聞』二〇二〇年七月二十日。『朝日新聞』二〇二〇年七月二十一日。
(30)『読売新聞』二〇二〇年七月八日、十六日。
(31)『共同通信ニュース』二〇二〇年六月七日、十四日。
(32)内閣官房「新型コロナウイルス感染症対策」ホームページ「西村大臣記者会見要旨　令和2年6月15日（月）16時53分～17時15分（27分）」。
(33)NHKニュース、二〇二〇年七月一日。
(34)『読売新聞』二〇二〇年六月二十七日。
(35)「第1回東京都新型コロナウイルス感染症モニタリング会議」資料、二〇二〇年七月九日。
(36)『毎日新聞』二〇二〇年七月十九日。
(37)『日本経済新聞』二〇二〇年七月十六日。『産経新聞』二〇二〇年七月三十日。
(38)『読売新聞』二〇二〇年七月十八日。
(39)『朝日新聞』二〇二〇年七月十七日。
(40)『産経新聞』二〇二〇年七月十七日。
(41)『東京新聞』二〇二〇年七月二十四日。
(42)「第1回東京都新型コロナウイルス感染症モニタリング会議」資料より「専門家によるモニタリングコメント・意見」二〇二〇年七月九日。
(43)『東京新聞』二〇二〇年七月二十四日。
(44)『読売新聞』二〇二〇年八月七日。
(45)同前。
(46)『日本経済新聞』二〇二〇年七月二十二日。
(47)『産経新聞』二〇二〇年七月三十日。
(48)『日本経済新聞』二〇二〇年七月二十九日。
(49)『共同通信ニュース』二〇二〇年七月十三日。
(50)『読売新聞』二〇二〇年八月二日夕刊。
(51)同前。
(52)第六回新型コロナウイルス感染症対策アドバイザリーボード（二〇二〇年八月二十四日）資料2。
(53)首相官邸ホームページ「内閣官房長官記者会見　令和2年7月10日（金）午後」。
(54)『読売新聞』二〇二〇年七月十六日。
(55)『日本経済新聞』二〇二〇年七月十日。
(56)『神戸新聞』二〇二〇年七月十七日。『朝日新聞』二〇二〇年七月十七日。
(57)『共同通信ニュース』二〇二〇年七月十三日。

(58)『読売新聞』二〇二〇年七月十七日。
(59)東京都ホームページ「小池知事「知事の部屋」／記者会見（令和2年7月15日)」。
(60)『日本経済新聞』二〇二〇年七月十六日。
(61)『読売新聞』二〇二〇年七月十七日。
(62)『日本経済新聞』二〇二〇年八月三日。
(63)全国知事会ホームページ「8月中の帰省に関する都道府県からのメッセージ」（www.nga.gr.jp/data/activity/committee_pt/shingatakoronauirusukinkyutaisakukaigi/reiwa2nendo/1596875423054.html)、二〇二〇年八月八日。
(64)『朝日新聞』二〇二〇年七月三十一日。
(65)ヤフー株式会社ニュース解説サイト「THE PAGE」による会見配信(https://www.youtube.com/watch?v=amPACrFz8Jo)、二〇二〇年七月二十八日。
(66)ヤフー株式会社ニュース解説サイト「THE PAGE」による会見配信(https://www.youtube.com/watch?v=mKRd59GkmZw)、二〇二〇年七月三十一日。
(67)ヤフー株式会社ニュース解説サイト「THE PAGE」による会見配信(https://www.youtube.com/watch?v=PCpfYwHkJU8)、二〇二〇年八月四日。
(68)愛知県ホームページ「営業時間短縮・休業の要請」二〇二〇年八月一日。
(69)『日本経済新聞』二〇二〇年八月六日夕刊。
(70)『沖縄タイムス』二〇二〇年七月三十一日。
(71)『沖縄タイムス』二〇二〇年八月一日。
(72)『沖縄タイムス』二〇二〇年七月三十一日、八月一日。
(73)『琉球新報』二〇二〇年八月一日。
(74)『毎日新聞』二〇二〇年八月四日。
(75)同前。
(76)『産経新聞』二〇二〇年八月十八日。
(77)『共同通信ニュース』二〇二〇年八月四日。
(78)TBS『あさチャン!』二〇二〇年八月十四日、『時事通信ニュース』二〇二〇年八月十五日。
(79)『日本経済新聞』二〇二〇年八月二十四日夕刊。
(80)同前。
(81)『読売新聞』二〇二〇年八月二十九日。

【第7章】

(1)『朝日新聞』二〇二〇年八月二日。
(2)『毎日新聞』西部版、二〇二〇年八月四日。
(3)『共同通信ニュース』二〇二〇年六月十四日。NHKニュース、二〇二〇年七月四日。
(4)『朝日新聞』二〇二〇年七月四日。
(5)同前。
(6)新型コロナウイルス感染症対策専門家会議「新型コロナウイルス感染症対策の基本方針の具体化に向けた見解」二〇二〇年二月二十四日。
(7)首相官邸ホームページ「令和2年4月7日　新型コロナウイルス感染症に関する安倍内閣総理大臣記者会見」。
(8)例えば、『日本経済新聞』二〇二〇年七月十日、十四日。
(9)厚生労働省ホームページ「オープンデータ」。
(10)厚生労働省ホームページ「療養状況等及び入院患者受入病床数等に関する調査について」より「新型コロナウイルス感染症入院患者の療養状況等に関する調査結果（4月28日時点)」「新型コロナウイルス感染症入院患者受入病床数等に関する調査結果（5月1日時点)」。
(11)厚生労働省ホームページ「都道府県の医療提供体制等の状況（医療提供体制・監視体制・感染の状況）について（6指標）」より「(参考）都道府県の医療提供体制等の状況①（医療提供体制)」二〇二〇年八月十四日更新分。
(12)『朝日新聞』二〇二〇年八月二日。
(13)同前。
(14)同前。菅義偉「菅義偉官房長官　すべての疑問に答える」『文藝春秋』二〇二〇年九月号、一一二頁。

(15) NHKニュース、二〇二〇年七月二十日。
(16) 菅義偉「菅義偉官房長官　すべての疑問に答える」一一一頁。
(17) 菅義偉（聞き手・竹中治堅）「国と地方の権限には再検証が必要」『中央公論』二〇二〇年十月号、二九頁。
(18)『日本経済新聞』二〇二〇年七月二十八日。
(19) 伊藤修一郎『自治体政策過程の動態――政策イノベーションと波及』慶應義塾大学出版会、二〇〇二年。伊藤修一郎『自治体発の政策革新――景観条例から景観法へ』木鐸社、二〇〇六年。
(20) 飯尾潤『日本の統治構造――官僚内閣制から議院内閣制へ』中公新書、二〇〇七年。竹中治堅『首相支配――日本政治の変貌』中公新書、二〇〇六年。待鳥聡史『首相政治の制度分析――現代日本政治の権力基盤形成』千倉書房、二〇一二年。中北浩爾『自民党――「一強」の実像』中公新書、二〇一七年。
(21) 加藤勝信（聞き手・竹中治堅）「厚生労働省の分割についても不断の議論を」『中央公論』十月号、三七頁。
(22) 待鳥聡史『政治改革再考――変貌を遂げた国家の軌跡』新潮選書、二〇二〇年。
(23) 大山礼子『日本の国会――審議する立法府へ』岩波新書、二〇一一年。竹中治堅『参議院とは何か――1947〜2010』中公叢書、二〇一〇年。
(24) 例えば、上神貴佳『政党政治と不均一な選挙制度――国政・地方政治・党首選出過程』東京大学出版会、二〇一三年。砂原庸介『分裂と統合の日本政治――統治機構改革と政党システムの変容』千倉書房、二〇一七年。曽我謙悟『行政学』有斐閣アルマ、二〇一三年。建林正彦『政党政治の制度分析――マルチレベルの政治競争における政党組織』千倉書房、二〇一七年。建林正彦・曽我謙悟・待鳥聡史『比較政治制度論』有斐閣アルマ、二〇〇八年。

参考文献

赤木須留喜『行政責任の研究』岩波書店、一九七八年。

安倍晋三「安倍総理、闘争宣言」『Ｈａｎａｄａ』二〇二〇年九月号、三四〜四九頁。

安倍晋三（聞き手・橋本五郎）「拉致問題は任期中に結果を出したい」『中央公論』二〇二〇年九月号、二四〜三三頁。

天川晃「変革の思想」大森彌・佐藤誠三郎編『日本の地方政府』東京大学出版会、一九八六年、一一一〜一三七頁。

飯尾潤『日本の統治構造――官僚内閣制から議院内閣制へ』中公新書、二〇〇七年。

伊藤修一郎『自治体政策過程の動態――政策イノベーションと波及』慶應義塾大学出版会、二〇〇二年。

伊藤修一郎『自治体発の政策革新――景観条例から景観法へ』木鐸社、二〇〇六年。

乾正人『官邸コロナ敗戦――親中政治家が国を滅ぼす』ビジネス社、二〇二〇年。

入江容子「自治体とは何か」入江容子・京俊介編著『地方自治入門』ミネルヴァ書房、二〇二〇年。

医療情報科学研究所編『公衆衛生がみえる』第四版、メディックメディア、二〇二〇年。

岩田明子「安倍晋三対コロナ「150日戦争」」『文藝春秋』二〇二〇年七月号、一二六〜一三五頁。

上神貴佳『政党政治と不均一な選挙制度――国政・地方政治・党首選出過程』東京大学出版会、二〇一三年。

宇賀克也『地方自治法概説』第八版、有斐閣、二〇一九年。

大山礼子『日本の国会――審議する立法府へ』岩波新書、二〇一一年。

片山善博「「社長」が自らを「中間管理職」に貶めるな」『中央公論』二〇二〇年八月号、四四〜五一頁。

加藤勝信（聞き手・竹中治堅）「厚生労働省の分割についても不断の議論を」『中央公論』二〇二〇年十月号、三三〜三九頁。

門田隆将『疫病２０２０』産経新聞出版、二〇二〇年。

金井利之『自治制度』東京大学出版会、二〇〇七年。

川村仁弘『自治行政講座１　地方自治制度』第一法規出版、一九八六年。

北村亘・青木栄一・平野淳一『地方自治論――２つの自律性のはざまで』有斐閣、二〇一七年、一七一〜一七八頁。

木寺元『地方分権改革の政治学――制度・アイディア・官僚制』有斐閣、二〇一二年。

京俊介「自治体と国の関係」入江容子・京俊介編著『地方自治入門』ミネルヴァ書房、二〇二〇年。

黒岩祐治（聞き手・砂原庸介）「小池・吉村両知事のように国を批判すれば済むのか」『中央公論』二〇二〇年八月号、二六〜三三頁。

厚生労働省健康局結核感染症課『詳解　感染症の予防及び感染症の患者に対する医療に関する法律』四訂版、中央法規出版、二〇一六年。

小柳剛『パンデミック客船「ダイヤモンド・プリンセス号」からの生還』KADOKAWA、二〇二〇年。

佐藤竺『現代の地方政治』日本評論社、一九六五年。

佐藤正久・門田隆将「国防意識欠いた感染症対策を正せ」『正論』二〇二〇年五月号、三六～四五頁。

清水真人『平成デモクラシー史』ちくま新書、二〇一八年。

新型インフルエンザ等対策研究会編『逐条解説　新型インフルエンザ等対策特別措置法』中央法規出版、二〇一三年。

新藤宗幸『地方分権』岩波書店、一九九八年。

新藤宗幸『技術官僚――その権力と病理』岩波新書、二〇〇二年。

菅義偉「菅官房長官、覚悟を語る」『Ｈａｎａｄａ』二〇二〇年九月号、五一～六三頁。

菅義偉「菅義偉官房長官　すべての疑問に答える」『文藝春秋』二〇二〇年九月号、一〇八～一一五頁。

菅義偉（聞き手・竹中治堅）「国と地方の権限には再検証が必要」『中央公論』二〇二〇年十月号、二六～三三頁。

鈴木直道「伝える力こそリーダーの命です」『文藝春秋』二〇二〇年八月号、一四四～一五一頁。

砂原庸介『分裂と統合の日本政治――統治機構改革と政党システムの変容』千倉書房、二〇一七年。

砂原庸介「国の「政治主導」、地方の「政治主導」」『中央公論』二〇二〇年八月号、四二～四三頁。

曽我謙悟『行政学』有斐閣アルマ、二〇一三年。

曽我謙悟『日本の地方政府――1700自治体の実態と課題』中公新書、二〇一九年。

曽我謙悟「保健・医療体制、コロナ対応の47都道府県格差――データで読み解く感染症対策」『中央公論』二〇二〇年八月号、五二～六一頁。

滝田洋一『コロナクライシス』日経プレミアシリーズ、二〇二〇年。

竹中治堅『首相支配――日本政治の変貌』中公新書、二〇〇六年。

竹中治堅『参議院とは何か――1947～2010』中公叢書、二〇一〇年。

田﨑史郎『安倍官邸の正体』講談社現代新書、二〇一四年。

建林正彦・曽我謙悟・待鳥聡史『比較政治制度論』有斐閣アルマ、二〇〇八年。

建林正彦『政党政治の制度分析――マルチレベルの政治競争における政党組織』千倉書房、二〇一七年。

中北浩爾『自民党――「一強」の実像』中公新書、二〇一七年。

西尾進『地方分権改革』東京大学出版会、二〇〇七年。

西田亮介『コロナ危機の社会学――感染したのはウイルスか、不安か』朝日新聞出版、二〇二〇年。

野中尚人・青木遥『政策会議と討論なき国会――官邸主導体制の成立と後退する熟議』朝日選書、二〇一六年。

濱本真輔『現代日本の政党政治――選挙制度改革は何をもたらしたのか』有斐閣、二〇一八年。

平井伸治（聞き手・砂原庸介）「感染症対策にパフォーマンスはいらない」『中央公論』二〇二〇年八月号、三四～四一頁。

星浩『官房長官――側近の政治学』朝日選書、二〇一四年。

牧原出『「安倍一強」の謎』朝日新書、二〇一六年。

舛添要一『厚生労働省戦記――日本政治改革原論』中央公論新社、二〇一〇年。

待鳥聡史『首相政治の制度分析――現代日本政治の権力基盤形成』千倉書房、二〇一二年。

待鳥聡史『政治改革再考――変貌を遂げた国家の軌跡』新潮選書、二〇二〇年。

松本英昭『逐条地方自治法』第八版、学陽書房、二〇一五年、四八〜四九頁。

御厨貴「コロナが日本政治に投げかけたもの」村上陽一郎編『コロナ後の世界を生きる――私たちの提言』岩波新書、二〇二〇年、一二六〜一三九頁。

水野肇『誰も書かなかった厚生省』草思社、二〇〇五年。

湊櫻『ダイヤモンド・プリンセス乗船手記――あの日、船内で起きていたこと』KADOKAWA（電子書籍）、二〇二〇年。

村松岐夫『地方自治』東京大学出版会、一九八八年。

村松岐夫・久米郁男編著『日本政治 変動の30年――政治家・官僚・団体調査に見る構造変容』東洋経済新報社、二〇〇六年。

森功「「官邸官僚」の自爆――アベノマスク、動画、検察庁法改正」『文藝春秋』二〇二〇年七月号、一三七〜一三八頁。

	たと発表.
	吉村大阪府知事, 8月6日から20日にかけて大阪ミナミの一部地域の飲食店に休業と時短営業を要請することを発表.
8・1	大村愛知県知事, 名古屋市栄, 錦両地区の飲食店に休業と時短営業を要請することを発表.
6	愛知県が緊急事態宣言を発令.
7	加藤厚労相, 英アストラゼネカ社とワクチンの供給について基本合意したと発表.
11	世界の感染者が2,000万人を超える.
	国内の感染者が5万人を超える.
	プーチン露大統領, 世界で初めて新型コロナウイルスのワクチンを承認したと発表.
17	安倍首相, 慶応大学病院で診察を受ける.
	内閣府, 2020年4～6月期の実質GDP成長率の1次速報値発表. 前期比で年率換算マイナス27.8%.
23	トランプ米大統領, 新型コロナウイルスの治療法として血漿の使用を緊急許可.
24	安倍首相, 慶応大学病院を再訪.
28	感染症対策本部, 新型コロナウイルス感染症に関する今後の枠組みを決定.
	安倍首相, 潰瘍性大腸炎の再発を理由に辞職を表明.
31	東京都, 東京23区の酒類を提供する飲食店などへの営業時間短縮要請を9月15日まで延長.
9・1	石破元幹事長, 岸田政調会長が自民党総裁選への出馬を表明.
	JR東日本, 人々の行動変容を理由として2021年3月から終電の繰り上げを発表.
2	菅官房長官が自民党総裁選への出馬を表明.
8	内閣府, 2020年4～6月期の実質GDP成長率の2次速報値発表. 前期比で年率換算マイナス28.1%.
10	東京都, 15日までの営業時間短縮要請を予定どおり終了することを発表.
14	自民党総裁選の結果, 菅官房長官を新総裁に選出.
15	立憲民主党と国民民主党がそれぞれ結党大会を開催.
16	第202回臨時国会, 菅官房長官を内閣総理大臣に指名.
	第4次安倍晋三第2次改造内閣総辞職, 菅義偉内閣発足.

プロ野球のセ・パ両リーグが約3か月遅れで開幕.
厚労省,定量抗原検査を薬事承認.
接触確認アプリ「COCOA」が運用開始.
24 西村担当相,専門家会議の廃止を発表.
28 世界の感染者が1,000万人を超える.
7・1 東京ディズニーランド・ディズニーシーが営業を再開.
日銀,6月「短観」発表.大企業・製造業の業況判断指数はマイナス34.
厚労省,4月の生活保護利用申請が前年同月比24.8%増と発表.
2 東京都,5月2日以来となる新規感染者数100人超え.
3 安倍政権,新型インフルエンザ等対策有識者会議の下に新型コロナウイルス感染症対策分科会設置.
4 西村担当相,小池東京都知事,吉住新宿区長,高野豊島区長が会談.
5 東京都知事選挙,小池知事,2期目の再選が確実に(確定は6日).
7 総務省,5月の家計調査発表.実質消費支出が前年同月比16.2%減.
8 アメリカ,1年後のWHO脱退を国連に正式通知.
9 東京都,新規感染者数が過去最多の224人.翌日も243人で過去最多を更新.
10 政府,イベント開催制限を緩和.プロ野球とJリーグ,5,000人を上限として観客の受け入れを開始.
赤羽国交相,8月上旬に予定されていた「Go To トラベル」事業開始を7月22日に前倒しすることを発表.
西村担当相,小池東京都知事,吉住新宿区長,高野豊島区長が会談.
西村担当相,接待を伴う飲食店における感染対策発表.
11 菅官房長官,感染者の急増について「東京問題」と発言.
15 東京都,感染状況の警戒レベルを最高に引き上げ.
17 赤羽国交相,「Go To トラベル」割引対象からの東京都発着の旅行の除外を発表.
21 赤羽国交相,「Go To トラベル」からの東京都除外に伴うキャンセル料の補償を発表.
22 「Go To トラベル」開始.
安倍政権,8月1日から予定していた大規模イベントの人数制限緩和の1か月延期を決定.
29 全国の1日あたりの感染者数が初めて1,000人を超える.国内の死者が1,000人を超える.
30 小池東京都知事,酒類を提供する飲食店とカラオケ店に対し8月3日から31日まで時短営業を要請することを発表.
アメリカ,2020年4~6月期の実質GDP成長率が前期比で年率換算マイナス32.9%と過去最大の落ち込みとなったことを発表.
31 野党4党,臨時国会の召集を大島衆院議長に要求.
沖縄県が緊急事態宣言を,岐阜県が非常事態宣言を発出.
加藤厚労相,米ファイザー社とワクチンの供給について基本合意し

5・1	専門家会議，新規感染者数が限定的となった地域に対して「新しい生活様式」に移行することを求める．
4	安倍首相，緊急事態宣言を全都道府県で5月31日まで延長すると表明．
5	全国知事会，解除の基準について明らかにすることを政府に要望．
	小池東京都知事，「感染拡大防止協力金」について緊急事態宣言の延長を受け，追加支給を表明．
	吉村大阪府知事，休業要請解除に向けた基準「大阪モデル」を公表．
8	ANA ホールディングス，2021年度新卒採用の中断を発表．
13	厚労省，抗原検査簡易キットを薬事承認．
14	安倍首相，緊急事態宣言を39県で解除，8都道府県で継続．
	感染症対策本部，基本的対処方針改定，解除を判断する条件を提示．
	吉村大阪府知事，井戸兵庫県知事，西脇京都府知事，16日から休業要請を緩和することを発表．
18	安倍首相，国家公務員定年延長関連法案の成立見送りを表明．
	内閣府，2020年1～3月期の実質 GDP 成長率の1次速報値発表．前期比で年率換算マイナス3.4%．
20	「文春オンライン」，黒川東京高検検事長が賭け麻雀を行っていたことを伝える．
21	安倍首相，緊急事態宣言を3府県で追加解除，5都道県で継続．
22	東京都，休業要請などの緩和について「ロードマップ」を公表．
25	安倍首相，緊急事態宣言をすべての都道府県で解除．
26	東京都，休業要請を緩和，「ステップ1」に移行．
27	安倍内閣，家賃支払いの支援などを盛り込んだ令和2年度第2次補正予算（31.9兆円）を閣議決定．
29	航空自衛隊ブルーインパルス，東京都心上空で飛行．
6・1	東京都，「ステップ2」に進む．
2	東京都，「東京アラート」を発令．
4	小池東京都知事，五輪簡素化の検討を表明．
	内閣府，2020年1～3月期の実質 GDP 成長率の2次速報値発表．前期比で年率換算マイナス2.2%．
5	総務省，4月の家計調査発表．実質消費支出が前年同月比11.1%減．
9	高市総務相，マイナンバーの1人1口座のひもづけ義務化のための法改正を検討することを指示．
11	東京都，「東京アラート」を解除．
12	令和2年度第2次補正予算が成立．
	東京都，「ステップ3」に移行．
16	加藤厚労相，抗体検査の陽性率が東京都では抗体保有率が0.10%などであったことなどを発表．
17	通常国会閉幕．
19	安倍政権，感染拡大防止のための移動自粛の全面解除など，緩和の第2段階を実施．

決定.
4 東京都，1日あたり初めて100人を超える感染者を確認と発表.
7 安倍首相，特措法に従い7都府県を対象に5月6日までの「緊急事態宣言」を発令.「基本的対処方針」改定.
安倍内閣，令和2年度補正予算案（16.8兆円）を閣議決定.
東京都，宿泊施設への無症状者および軽症者の受け入れを開始.
10 東京都，休業要請を発表（実施は11日午前零時から).
神奈川県，休業要請を発表（実施は11日午前零時から).
埼玉県，休業要請を発表（実施は13日午前零時から).
11 感染症対策本部，「繁華街の接客を伴う飲食店」への外出自粛要請を全国へ拡大.
世界の死者が10万人を超える.
12 安倍首相，星野源「うちで踊ろう」の動画に合わせて自宅でくつろぐ姿をSNSに投稿.
千葉県，休業要請を発表（実施は14日午前零時から).
13 大阪府，福岡県，休業要請を発表（実施は14日午前零時から).
兵庫県，休業要請を発表（実施は15日午前零時から).
15 山口公明党代表，安倍首相と会談し10万円の一律給付を求める.
東京都，補正予算発表，休業要請に応じた事業者への「感染拡大防止協力金」の概要を公表.
東京都新宿区，区の医師会などと提携して，「新宿区新型コロナ検査スポット」を開設することを発表.
16 安倍首相，30万円給付案を10万円支給案に変更することを決定.
対策本部，緊急事態宣言を全国に拡大. 13都道府県を「特定警戒都道府県」に指定.
国家公務員定年延長関連法案審議入り.
18 国内の感染者が1万人を超える.
20 ニューヨーク原油先物市場，原油価格が史上初のマイナスに.
安倍内閣，組み替えた令和2年度補正予算案（25.7兆円）を閣議決定.
23 内閣府，4月の月例経済報告において景気について「急速に悪化」と判断.
興和・伊藤忠商事，未配布マスクの全量回収を発表.
24 吉村大阪府知事，休業要請に応じないパチンコ店について店名・所在地を公表.
厚労省，インターネットを活用し，医療機関に医療資材を緊急配布する仕組みを作ったことを発表.
27 日銀，金融政策決定会合を開催. 国債を積極的に買い入れることなどを決定.
30 全国知事会，安倍内閣に緊急事態宣言を延長する場合は「全都道府県を対象地域にすることを視野に検討」することを政府に提言.
令和2年度補正予算案が成立.

16 Ｇ７首脳，テレビ会議にて緊急協議．ウイルスの拡散減速と世界経済の安定化を図る共同声明．
日銀，金融政策決定会合を前倒しで開催し，金融緩和を実施．
18 ニューヨーク証券取引市場，ダウ平均株価が２万ドル割れ．
19 厚労省，都道府県に感染ピーク時の病床確保を要請．
政府専門家会議「新型コロナウイルス感染症対策の状況分析・提言」発表．

吉村大阪府知事，井戸兵庫県知事，20日からの３連休中の大阪・兵庫間の不要不急の往来自粛を要請．
20 安倍首相，学校再開のための指針の策定求める．
世界の死者が１万人を超える．
21 法務省，欧州全域から入国制限強化．
22 IOC，東京五輪の延期を含めて検討し，４週間以内に結論を出すという方針を発表．
23 ニューヨーク証券取引市場，ダウ平均株価が３年４か月ぶりに19,000ドル割れ．
24 安倍首相とIOC，東京五輪を2021年夏までに開催することで合意．
法務省，欧州15か国から入国禁止．

愛知県，無症状者・軽症者のため，県の宿泊施設を100室確保することを発表．
25 小池東京都知事，「感染爆発の重大局面」との認識を示す．「NO!! ３密」を呼びかける．
26 新型インフルエンザ等対策特別措置法に基づいて新型コロナウイルス感染症対策本部設置．
世界の感染者が50万人を超える．

東京など５都県知事，週末の人込みへの不要不急の外出自粛を要請する共同メッセージ．

内閣府，３月の月例経済報告において景気について「厳しい状況にある」と判断．
27 アメリカで総額2.2兆ドルの経済対策が成立．
28 感染症対策本部「基本的対処方針」策定．
29 吉村大阪府知事，緊急事態宣言の発令を求める．
30 安倍政権，大会組織委，IOCなど，東京五輪の開幕を2021年７月23日とすることで合意．
4・1 安倍首相，布製マスクを全世帯に２枚ずつ配布する方針を発表．

東京都教育委員会，ゴールデンウィーク明けまでの都立学校休校を決定．

専門家会議，東京・大阪など「感染拡大警戒地域」での一斉休校・外出自粛要請の検討を要請．
2 厚労省，無症状者・軽症者の宿泊施設での療養を認める条件を発表．
世界の感染者が100万人を超える．
3 日本相撲協会，大相撲夏場所の延期を発表．プロ野球，開幕延期を規模縮小を要請.
法務省，入国拒否対象地域に韓国大邱広域市などを加える.
27 安倍首相，3月2日以降の全国の小中学校および高校と特別支援学校に対して春休みまでの休校を要請.
28 鈴木北海道知事,「緊急事態宣言」を発令.
29 東京ディズニーランド・ディズニーシー，臨時休園.
3・1 東京マラソン，規模を縮小して開催.
2 安倍首相，参院予算委員会で新型インフルエンザ等対策特別措置法の改正表明.
黒田日銀総裁「潤沢な資金供給と金融市場の安定確保に努めていく」という談話発表.
厚労省，小学生の保護者の休業に対して1日あたり8,330円助成の方針を発表.
3 米FRB，政策金利の誘導目標を0.50%引き下げ，年1.00〜1.25%へ.
5 日中両政府，4月に予定されていた習国家主席来日延期を発表．法務省，中国と韓国全土から入国制限実施を発表.
6 厚労省，PCR検査への保険適用開始.
厚労省，北海道北見市などにマスクの配布を開始.
7 厚労省，都道府県などに医療提供体制の整備を依頼.
イラン共和国テヘラン州などから入国禁止.
世界の感染者数が10万人を超える.
9 厚労省にマスクチーム設置.
法務省，中韓からの入国制限を強化．韓国政府，事実上の対抗措置を実施.
内閣府，2019年10〜12月期の実質GDP成長率の2次速報値発表．前期比で年率換算マイナス7.1%.
10 安倍内閣，国民生活安定緊急措置法の政令改正により，マスクの転売を禁止（15日から施行).
感染症対策本部,「感染症に関する緊急対応策——第二弾」を決定.
安倍内閣，新型インフルエンザ等対策特別措置法改正案を閣議決定.
11 高野連・毎日新聞，選抜高校野球大会の中止を発表.
WHO，新型コロナウイルスの感染拡大についてパンデミックと宣言.
法務省，イラン共和国全土，イタリア北部から入国禁止.
12 東京都,「新型コロナウイルス感染症東京都緊急対応策（第三弾)」決定.
13 新型インフルエンザ等対策特別措置法改正案が成立.
安倍内閣，国家公務員定年延長関連法案を閣議決定.
日経平均株価が3年4か月ぶりに一時17,000円割れ.
トランプ米大統領，新型コロナウイルス感染症拡大に対して国家非常事態宣言を発出.
15 米FRB，政策金利の誘導目標を1.00%引き下げ，年0〜0.25%へ.

	奈良県のバス運転手に同乗していた大阪府のバスガイドの感染を確認.
30	WHO，緊急委員会にて「国際的に懸念される公衆衛生上の緊急事態」を宣言.
	安倍内閣，新型コロナウイルス感染症対策本部を設置.
31	国立感染症研究所，武漢市からのチャーター機第1便での帰国者から無症状病原体保有者を確認.
	河野防衛相，災害派遣に関する自衛隊行動命令を発令.
2・1	安倍内閣，指定感染症に指定する政令を施行．法務省，湖北省滞在歴のある外国人の入国を拒否.
	香港政府，香港で下船したクルーズ船「ダイヤモンド・プリンセス」号の乗客が新型コロナウイルスに感染していたことを発表.
3	ダイヤモンド・プリンセス号，横浜港・大黒ふ頭沖に到着.
4	ダイヤモンド・プリンセス号にて10名の感染者を確認.
11	WHO，新型コロナウイルスによる肺炎を「COVID-19」と命名.
13	日本国内で初の新型コロナウイルス感染症に関連する死者を確認.
	安倍内閣，政令を改正，検疫所における停留・隔離と無症状感染者の入院措置を定める.
	感染症対策本部，緊急対応策の第1弾を取りまとめる．総額153億円.
	法務省，入国拒否対象地域に中国浙江省を加える.
14	感染症対策本部，新型コロナウイルス感染症対策専門家会議の設置を決定.
15	和歌山県，済生会有田病院での院内感染の可能性が高いと認める.
	東京都，屋形船にて行われた個人タクシー組合支部の新年会の関係者の感染を次々に確認.
16	第1回新型コロナウイルス感染症対策専門家会議開催.
17	アメリカ合衆国，ダイヤモンド・プリンセス号の乗客に対してチャーター機を派遣.
	湖北省の帰国者を乗せた政府チャーター機第5便（最終便）が到着.
	厚労省，新型コロナウイルス感染症の相談・受診の目安を公表.
	内閣府，2019年10～12月期の実質GDP成長率の1次速報値発表．前期比で年率換算マイナス6.3%.
19	ダイヤモンド・プリンセス号から陰性と判明した客の下船を開始.
20	日本国内で初の新型コロナウイルス感染症による死者を確認.
	厚労省，イベントの開催について必要性の検討を要請.
24	専門家会議「新型コロナウイルス感染症対策の基本方針の具体化に向けた見解」発表.
25	感染症対策本部「感染症対策の基本方針」決定.
	厚労省にクラスター対策班設置.
26	北海道教育委員会，27日からの道内の全公立小中学校の休校を要請.
	安倍首相，スポーツ・文化イベント等について2週間の中止，延期，

関連略月表

【2019年】

12・31 中国湖北省武漢市政府，27名のウイルス性肺炎発症を発表.

【2020年】

1・9 新華社通信および中国中央テレビ局，武漢市で発生したウイルス性肺炎について新型のコロナウイルスを検出したと報道.

11 武漢市政府，新型コロナウイルスによる初の死者1名を発表.

15 武漢市政府，同一家族内での感染確認を発表. ヒトからヒトへの感染の可能性を否定せず.

国立感染症研究所，日本初の新型コロナウイルス感染者（武漢市への渡航歴のある中国人男性）を確認.

16 関係省庁連絡会議開催.

20 武漢市以外では初の確認症例として北京市と広東省深圳市での感染を確認.

中国政府の専門家チーム，ヒトからヒトへの感染・医療従事者の感染を認める.

21 関係閣僚会議開催.

外務省，中国全土の渡航や滞在に対して「感染症危険情報」（レベル1）を発表.

23 武漢市政府，午前10時から航空便や列車の運行を停止. 事実上の武漢市封鎖.

外務省，武漢市の「感染症危険情報」をレベル2に引き上げ.

WHO，緊急委員会にて「国際的に懸念される公衆衛生上の緊急事態」には該当しないと判断.

24 国立感染症研究所，国内の感染2例目を厚労省へ報告.

外務省，湖北省全体の感染症危険情報を「レベル3」（渡航中止勧告）へ引き上げ.

中国，大型連休・春節開始.

武漢市で新型コロナウイルスによる肺炎専門の病院「火神山医院」の建設開始.

25 中国政府，国内感染者数が1,000名を超え，1,287名になったと発表.

26 安倍首相，武漢市に滞在する日本人の希望者全員をチャーター機で帰国させる考えを示す.

27 中国政府，すべての国外への団体旅行を禁止.

28 安倍内閣，新型コロナウイルス感染症を指定感染症に指定.

奈良県のツアーバス運転手の感染確認. 武漢市への渡航歴のない日本人の初事例.

29 武漢市への政府チャーター機，第1便が到着.

竹中治堅（たけなか・はるかた）

1971年（昭和46年），東京都に生まれる．93年東京大学法学部卒業．同年大蔵省入省．98年スタンフォード大学政治学部博士課程修了，Ph.D.（政治学）．99年政策研究大学院大学助教授，2007年准教授を経て，10年より教授．専攻，比較政治，日本政治．

著書『戦前日本における民主化の挫折――民主化途上体制崩壊の分析』（木鐸社，2002年）
『首相支配――日本政治の変貌』（中公新書，2006年）
『参議院とは何か――1947〜2010』（中公叢書，2010年，第10回大佛次郎賞受賞）
Failed Democratization in Prewar Japan: Breakdown of a Hybrid Regime, Stanford University Press, 2014.

コロナ危機《きき》の政治《せいじ》
中公新書 *2620*

2020年11月25日発行

著　者　竹中治堅
発行者　松田陽三

本文印刷　三晃印刷
カバー印刷　大熊整美堂
製　　本　小泉製本

発行所　中央公論新社
〒100-8152
東京都千代田区大手町 1-7-1
電話　販売 03-5299-1730
　　　編集 03-5299-1830
URL http://www.chuko.co.jp/

Published by CHUOKORON-SHINSHA, INC.
Printed in Japan　ISBN978-4-12-102620-0 C1231

中公新書

政治・法律

h1

125 法と社会　碧海純一
1865 ドキュメント 検察官　読売新聞社会部
819 アメリカン・ロイヤーの誕生　阿川尚之
2347 代議制民主主義　待鳥聡史
2469 議院内閣制―変貌する英国モデル　高安健将
1905 日本の統治構造　飯尾潤
2537 日本の地方政府　曽我謙悟
2558 日本の地方議会　辻陽
1687 日本の選挙　加藤秀治郎
1708 日本型ポピュリズム　大嶽秀夫
2283 日本政治とメディア　逢坂巌
1845 首相支配―日本政治の変貌　竹中治堅
2428 自民党―「一強」の実像　中北浩爾
2233 民主党政権 失敗の検証　日本再建イニシアティブ
2101 国会議員の仕事　林芳正／津村啓介
2370 公明党　薬師寺克行
2191 大阪―大都市は国家を超えるか　砂原庸介
2418 沖縄問題―リアリズムの視点から　高良倉吉編著
2439 入門 公共政策学　秋吉貴雄
2620 コロナ危機の政治　竹中治堅